2024 제27회 시험대비 전면개정판

박문각
주택관리사

합격예상문제 1차
공동주택시설개론

김용규 외 박문각 주택관리연구소 편

브랜드만족
1위
박문각

수상내역
후면표기

동영상강의
www.pmg.co.kr

50년 시간이 만든 합격비결
합격 노하우가 다르다!

박문각

박문각
주택관리사
합격예상문제

이 책의 머리말

공동주택시설개론은 시험 횟수를 거듭할수록 사회 시스템의 전반적인 기술발전과 함께 공동주택의 설비들이 발전하면서 그 내용이 확대 심화되고 있습니다. 따라서 그만큼 출제되는 분야도 다양해지고 그 시험의 내용과 난도가 점점 상승하고 있습니다. 수험생 여러분이 간단한 내용 파악과 약간의 문제 풀이로는 목표하는 점수를 얻기 어려운 시험이 되었습니다.

따라서 본 수험서는 이러한 요구에 맞춘 문제집으로서 구성하였습니다.

본 문제집의 특징은 다음과 같습니다.

첫째   단원별 기출문제를 분석하여 중요한 기출문제와 출제 가능성이 높은 핵심 예상문제를 실었습니다.

둘째   주요한 기출문제는 대표 기출문제로, 그리고 다양한 난이도와 형식의 핵심예상문제를 실었습니다.

셋째   수험생 여러분의 본 시험에 충분히 대비할 수 있도록 핵심적인 내용은 반복적으로 익힐 수 있도록 하였고, 출제 가능성이 높은 내용의 문제 연습이 가능하도록 많은 문제를 실었습니다.

본 문제집으로 내용을 파악하고 문제풀이 연습을 통해 시험에 대비한다면 충분히 목표한 점수로 합격하는 데 도움이 될 것이라 생각합니다.

수험생 여러분의 건승을 기원합니다.

2024년 2월

편저자 김용규

자격안내

자격개요

주택관리사보는 공동주택의 운영·관리·유지·보수 등을 실시하고 이에 필요한 경비를 관리하며, 공동주택의 공용부분과 공동소유인 부대시설 및 복리시설의 유지·관리 및 안전관리 업무를 수행하기 위해 주택관리사보 자격시험에 합격한 자를 말한다.

변천과정

1990년	주택관리사보 제1회 자격시험 실시
1997년	자격증 소지자의 채용을 의무화(시행일 1997. 1. 1.)
2006년	2005년까지 격년제로 시행되던 자격시험을 매년 1회 시행으로 변경
2008년	주택관리사보 자격시험의 시행에 관한 업무를 한국산업인력공단에 위탁(시행일 2008. 1. 1.)

주택관리사제도

❶ 주택관리사 등의 자격

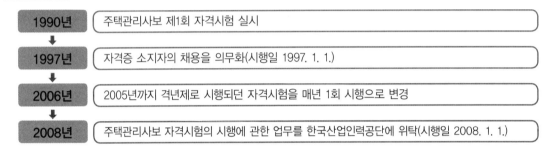

주택관리사보 　주택관리사보가 되려는 자는 국토교통부장관이 시행하는 자격시험에 합격한 후 시·도지사로부터 합격증서를 발급받아야 한다.

주택관리사 　주택관리사는 주택관리사보 합격증서를 발급받고 대통령령으로 정하는 주택관련 실무경력이 있는 자로서 시·도지사로부터 주택관리사 자격증을 발급받은 자로 한다.

❷ 주택관리사 인정경력

시·도지사는 주택관리사보 자격시험에 합격하기 전이나 합격한 후 다음의 어느 하나에 해당하는 경력을 갖춘 자에 대하여 주택관리사 자격증을 발급한다.

- 사업계획승인을 받아 건설한 50세대 이상 500세대 미만의 공동주택의 관리사무소장으로 근무한 경력 3년 이상
- 사업계획승인을 받아 건설한 50세대 이상의 공동주택의 관리사무소의 직원(경비원, 청소원, 소독원 제외) 또는 주택관리업자의 직원으로 주택관리업무에 종사한 경력 5년 이상
- 한국토지주택공사 또는 지방공사의 직원으로 주택관리업무에 종사한 경력 5년 이상
- 공무원으로 주택관련 지도·감독 및 인·허가 업무 등에 종사한 경력 5년 이상
- 주택관리사단체와 국토교통부장관이 정하여 고시하는 공동주택관리와 관련된 단체의 임직원으로 주택관련 업무에 종사한 경력 5년 이상
- 위의 경력들을 합산한 기간 5년 이상

법적 배치근거

공동주택을 관리하는 주택관리업자·입주자대표회의(자치관리의 경우에 한함) 또는 임대사업자(「민간임대주택에 관한 특별법」에 의한 임대사업자를 말함) 등은 공동주택의 관리사무소장으로 주택관리사 또는 주택관리사보를 다음의 기준에 따라 배치하여야 한다.

• 500세대 미만의 공동주택: 주택관리사 또는 주택관리사보
• 500세대 이상의 공동주택: 주택관리사

주요업무

공동주택을 안전하고 효율적으로 관리하여 공동주택의 입주자 및 사용자의 권익을 보호하기 위하여 입주자대표회의에서 의결하는 공동주택의 운영·관리·유지·보수·교체·개량과 리모델링에 관한 업무 및 이와 같은 업무를 집행하기 위한 관리비·장기수선충당금이나 그 밖의 경비의 청구·수령·지출 업무, 장기수선계획의 조정, 시설물 안전관리계획의 수립 및 건축물의 안전점검에 관한 업무(단, 비용지출을 수반하는 사항에 대하여는 입주자대표회의의 의결을 거쳐야 함) 등 주택관리서비스를 수행한다.

진로 및 전망

주택관리사는 주택관리의 시장이 계속 확대되고 주택관리사의 지위가 제도적으로 발전하면서 공동주택의 효율적인 관리와 입주자의 편안한 주거생활을 위한 전문지식과 기술을 겸비한 전문가집단으로 자리매김하고 있다.

주택관리사의 업무는 주택관리서비스업으로서, 자격증 취득 후 아파트 단지나 빌딩의 관리소장, 공사 및 건설업체·전문용역업체, 공동주택의 운영·관리·유지·보수 책임자 등으로 취업이 가능하다.
과거 주택건설 및 공급 위주의 주택정책이 국가경제적인 측면에서 문제가 되었다는 점에서 지금은 공동주택의 수명연장 및 쾌적한 주거환경 조성을 우선으로 하는 주택관리의 시대가 되었다. 이러한 시대적 변화에 맞추어 전문자격자로서 주택관리사의 역할이 어느 때보다 중요해지고 있으며, 공동주택의 리모델링의 활성화로 주택관리사들이 전문기법을 연구·발전시켜 국가경제발전에도 크게 기여하게 될 것이다.

자격시험안내

시험기관

| **소관부처** | 국토교통부 주택건설공급과 | | **실시기관** | 한국산업인력공단(http://www.Q-net.or.kr) |

응시자격

❶ **개관**: 응시자격에는 제한이 없으며 연령, 학력, 경력, 성별, 지역 등에 제한을 두지 않는다. 다만, 시험시행일 현재 주택관리사 등의 결격사유에 해당하는 자와 부정행위를 한 자로서 당해 시험시행일로부터 5년이 경과되지 아니한 자는 응시가 불가능하다.

❷ **주택관리사보 결격사유자**(공동주택관리법 제67조 제4항)
1. 피성년후견인 또는 피한정후견인
2. 파산선고를 받은 사람으로서 복권되지 아니한 사람
3. 금고 이상의 실형의 선고를 받고 그 집행이 끝나거나(집행이 끝난 것으로 보는 경우를 포함한다) 집행이 면제된 날부터 2년이 지나지 아니한 사람
4. 금고 이상의 형의 집행유예를 선고받고 그 집행유예기간 중에 있는 사람
5. 주택관리사 등의 자격이 취소된 후 3년이 지나지 아니한 사람(제1호 및 제2호에 해당하여 주택관리사 등의 자격이 취소된 경우는 제외한다)

❸ **시험 부정행위자에 대한 제재**: 주택관리사보 자격시험에 있어서 부정한 행위를 한 응시자에 대하여는 그 시험을 무효로 하고, 당해 시험시행일부터 5년간 시험응시자격을 정지한다.

시험방법

❶ 주택관리사보 자격시험은 제1차 시험 및 제2차 시험으로 구분하여 시행한다.
❷ 제1차 시험문제는 객관식 5지 선택형으로 하고 과목당 40문항을 출제한다.
❸ 제2차 시험문제는 객관식 5지 선택형을 원칙으로 하되, 과목별 16문항은 주관식(단답형 또는 기입형)을 가미하여 과목당 40문항을 출제한다.
❹ 객관식 및 주관식 문항의 배점은 동일하며, 주관식 문항은 부분점수가 있다.

문항수		주관식 16문항
배 점		각 2.5점(기존과 동일)
단답형 부분점수	**3괄호**	3개 정답(2.5점), 2개 정답(1.5점), 1개 정답(0.5점)
	2괄호	2개 정답(2.5점), 1개 정답(1점)
	1괄호	1개 정답(2.5점)

※ 법률 등을 적용하여 정답을 구하여야 하는 문제는 법에 명시된 정확한 용어를 사용하는 경우에만 정답으로 인정

❺ 제2차 시험은 제1차 시험에 합격한 자에 대하여 실시한다.
❻ 제1차 시험에 합격한 자에 대하여는 다음 회의 시험에 한하여 제1차 시험을 면제한다.

합격기준

❶ 1차시험 절대평가, 2차시험 상대평가

국토교통부장관은 직전 3년간 사업계획승인을 받은 공동주택 단지 수, 직전 3년간 주택관리사보 자격시험 응시인원, 주택관리사 등의 취업현황과 주택관리사보 시험위원회의 심의의견 등을 고려하여 해당 연도 주택관리사보 자격시험의 선발예정인원을 정한다. 이 경우 국토교통부장관은 선발예정인원의 범위에서 대통령으로 정하는 합격자 결정 점수 이상을 얻은 사람으로서 전과목 총득점의 고득점자 순으로 주택관리사보 자격시험 합격자를 결정한다(공동주택관리법 제67조 제5항).

❷ 시험합격자의 결정(공동주택관리법 시행령 제75조)

> 1. **제1차시험** : 과목당 100점을 만점으로 하여 모든 과목 40점 이상이고 전 과목 평균 60점 이상의 득점을 한 사람
> 2. **제2차시험**
> ① 과목당 100점을 만점으로 하여 모든 과목 40점 이상이고 전 과목 평균 60점 이상의 득점을 한 사람. 다만, 모든 과목 40점 이상이고 전 과목 평균 60점 이상의 득점을 한 사람의 수가 법 제67조 제5항 전단에 따른 선발예정인원(이하 "선발예정인원"이라 한다)에 미달하는 경우에는 모든 과목 40점 이상을 득점한 사람을 말한다.
> ② 법 제67조 제5항 후단에 따라 제2차시험 합격자를 결정하는 경우 동점자로 인하여 선발예정인원을 초과하는 경우에는 그 동점자 모두를 합격자로 결정한다. 이 경우 동점자의 점수는 소수점 이하 둘째자리까지만 계산하며, 반올림은 하지 아니한다.

시험과목

(2023. 07. 08. 제26회 시험 시행계획 공고 기준)

시험구분		시험과목	시험범위	시험시간
제1차 (3과목)	1교시	회계원리	세부 과목 구분 없이 출제	100분
		공동주택 시설개론	• 목구조·특수구조를 제외한 일반건축구조와 철골구조 • 장기수선계획 수립 등을 위한 건축적산 • 홈네트워크를 포함한 건축설비개론	
	2교시	민 법	• 총칙 • 물권 • 채권 중 총칙·계약총칙·매매·임대차·도급·위임·부당이득·불법행위	50분
제2차 (2과목)		주택관리 관계법규	「주택법」·「공동주택관리법」·「민간임대주택에 관한 특별법」·「공공주택 특별법」·「건축법」·「소방기본법」·「화재예방, 소방시설 설치·유지 및 안전관리에 관한 법률」·「승강기 안전관리법」·「전기사업법」·「시설물의 안전 및 유지관리에 관한 특별법」·「도시 및 주거환경정비법」·「도시재정비 촉진을 위한 특별법」·「집합건물의 소유 및 관리에 관한 법률」 중 주택관리에 관련되는 규정	100분
		공동주택 관리실무	• 공동주거관리이론 • 공동주택회계관리·입주자관리, 대외업무, 사무·인사관리 • 시설관리, 환경관리, 안전·방재관리 및 리모델링, 공동주택 하자관리(보수공사 포함) 등	

※ 1. 시험과 관련하여 법률·회계처리기준 등을 적용하여 답을 구하여야 하는 문제는 시험시행일 현재 시행 중인 법령 등을 적용하여 정답을 구하여야 한다.
   2. 회계처리 등과 관련된 시험문제는 「한국채택국제회계기준(K-IFRS)」을 적용하여 출제된다.
   3. 기활용된 문제, 기출문제 등도 변형·활용되어 출제될 수 있다.

2023년 제26회 주택관리사(보) 1차 시험 과목별 총평

회계원리

제26회 시험은 예년처럼 재무회계 32문제(80%), 원가·관리회계 8문제(20%)가 출제되었습니다. 전체적으로 보면 재무회계는 간단한 암기형 문제가 3~4문제 있었고 나머지 이론문제는 조금은 평이했고 계산문제는 상당히 어려운 문제가 다소 출제되었지만 지난해와 비슷하거나 약간 평이했습니다. 원가·관리회계는 예년처럼 8문제 모두 계산문제로 구성되었고 전범위 내에서 핵심적인 내용이 1문항씩 고루 출제되면서 지난해보다는 쉽게 출제되었습니다.

원가·관리회계의 8문제를 포함하여 전체 문제 중 계산 문제가 30문제(75%), 이론문제가 10문제(25%)로 난이도는 평년과 비슷하거나 다소 낮게 출제되었고 손익계정의 마감분개, 재무회계 개념체계에서 용어의 정의 문제와 실물자본유지개념에 기초한 당기이익 계산문제, 재무제표 표시에 관한 설명문제, 예년처럼 은행계정조정표 계산문제, 재고자산의 매출총손익과 관련된 계산문제, 현금흐름표 순현금유입액, 유형자산의 재평가모형 및 감가상각비 계산문제 및 유형자산 처분손익 계산문제 등 각 단원에서 다양하게 출제되었으며 원가·관리회계 부분은 고정제조간접원가 조업도차이문제가 출제되었습니다. 부문별 원가계산에서 단계배부법, 종합원가계산, 손익분기점에서 판매수량, 특수의사결정회계 및 예산회계 등에서 고루 계산문제로 출제되어 회계학을 전공한 실력이 있는 수험생이라면 주어진 시간 안에 많은 문제를 해결했겠지만, 비전공한 수험생입장에서는 주어진 시간에 해결하기 어려워 고득점을 얻기는 힘들었을 것입니다.

결과적으로 제26회 시험의 이론문제와 계산문제는 지난해와 비슷하거나 다소 쉽게 출제되었지만, 출제가능성 있는 계산문제를 시간을 갖고 반복적인 연습이 필요하다고 봅니다.

공동주택 시설개론

문제 출제 유형을 분류하자면 난이도 상급의 문제는 8문제, 중급 24문제, 하급 8문제. 옳은 것을 선택하는 문제 7문제, 괄호넣기식 선택 1문제, 숫자 관련 2문제, 계산문제 총3문제로 적산 1문제와 설비 2문제가 출제되었습니다. 제26회는 제25회와 마찬가지로 시설개론에 맞는 개론의 범주 안에 들어가는 문제가 출제되어 기본적인 정리를 잘한 수험생이라면 문제를 풀기에 그다지 어렵지 않았을 것이라고 생각됩니다. 다만, 의외로 그동안 본 시험에서 다루지 않았던 새로운 지문들이 많이 출제되어, 좁은 영역을 단순 암기식으로 대응한 수험생은 많이 당황했을 것입니다. 제25회와 비교해서 난이도가 조금 낮아지고, 숫자 암기에 관한 문제는 제25회 5문제에서 제26회 2문제 정도로 비중이 낮아졌지만 제27회에도 이렇게 출제될지는 아직 확신할 수 없습니다. 하지만 제24회에서 제26회로 오는 경향에서 숫자가 차지하는 비중은 점차 낮아졌기 때문에 중요 숫자를 암기하는 것 외에 많은 숫자를 암기할 필요는 없을 것으로 생각됩니다.

난이도 하의 문제가 되는 짧은 시간 내에 풀 수 있는 단문형 지문 출제 비중은 점점 낮아지고 있습니다. 그런 면에선 시험의 난도가 점점 높아지는 경향이라고 할 수 있겠습니다. 그렇지만 난도 극상의 문제는 다른 시험과 달리 극히 적었다 할 수 있고 난이도 중·상 정도의 문제와 상급의 문제를 합한다면 10문제 이상으로 중요 내용에 대한 이해도가 깊지 않고 암기식으로 대응한 수험생은 까다롭게 느꼈을 것으로 생각됩니다. 난이도 중급의 문제가 다수 출제되었기 때문에 기본적인 개념과 내용에 관한 문제였기에 강의에 잘 따라준 수험생이라면 그리 어렵지 않았으리라 생각됩니다.

| 민법 |

제26회 민법총칙 부분은 예년과 비슷하게 출제되었고, 물권과 채권은 상대적으로 어렵게 출제되었습니다. 특히 물권과 채권은 생소한 판례가 많이 출제되어 수험생 입장에서는 어렵게 느껴졌을 것입니다. 제25회 2차 시험에서 불합격하여 2023년으로 이월된 수험생이 상대적으로 많아서 제26회 1차 합격률을 낮추기 위해서 어렵게 출제된 듯합니다.

제26회 시험의 출제경향은 다음과 같습니다.

첫째, 예년 시험에 비하여 상당히 지엽적인 판례가 다소 많이 출제되었습니다. 차분히 읽어보면 정답이 보이지만 평소 보지 못한 판례에 집착했다면 고득점이 어려웠던 시험이었습니다.

둘째, 민법총칙 60% 물권과 채권 40%로 확정되어 출제되었던 과거의 시험출제경향 또는 분석에서 상당히 벗어나서 출제되었습니다. 즉 예전에는 물권 8문항, 채권 8문항 이렇게 고정적으로 출제되었는데, 이번 제26회 시험은 물권 9문항, 채권 7문항으로 출제 되었습니다. 또한 보통 민법총칙 중 소멸시효가 2문항 출제되었는데 이번 제26회는 1문항만 출제되었습니다. 예년의 출제경향 또는 분석에서 의도적으로 벗어나게 출제된 것으로 보입니다.

셋째, "판례를 묻는 문항 수"가 37문제가 출제되고, 법조항 또는 법의 이론을 묻는 문제가 3문제 출제되었습니다. 예년에 비하여 판례를 묻는 문항수가 많아지고 판례의 태도를 출제하다보니 지문이 상대적으로 길어졌다는 것도 이번 제26회 시험의 특징입니다.

| 주택관리사(보) 자격시험 5개년 합격률 |

▷ **제1차 시험**   (단위: 명)

구 분	접수자(A)	응시자(B)	합격자(C)	합격률(C/B)
제22회(2019)	25,745	19,784	3,257	16.46%
제23회(2020)	17,277	13,876	1,529	11.02%
제24회(2021)	17,011	13,827	1,760	12.73%
제25회(2022)	18,084	14,410	3,137	21.76%
제26회(2023)	18,982	15,225	1,877	12.33%

▷ **제2차 시험**   (단위: 명)

구 분	접수자(A)	응시자(B)	합격자(C)	합격률(C/B)
제22회(2019)	5,140	5,066	4,101	80.95%
제23회(2020)	2,305	2,238	1,710	76.4%
제24회(2021)	2,087	2,050	1,610	78.5%
제25회(2022)	3,494	3,408	1,632	47.88%
제26회(2023)	3,502	3,439	1,610	46.81%

출제경향 분석 및 수험대책

📖 출제경향 분석

분 야	구 분	제22회	제23회	제24회	제25회	제26회	총 계	비율(%)
건축설비	급수설비	4	3	4	3	5	19	9.5
	급탕설비	2	2	1	1	1	7	3.5
	배수 및 통기설비	2	3	3	1	1	10	5.0
	위생기구 및 배관용 재료	1	1	0	2	1	5	2.5
	오수정화설비	0	1	1	1	0	3	1.5
	소방설비	2	2	2	3	2	11	5.5
	가스설비	1	1	1	1	0	4	2.0
	냉·난방설비	3	3	3	5	4	18	9.0
	전기설비	3	3	4	2	5	17	8.5
	운송설비	1	1	0	0	1	3	1.5
	건축물 에너지절약설계기준 등	1	0	1	1	0	3	1.5
건축구조	구조총론	2	2	2	1	2	9	4.5
	기초구조	2	2	2	1	1	8	4.0
	철근콘크리트	3	4	3	3	3	16	8.0
	철골구조	2	1	2	4	2	11	5.5
	조적식구조	1	1	1	1	3	7	3.5
	지붕공사	1	1	1	1	0	4	2.0
	방수공사	2	1	2	2	2	9	4.5
	창호 및 유리공사	2	2	2	3	2	11	5.5
	수장공사	0	1	0	1	0	2	1.0
	미장 및 타일공사	2	2	2	1	2	9	4.5
	도장공사	1	1	1	0	1	4	2.0
	적산(표준품셈)	2	2	2	2	2	10	5.0
총 계		40	40	40	40	40	200	100

공동주택시설개론의 출제비율은 건축설비 50%, 건축구조 50%로 각각 20문제씩, 각 편의 대부분의 장에서 골고루 출제되고 있습니다. 점차 전문적인 부분까지 출제되다가 제25회부터 그런 경향이 완화되었습니다. 주택관리사(보) 자격시험으로선 이런 출제방식이 적당하다 할 수 있습니다.

건축설비 편은 총 20문제가 출제됩니다. 표에서 보듯이 급수설비, 냉난방설비, 전기 및 홈 네트워크 설비 등에 문제가 집중되었고 오수정화설비와 가스설비는 이번 회차에 출제되지 않았습니다. 다만, 배수 및 통기설비와 위생설비에서 1문제 출제되었고, 급수설비에서 기본개념, 급수방식, 급수오염, 펌프에 관한 문제는 까다롭게 출제되었습니다. 냉난방설비에서는 그동안 출제가 뜸했던 보일러와 난방 부속에 관한 문제가 출제되었고, 25회가 진행되는 동안 증기난방 시스템에 관한 지문이 출제되지 않았었는데, 이번 제26회에 출제되어 수험생 여러분들을 당황시켰습니다. 그럼에도 기본개념에 관련된 내용이 주를 이루었고 시설개론에서는 다루기 힘든 관련 법규에 관한 내용이 이번 시험에서 출제되지 않아 고득점자도 다수 배출되었을 것으로 생각됩니다.

건축구조 편은 총설, 철근콘크리트구조, 철골구조, 방수공사, 창호 및 유리공사, 미장 및 타일공사, 적산 등이 그동안 2문제 이상 출제되었습니다. 다만, 제26회는 기초구조가 1문제, 지붕공사와 수장공사에선 출제되지 않았습니다. 철근콘크리트의 비중이 가장 크지만 절대적으로 많은 부분을 차지하는 것이 아니라 다른 장보다 많을 뿐이고 그만큼 양이 많고 내용이 많다는 것입니다. 제25회에서 예외적으로 많이 출제되었지만 제26회는 2문제 출제로 기본적인 경향대로 출제되었습니다.

🏛 수험대책

1 충분한 시간 확보가 필요합니다.
공동주택시설개론은 전 부분에 대한 개념과 그 내용에 대해서 출제되고 때로는 전문적인 내용도 출제되기 때문에 그 양이 많고 이과 공부를 하지 않았으면 개념적으로 이해하는 시간이 필요합니다. 공부기간을 짧게 잡지 마시고 좀 길게 충분한 시간을 확보할 필요가 있습니다. 시간을 너무 적게 잡으면 많은 양에 당황할 수 있습니다.

2 기본적인 개념과 내용에 충실해야 합니다.
많은 수험생분들이 문제에 접할 때 당황하게 하는 것은 전문적인 지식을 요구하는 내용이나 의외의 부분에서 출제된 문제인데 이런 문제는 15%를 넘지 않기 때문에 이런 부분보다는 기본개념과 그에 따른 내용에 집중하는 것이 좋습니다. 원리를 이해하고 그 개념에 따른 내용들을 이해하는 것이 암기하는 것보다 전체 암기량을 줄여주고 같은 내용이라도 난도를 높여서 출제되었을 때 문제에 대한 적응력이 훨씬 좋아 우수한 성적을 획득할 수 있습니다.

3 숫자는 중요 부분과 함께 암기하는 것이 좋습니다.
내용에 있는 모든 숫자를 암기할 수 없고, 또 그리 출제되는 것이 아니기 때문에 주요 부분 숫자만 중요 내용과 함께 암기하는 것이 좋습니다. 이 부분은 교재에 정리되어 있는 것을 중심을 반복해서 암기하여 문제풀이를 통해 확인하면 될 것입니다.

4 공부의 가장 기본은 집중과 복습입니다.
이해와 암기를 잘하기 위한 가장 중요한 것은 잡념을 버리고 집중할 수 있어야 합니다. 암기도 집중력이 높을수록 잘되고 장기 기억에도 좋은 효과를 냅니다. 그리고 모든 내용을 빠르게 보는 것도 중요하지만 반드시 앞에서 본 내용에 대한 복습과 정리가 필요합니다. 반복은 장기기억을 가능하게 할 뿐 아니라 빠른 문제풀이도 가능하게 합니다.

5 듣는 것이 중요하며 자신의 노트를 만들어 정리하는 것이 필요합니다.
가장 효율적인 공부 방법은 강의를 잘 듣는 것으로, 특히 반복해서 듣는 것이 중요합니다. 강의 들은 것과 교재를 중심으로 스스로 자신만의 방식으로 정리하는 것이 고득점에 이르는 방법이라고 생각합니다.

단계별 학습전략 Process 4

STEP 1

시험준비 단계

시험출제 수준 및 경향 파악

사전준비 없이 막연한 판단으로 공부를 시작하면 비효율적이고 시험에 실패할 위험도 크다. 따라서 기출문제의 꼼꼼한 분석을 통해 출제범위를 명확히 하고, 출제 빈도 및 경향을 정확히 가늠하여 효율적인 학습방법을 찾는 것이 합격을 위한 첫 걸음이다.

최적의 수험대책 수립 및 교재 선택

시험출제 수준 및 경향을 정확하게 파악하였다면, 수험생 본인에게 적합한 수험방법을 선택해야 한다. 본인에게 맞지 않는 수험방법은 동일한 결과를 얻기 위해 몇 배의 시간과 노력을 들여야 한다. 따라서 본인의 학습태도를 파악하여 자신에게 맞는 학습량과 시간 배분 및 학습 장소, 학원강의 등을 적절하게 선택해야 한다. 그리고 내용이 충실하고 본인에게 맞는 교재를 선택하는 것도 합격을 앞당기는 지름길이 된다.

STEP 2

실력쌓기 단계

과목별 학습시간의 적절한 배분

주택관리사보 자격시험을 단기간에 준비하기에는 내용도 방대하고 난도도 쉽지 않다. 따라서 과목별 학습목표량과 학습시간을 적절히 배분하는 것이 중요한데, 취약과목에는 시간을 좀 더 배분하도록 한다. 전체 일정은 기본서, 객관식 문제집, 모의고사 순으로 학습하여 빠른 시일 내에 시험 감각을 키우는 것을 우선으로 해야 한다.

전문 학원 강사의 강의 수강

학습량도 많고 난도도 높아 독학으로 주택관리사보 자격시험을 공략하기란 쉽지 않다. 더욱이 법률 과목은 기본개념을 파악하는 것 자체가 쉽지 않고, 해당 과목의 전체적인 흐름을 이해하고 핵심을 파악하기보다는 평면적·단순 암기식 학습에 치우칠 우려가 있어 학습의 효율성을 떨어뜨리고 시험기간을 장기화하는 원인이 될 수 있다. 이러한 독학의 결점이나 미비점을 보완하기 위한 방안으로 전문학원 강사의 강의를 적절히 활용하도록 한다.

수험생 스스로 사전 평가를 통하여 고득점을 목표로 집중학습할 전략과목을 정하도록 한다.
그러나 그보다 더 중요한 것은 취약과목을 어느 수준까지 끌어올리느냐 하는 것이다.

STEP 3

실력점검 단계

취약과목을 집중 공략

개인차가 있겠지만 어느 정도 공부를 하고 나면 전략과목과 취약과목의 구분이 생기기 마련이다. 고득점을 보장하는 전략과목 다지기와 함께 취약과목을 일정 수준까지 끌어올리려는 노력이 무엇보다 필요하다. 어느 한 과목의 점수라도 과락이 되면 전체 평균점수가 아무리 높다고 해도 합격할 수 없기 때문에 취약과목을 어느 수준까지 끌어올리느냐가 중요하다고 하겠다.

문제 해결력 기르기

각 과목별 특성을 파악하고 전체적인 흐름을 이해했다면 습득한 지식의 정확도를 높이고, 심화단계의 문제풀이를 통해 실력을 높일 필요가 있다. 지금까지 학습해 온 내용의 점검과 함께 자신의 실력으로 굳히는 과정을 어떻게 거치느냐에 따라 시험의 성패가 결정될 것이다.

STEP 4

최종 마무리 단계

합격을 좌우하는 마지막 1개월

시험 1개월 전은 수험생들이 스트레스를 가장 많이 받는 시점이자 수험생활에 있어 마지막 승부가 가늠되는 지점이다. 이 시기의 학습효과는 몇 개월 동안의 학습효과와 비견된다 할 수 있으므로 최대한 집중력을 발휘하고 혼신의 힘을 기울여야 한다. 이때부터는 그 동안 공부해 온 것을 시험장에서 충분히 발휘할 수 있도록 암기가 필요한 사항은 외우고 틀린 문제들은 점검하면서 마무리 교재를 이용하여 실전감각을 배양하도록 한다.

시험 당일 최고의 컨디션 유지

시험 당일 최고의 컨디션으로 실전에 임할 수 있어야 공부한 모든 것들을 제대로 쏟아 낼 수 있다. 특히 시험 전날의 충분한 수면은 시험 당일에 명석한 분석 및 판단력을 발휘하는 데 큰 도움이 됨을 잊지 말아야 한다.

이 책의 활용방법

01 실전에 강한 기출·예상문제

❶ 실전예상문제

철저한 최신출제경향 분석을 통해 출제가능성이 높은 문제를 수록함으로써 실전 능력을 기를 수 있도록 하였다.

❷ 대표문제

단원 내에서 키워드가 유사한 문제를 모아 테마를 만들고, 그 테마를 대표하는 문제를 통해 시험에 자주 출제되는 문제의 유형을 제시하였다.

❸ 난이도 표시

난이도를 3단계로 표시하여 수험생 스스로 셀프테스트가 가능하도록 구성하였다.

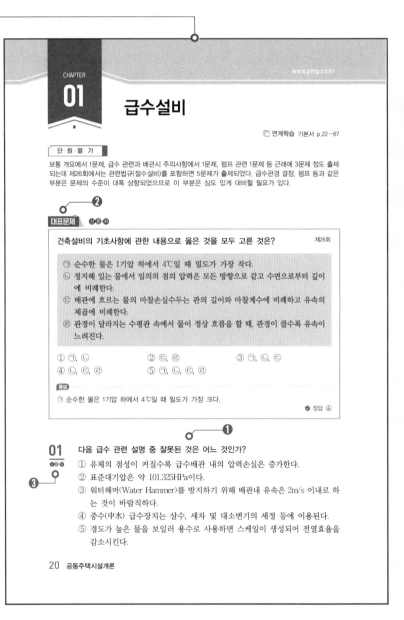

CHAPTER

01 급수설비

📖 연계학습 기본서 p.22~67

단·원·열·기

보통 개요에서 1문제, 급수 관련과 배관시 주의사항에서 1문제, 펌프 관련 1문제 등 근래에 3문제 정도 출제되는데 제26회에서는 관련법규(절수설비)를 포함하면 5문제가 출제되었다. 급수관경 결정, 펌프 등과 같은 부분은 문제의 수준이 대폭 상향되었으므로 이 부분은 심도 있게 대비할 필요가 있다.

대표문제 ❷ 상 중 하

건축설비의 기초사항에 관한 내용으로 옳은 것을 모두 고른 것은?   제26회

ㄱ. 순수한 물은 1기압 하에서 4℃일 때 밀도가 가장 작다.
ㄴ. 정지해 있는 물에서 임의의 점의 압력은 모든 방향으로 같고 수면으로부터 깊이에 비례한다.
ㄷ. 배관에 흐르는 물의 마찰손실수두는 관의 길이와 마찰계수에 비례하고 유속의 제곱에 비례한다.
ㄹ. 관경이 달라지는 수평관 속에서 물이 정상 흐름을 할 때, 관경이 클수록 유속이 느려진다.

① ㄱ, ㄴ   ② ㄷ, ㄹ   ③ ㄱ, ㄴ, ㄷ
④ ㄴ, ㄷ, ㄹ   ⑤ ㄱ, ㄴ, ㄷ, ㄹ

해설
ㄱ. 순수한 물은 1기압 하에서 4℃일 때 밀도가 가장 크다.

✅ 정답 ④

01 ❶ 다음 급수 관련 설명 중 잘못된 것은 어느 것인가?
상 중 하

① 유체의 점성이 커질수록 급수배관 내의 압력손실은 증가한다.
② 표준대기압은 약 101.325HPa이다.
③ 워터해머(Water Hammer)를 방지하기 위해 배관내 유속은 2m/s 이내로 하는 것이 바람직하다.
④ 중수(中水) 급수장치는 살수, 세차 및 대소변기의 세정 등에 이용된다.
⑤ 경도가 높은 물을 보일러 용수로 사용하면 스케일이 생성되어 전열효율을 감소시킨다.

02 정확하고 명쾌한 정답 및 해설

PART
01 건축설비

01 급수설비

Answer

01 ②	02 ③	03 ④	04 ①	05 ②	06 ⑤	07 ①	08 ①	09 ③	10 ④
11 ③	12 ⑤	13 ⑤	14 ①	15 ④	16 ①	17 ③	18 ④	19 ②	20 ③
21 ②	22 ⑤	23 ③	24 ⑤	25 ④	26 ④	27 ②	28 ②	29 ③	30 ③
31 ④	32 ④	33 ②	34 ②	35 ④	36 ⑤	37 ③	38 ④		

01 ② 표준대기압은 약 101.325kPa이다.

02 ① 배관 내를 흐르는 물과 배관 표면과의 마찰력은 물의 속도의 제곱에 비례한다.
② 표준대기압은 약 101.3kPa이다.
④ 유체의 점성이 커질수록 급수배관 내의 압력손실은 증가한다.
⑤ 경도가 높은 물을 보일러 용수로 사용하면 스케일이 생성되어 전열효율을 감소시킨다.

03 ④ 일정량의 기체의 체적은 그 기체의 절대온도에 비례하고, 압력에 반비례한다.

04 ① 관내에 흐르는 유속을 높이면 마찰손실이 증가한다.

05 ② 유속$(v) = \dfrac{Q(유량)}{A(단면적)} = \dfrac{Q}{\pi\left(\dfrac{d}{2}\right)^2} = \dfrac{3(m^3) \div 3{,}600}{3.14 \times \left[\dfrac{0.05(m)}{2}\right]^2} = 0.4246$

06 ⑤ 물의 경도는 물속에 녹아있는 칼슘, 마그네슘 등의 염류의 양을 탄산칼슘의 농도로 환산하여 나타낸 것이다.

07 ① 고가수조방식은 건물 내 모든 층의 위생기구에서 압력은 수두차에 의해 동일하지 않아 감압 밸브를 사용하는 등 조닝을 한다.

08 ① 신흥통과 벽면 사이에 이격거리는 최소 300mm 이상의 간격을 유지한다.

❶ 효율적 지면 구성
문제풀이에 방해되지 않도록 문제와 해설·정답을 분리하여 수록하였다.

❷ 상세한 해설
문제의 핵심을 찌르는 정확하고 명쾌한 해설은 물론, 문제와 관련하여 더 알아두어야 할 내용을 제시함으로써 문제풀이의 효과를 극대화하고자 하였다.

Contents

이 책의 차례

정답 및
해설

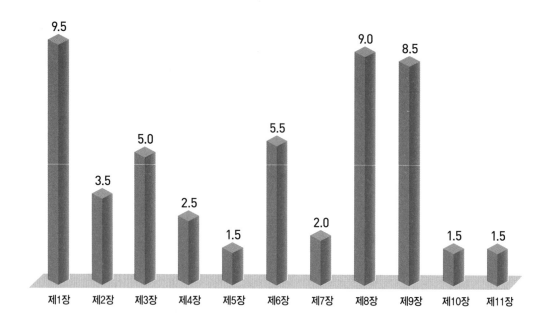

제1장 9.5
제2장 3.5
제3장 5.0
제4장 2.5
제5장 1.5
제6장 5.5
제7장 2.0
제8장 9.0
제9장 8.5
제10장 1.5
제11장 1.5

🔍 **최근 5년간 기출문제 분석**

건축설비는 모든 단원에서 골고루 출제되지만 간혹 오수정화설비, 가스설비에서 출제되지 않을 수도 있다. 전문적인 내용에 관해 문제가 출제되고 있으며, 설계기준이나 표준시방서에 관한 문제는 점차 줄고 자격증 시험에 걸맞은 개념적인 문제들이 점차 늘어나고 있다. 제25회에서는 설비 관련 문제로 3문제가 출제되었고 제26회는 출제되지 않아서 출제의 일관성 부족으로 수험생 입장으로서는 대비하기 까다롭다 할 수 있겠지만, 목표점수를 고득점으로 하지 않으면 큰 문제가 되지 않을 것이다. 내용에 대한 심도 있는 이해가 좋은 점수를 획득할 수 있다.

PART

01

건축설비

급수설비

📖 **연계학습** 기본서 p.22~67

단·원·열·기

보통 개요에서 1문제, 급수 관련과 배관시 주의사항에서 1문제, 펌프 관련 1문제 등 근래에 3문제 정도 출제되는데 제26회에서는 관련법규(절수설비)를 포함하면 5문제가 출제되었다. 급수관경 결정, 펌프 등과 같은 부분은 문제의 수준이 대폭 상향되었으므로 이 부분은 심도 있게 대비할 필요가 있다.

대표문제 상중하

건축설비의 기초사항에 관한 내용으로 옳은 것을 모두 고른 것은?   제26회

㉠ 순수한 물은 1기압 하에서 4℃일 때 밀도가 가장 작다.
㉡ 정지해 있는 물에서 임의의 점의 압력은 모든 방향으로 같고 수면으로부터 깊이에 비례한다.
㉢ 배관에 흐르는 물의 마찰손실수두는 관의 길이와 마찰계수에 비례하고 유속의 제곱에 비례한다.
㉣ 관경이 달라지는 수평관 속에서 물이 정상 흐름을 할 때, 관경이 클수록 유속이 느려진다.

① ㉠, ㉡   ② ㉢, ㉣   ③ ㉠, ㉡, ㉢
④ ㉡, ㉢, ㉣   ⑤ ㉠, ㉡, ㉢, ㉣

해설

㉠ 순수한 물은 1기압 하에서 4℃일 때 밀도가 가장 크다.

✅ 정답 ④

01 다음 급수 관련 설명 중 잘못된 것은 어느 것인가?

상중하

① 유체의 점성이 커질수록 급수배관 내의 압력손실은 증가한다.
② 표준대기압은 약 101.325HPa이다.
③ 워터해머(Water Hammer)를 방지하기 위해 배관내 유속은 2m/s 이내로 하는 것이 바람직하다.
④ 중수(中水) 급수장치는 살수, 세차 및 대소변기의 세정 등에 이용된다.
⑤ 경도가 높은 물을 보일러 용수로 사용하면 스케일이 생성되어 전열효율을 감소시킨다.

02 다음 급수 관련 설명 중 옳은 것은 어느 것인가?
상중하
① 배관 내를 흐르는 물과 배관 표면과의 마찰력은 물의 속도에 반비례한다.
② 표준대기압은 약 101.3HPa이다.
③ 워터해머(Water Hammer)를 방지하기 위해 배관 내 유속은 2m/s 이내로 하는 것이 바람직하다.
④ 유체의 점성이 커질수록 급수배관 내의 압력손실은 감소한다.
⑤ 경도가 높은 물을 보일러 용수로 사용하면 스케일이 생성되어 전열효율을 증가시킨다.

03 다음 유체에 관한 법칙 중 잘못 설명된 것은?
상중하
① 연속의 법칙에서 유량은 배관의 단면적과 유속의 곱으로 표현되며 그 값은 어느 지점에서나 동일하다.
② 열은 고온 물체에서 저온 물체로 자연적으로 이동 가능하고, 저온 물체에서 고온 물체로 자체만으로도 이동할 수 없다.
③ 유체의 마찰력은 접촉되는 고체 표면의 크기, 거칠기, 속도의 제곱에 비례한다.
④ 일정량의 기체의 체적은 그 기체의 절대온도와 압력에 반비례한다.
⑤ 베르누이 정리에 의하면, 유속이 느린 곳이 정압이 크다.

04 배관 내 유속에 관한 설명으로 옳지 않은 것은?
상중하
① 관내에 흐르는 유속을 높이면 마찰손실이 감소한다.
② 관내에 흐르는 유속을 높이면 펌프의 소요동력이 증가한다.
③ 관내에 흐르는 유속을 높이면 배관 내면의 부식이 심해진다.
④ 관내에 흐르는 유속이 너무 낮으면 배관 내에 혼입된 공기를 밀어내지 못하여 물의 흐름에 대한 저항이 증가한다.
⑤ 관경이 작아지면 유속이 증가한다.

05 관경 50mm로 시간당 3,000kg의 물을 공급하고자 할 때, 배관 내 유속(m/s)은 약 얼마인가? (단, 배관 속의 물은 비압축성, 정상류로 가정하며, 원주율은 3.14로 한다)
상중하
제20회

① 0.15   ② 0.42   ③ 1.32
④ 4.14   ⑤ 13.0

06 물의 경도에 대한 설명 중 옳지 않은 것은?

① 경도가 큰 물을 경수, 경도가 낮은 물을 연수라고 한다.
② 연수는 쉽게 비누거품을 일으키지만 음료용으로는 적합하지 않다.
③ 경수를 보일러 용수로 사용하면 스케일이 생겨 전열효율이 감소된다.
④ 연수는 보일러 용수로 사용하지만 배관의 부식문제가 발생한다.
⑤ 물의 경도는 물속에 녹아있는 칼슘, 마그네슘 등의 염류의 양을 탄산마그네슘의 농도로 환산하여 나타낸 것이다.

07 급수방식에 관한 내용으로 옳지 않은 것은? 제26회

① 고가수조방식은 건물 내 모든 층의 위생기구에서 압력이 동일하다.
② 펌프직송방식은 단수시에도 저수조에 남은 양만큼 급수가 가능하다.
③ 펌프직송방식은 급수설비로 인한 옥상층의 하중을 고려할 필요가 없다.
④ 고가수조방식은 타 급수방식에 비해 수질오염 가능성이 높다.
⑤ 수도직결방식은 수도 본관의 압력에 따라 급수압이 변한다.

08 다음 급수관의 관경을 결정하기 위한 방법에 대한 설명으로 잘못된 것은?

① 소규모 건물 설계시의 관경결정, 그리고 중규모 이상인 건물의 설계 도중에 관경을 개략적으로 계산할 때는 관 균등표에 의한 방법을 사용한다.
② 중규모 이상인 건물의 급수주관이나 급수지관의 관경을 결정할 때는 순간 최대유량을 구하고 관 균등표에 의해 구하는 것이 일반적이다.
③ 관 균등표에 의한 방법은 기구수가 적은 경우에만 적용할 수 있는 간편법이다.
④ 기구급수부하단위란 각 기구의 표준토수량과 함께 각 기구의 사용빈도와 사용시간 및 여러 기구의 동시사용률을 고려하여 1개의 급수장치에 대한 부하정도를 예상하여 단위화한 것이다.
⑤ 순간최대유량은 급수관에 접속된 기구의 사용 상태에 따라 그 급수관에 흐른다고 예상되는 유량 중 최대로 되는 순간 값을 말하며, 동시사용유량이라고도 한다.

09 다음 마찰저항선도법에 의한 관경 결정에 대하여 잘못 설명한 것은?

① 급수관의 관 지름을 결정하기 위해서는 가장 먼저 급수량을 예측하여야 한다.
② 순간최대유량을 예측하기 위한 방법으로 기구급수부하단위를 이용한다.
③ 급수관의 총압력손실은 최소 이용 가능 압력 이상이어야 한다.
④ 위생기구의 최저 필요압력은 세정밸브식 대변기는 100kPa, 세정탱크식 대변기는 55kPa, 블로우 아웃식 대변기는 170kPa로 한다.
⑤ 배관 내의 유속이 클 경우 흐름이 난류가 되어 공동현상이 발생되고 기포의 방출과 워터해머로 인해 소음이 발생한다.

10 급수설비에 관한 내용으로 옳지 않은 것은?

① 기구급수부하단위는 같은 종류의 기구일 경우 공중용이 개인용보다 크다.
② 벽을 관통하는 배관의 위치에는 슬리브를 설치하는 것이 바람직하다.
③ 국부저항은 배관이나 덕트에서 직관부 이외의 구부러지는 부분, 분기부 등에서 발생하는 저항이다.
④ 펌프의 캐비테이션을 방지하기 위하여 펌프의 설치 위치를 되도록 높게 설치하는 것이 바람직하다.
⑤ 유니온이나 플랜지는 같은 관경의 배관을 직선으로 접속할 때 사용한다.

11 급수설비에 관한 내용으로 옳은 것은?

① 주택용 급수배관 내 유속은 4m/s 이상으로 하는 것이 바람직하다.
② 수도직결방식은 건물 내 정전시 급수가 불가능하다.
③ 배관계 구성이 동일할 경우, 배관 내 물의 온도가 높을수록 캐비테이션의 발생 가능성이 커진다.
④ 펌프직송방식은 기계실 내 저수조 설치가 필요 없다.
⑤ 압력탱크방식은 해당 주택이 단수되었을 때 물 공급이 불가능하다.

12 다음 급수배관에 대한 설명으로 잘못된 것은?

상중하

① 수평주관의 물매에서 상향식은 선상향(앞올림 물매)구배를 하고, 하향식은 선하향(앞내림 물매)구배를 한다. 그렇지만 각 층의 수평주관은 선상향(앞올림 물매)구배를 한다.

② 배관이 천장, 벽 등의 구조체를 통과하는 부분에는 방화구획상 지장이 없는 방법으로 관의 진동이 구조체에 전달되지 않도록 고정한다.

③ 65mm 이상의 관은 플랜지나 그루브커플링 등을, 50mm 이하의 배관에는 플랜지나 유니온을 사용한다.

④ 펌프직송급수방식(Booster Pump System)에는 급수펌프 유량이 줄어들 때 수주분리 현상이 발생되지 않도록 한다.

⑤ 수도직결 계통의 수압시험의 최소 사용압력은 사용압력의 1.5배로, 최소 1MPa이고 고가수조 이하 연결배관의 수압시험은 최소 0.75MPa로 한다.

13 수도법령상 절수설비와 절수기기에 관한 내용으로 옳은 것을 모두 고른 것은?

상중하

> ㉠ 절수설비란 물사용량을 줄이기 위하여 수도꼭지나 변기에 추가로 장착하는 부속이나 기기, 절수형 샤워헤드를 포함한다.
> ㉡ 절수형 수도꼭지는 공급수압 98kPa에서 1분당 7.5리터 이하인 것
> ㉢ 샤워용은 공급수압 98kPa에서 해당 수도꼭지에 샤워호스(Hose)를 부착한 상태로 측정한 최대토수유량이 1분당 7.5리터 이하인 것
> ㉣ 대변기는 공급수압 98kPa에서 사용수량이 6리터 이하인 것

① ㉠, ㉡   ② ㉠, ㉢   ③ ㉡, ㉢
④ ㉠, ㉡, ㉣   ⑤ ㉢, ㉣

14 급수설비의 수질오염방지 대책으로 옳지 않은 것은?   제26회

상중하

① 수조의 급수 유입구와 유출구 사이의 거리는 가능한 한 짧게 하여 정체에 의한 오염이 발생되지 않도록 한다.

② 크로스 커넥션이 발생하지 않도록 급수배관을 한다.

③ 수조 및 배관류와 같은 자재는 내식성 재료를 사용한다.

④ 건축물의 땅 밑에 저수조를 설치하는 경우에는 분뇨·쓰레기 등의 유해물질로부터 5m 이상 띄워서 설치한다.

⑤ 일시적인 부압으로 역류가 발생하지 않도록 세면기에는 토수구 공간을 둔다.

15 음료용 급수의 오염과 방지법에 대한 설명으로 맞지 않는 것은?

① 상수로부터의 급수계통과 그 외의 계통이 직접 접속되는 것을 크로스 커넥션이라고 한다.

② 크로스 커넥션의 방지대책으로 준공 검사시 통수시험을 실시하여 동일 계통만이 확실하게 통하고 있는 것을 확인하는 일이다.

③ 역사이펀 작용의 방지법으로 가장 확실한 것은 수전과 수면 간에 공간을 두는 방법이다.

④ 세정밸브식 변기 등은 토수구 공간을 두는 것이 물리적으로 불가능하기 때문에 에어 챔버를 수전, 밸브 부근의 배관에 설치하는 방법이다.

⑤ 탱크용량이 큰 경우에는 탱크 내에 사수(死水)가 일어나지 않도록 필요에 따라 우회로를 두는 등의 고려를 해야 한다.

16 급수배관의 시공상 주의 사항으로 틀린 것은?

① 각 층의 수평주관은 선하향 구배로 하고, 상향 수직관의 최상부에는 공기빼기 밸브를 설치한다.

② 급수배관의 바닥이나 벽을 관통하는 부위에는 콘크리트를 칠 때 미리 슬리브를 넣어 두어야 한다.

③ 크로스 커넥션이 생기지 않도록 수압시험 등을 통해 점검한다.

④ 배관은 수리 그밖에 필요한 경우 관내의 물을 배제할 수 있도록 물매를 잡는다.

⑤ 수평주관에서의 각 주관 분기점, 각 층의 분기점 등에는 스톱밸브를 설치한다.

17 급수설비의 양수펌프에 관한 설명으로 옳은 것은?

① 펌프의 양수량은 펌프의 회전수에 반비례한다.

② 동일 특성을 갖는 펌프를 직렬로 연결하면 유량은 2배로 증가한다.

③ 펌프의 회전수를 변화시켜 양수량을 조절하는 것을 변속운전방식이라 한다.

④ 용적형 펌프에는 벌(볼)류트 펌프와 터빈 펌프가 있다.

⑤ 펌프의 회전수가 클수록 캐비테이션현상 방지에 유리하다.

18 급수배관의 설계 및 시공상 주의사항을 열거하였다. 옳지 않은 것은?

① 배관 도중에는 지수밸브를 적절히 설치하여 수량 및 수압조절을 할 수 있도록 한다.

② 배관의 신축·수리를 위해 배관슬리브를 사용한다.

③ 배관은 직선을 원칙으로 하며 되도록 관내 마찰 손실을 적게 한다.

④ 수격작용을 줄이기 위해서는 굴곡배관이 좋으며 유속도 빠르게 하는 것이 이상적이다.

⑤ 배관의 굴곡부에는 공기의 정체를 막기 위하여 공기빼기 밸브를 설치한다.

19 펌프를 직렬 연결한 것과 관련된 설명으로 옳지 않은 것은?

① 높은 양정을 얻고 싶을 때 직렬 연결을 한다.

② 2대의 펌프를 직렬로 연결할 경우 체절점에서는 2배의 유량이 된다.

③ 비교적 유량이 적은 관로저항곡선의 경우 비교적 높은 양정을 얻을 수 있다.

④ 유량이 큰 관로저항곡선의 경우에는 유량과 토출압력 모두 큰 이점을 얻기 힘든 특징이 있다.

⑤ 여러 펌프를 직렬로 연결해서 사용하는 펌프를 다단 펌프라 하며 고압송출용으로 사용한다.

20 급수설비의 펌프에 관한 내용으로 옳은 것은? 제26회

① 흡입양정을 크게 할수록 공동현상(Cavitation) 방지에 유리하다.

② 펌프의 실양정은 흡입양정, 토출양정, 배관 손실수두의 합이다.

③ 서징현상(Surging)을 방지하기 위해 관로에 있는 불필요한 잔류 공기를 제거한다.

④ 펌프의 전양정은 펌프의 회전수에 반비례한다.

⑤ 펌프의 회전수를 2배로 하면 펌프의 축동력은 4배가 된다.

21 급수설비에 관한 다음 설명 중 잘못된 것은?

상중하

① 급수배관은 수리·교체를 용이하게 하기 위해 유니온이나 플랜지 이음을 사용한다.
② 굴곡부 상부에는 공기빼기 밸브를 설치한다.
③ 크로스 커넥션을 방지하기 위해 급수관에 다른 목적의 배관을 직접 연결하지 않는다.
④ 수격작용을 방지하기 위해 기구 근처에 공기빼기 밸브를 설치한다.
⑤ 콘크리트구조부를 관통할 때 방진 및 수리·교체를 용이하게 하기 위해 슬리브를 설치한다.

22 워터해머(Water Hammer)에 관하여 잘못 설명한 것은?

상중하

① 수격작용으로 인하여 배관이 진동되고 소음이 발생하기도 한다.
② 에어챔버형 워터해머 흡수기는 공기실이 감소되면서 그 기능이 저하된다.
③ 워터해머는 일정한 압력과 유속으로 배관계통을 흐르는 비압축성 유체가 급격히 차단될 때 발생한다.
④ 워터해머를 방지하기 위해 펌프의 토출측에 스윙형 체크밸브 대신 일종의 리프트형 체크밸브인 스모렌스키 체크밸브를 설치한다.
⑤ 워터해머 현상은 급폐쇄형 밸브를 사용하면 그 현상이 감소한다.

23 건축설비의 기본사항으로 옳지 않은 것은?

상중하

① 수주분리란 관로에 관성력과 중력이 작용하여 물흐름이 끊기는 현상을 말한다.
② 극연수는 연관이나 황동관을 침식시킨다.
③ 절대압력은 게이지 압력과 그 때의 대기압의 합이다.
④ 액체의 압력은 임의의 면에 대하여 수직으로 작용하며, 액체 내 임의의 점에서 압력세기는 어느 방향이나 동일하게 작용한다.
⑤ 온수의 균등분배를 위해 크로스 커넥션(Cross Connection)이 되도록 배관 구성을 한다.

24
상중하

다음 급수배관의 시공시 주의사항에 대한 설명으로 옳지 않은 것은?

① 펌프직송급수방식(Booster Pump System)에는 급수펌프 유량이 줄어들 때 수주분리 현상이 발생되지 않도록 한다.

② 공기 및 물이 전부 빠질 수 있게 균일한 기울기로 배관한다.

③ 배관이 천장, 벽 등의 구조체를 통과하는 부분에는 방화구획상 지장이 없는 방법으로 관의 진동이 구조체에 전달되지 않도록 고정한다.

④ 공기가 모일 수 있는 부분에는 공기빼기 밸브, 물이 고일 수 있는 부분에는 배수밸브를 설치한다.

⑤ 50mm 이하의 배관에는 플랜지나 유니온을, 65mm 이상의 관은 유니온이나 그루브커플링 등을 사용한다.

대표문제 상중하

다음에서 설명하고 있는 배관의 이음방식은?   제25회

> 배관과 밸브 등을 접속할 때 사용하며, 교체 및 해체가 자주 발생하는 곳에 볼트와 너트 등을 이용하여 접합시키는 방식

① 플랜지 이음   ② 용접 이음   ③ 소벤트 이음
④ 플러그 이음   ⑤ 크로스 이음

해설

① 플랜지 이음 : 관 끝에 용접 또는 나사 이음으로 플랜지를 연결하고 두 플랜지 사이에 패킹을 넣어 볼트로 체결하는 이음이다. 배관과 밸브 등을 접속할 때 사용하며, 교체 및 해체가 자주 발생하는 곳에 사용한다.

● 정답 ①

25
상중하

다음 급수설비의 배관에 대한 설명으로 옳지 않은 것은?

① 급수 배관에는 급수 이외의 물 배관이 연결되지 않도록 한다.

② 토수구와 저수용기의 물넘침 면 사이에는 토수구 공간을 확보한다.

③ 토수구 공간을 확보할 수 없는 경우는 저수용기의 물넘침 선으로부터 150mm 이상 위쪽 배관에 진공브레이커를 설치한다.

④ 음료수용 탱크 상부는 음료수용 급수관 이외의 배관이 통과되도록 한다.

⑤ 배관이 천장, 벽 등의 구조체를 통과하는 부분에는 방화구획상 지장이 없는 방법으로 관의 진동이 구조체에 전달되지 않도록 고정한다.

대표문제 상중하

급수설비에서 펌프에 관한 설명으로 옳은 것은? 제21회

① 공동현상을 방지하기 위해 흡입양정을 낮춘다.
② 펌프의 전양정은 회전수에 반비례한다.
③ 펌프의 양수량은 회전수의 제곱에 비례한다.
④ 동일 특성을 갖는 펌프를 직렬로 연결하면 유량은 2배로 증가한다.
⑤ 동일 특성을 갖는 펌프를 병렬로 연결하면 양정은 2배로 증가한다.

해설

② 펌프의 전양정은 회전수의 제곱에 비례한다.
③ 펌프의 양수량은 회전수에 비례한다.
④ 동일 특성을 갖는 펌프를 직렬로 연결하면 양정은 2배로 증가한다.
⑤ 동일 특성을 갖는 펌프를 병렬로 연결하면 유량은 2배로 증가한다.

✔ 정답 ①

26 상중하 다음 펌프에 관한 설명 중 틀린 것은 어느 것인가?

① 펌프의 유량은 회전수에 비례하고, 양정은 회전수의 제곱에 비례하며, 축동력은 회전수의 세제곱에 비례하게 된다.
② ①에 의하면, 유량이 절반이면, 축동력은 1/8로 줄어들어 에너지절감이 가능해진다.
③ 펌프의 설치높이를 가능한 한 낮춰 흡입양정을 작게 한다.
④ 펌프를 흡입수면보다 낮게 설치하는 경우 반드시 푸트밸브를 설치한다.
⑤ 깊은 우물용 펌프에는 수중모터펌프, 보어홀펌프 등이 있다.

27 상중하 급수설비의 수질오염에 관한 설명으로 옳지 않은 것은? 제22회

① 저수조에 설치된 넘침관 말단에는 철망을 씌워 벌레 등의 침입을 막는다.
② 물탱크에 물이 오래 있으면 잔류염소가 증가하면서 오염 가능성이 커진다.
③ 크로스 커넥션이 이루어지면 오염 가능성이 있다.
④ 세면기에는 토수구 공간을 확보하여 배수의 역류를 방지한다.
⑤ 대변기에는 버큠브레이커(Vacuum Breaker)를 설치하여 배수의 역류를 방지한다.

28 다음 중 펌프의 실양정 산정시 필요한 요소에 해당하는 것을 모두 고른 것은?
상중하
제23회

> ㉠ 마찰손실수두 ㉡ 압력수두
> ㉢ 흡입양정 ㉣ 속도수두
> ㉤ 토출양정

① ㉠, ㉢ ② ㉢, ㉤ ③ ㉠, ㉡, ㉣

④ ㉡, ㉢, ㉣, ㉤ ⑤ ㉠, ㉡, ㉢, ㉣, ㉤

29 캐비테이션(Cavitation) 현상이란?
상중하

① 펌프의 수두 및 토출량이 주기적으로 변동을 일으키는 현상이 지속되는 것을 말한다.

② 액체 속에 함유된 공기가 액체 속의 부유 분진과 결합하여 관 표면에 달라붙는 현상을 말한다.

③ 액체 속에 함유된 저압 부분에서 수증기와 공기가 분리되어 수많은 작은 기포로 되는 현상을 말한다.

④ 배관 내의 유체 유동을 급히 개시하거나 폐지시킬 때 충격파에 의해 이상 압력 현상을 발생시키는 것을 말한다.

⑤ 오수가 역류해서 급수를 오염시키는 현상을 말한다.

30 급수설비의 양수펌프에 관한 설명으로 옳은 것은?
상중하
제23회

① 용적형 펌프에는 벌(볼)류트 펌프와 터빈 펌프가 있다.

② 동일 특성을 갖는 펌프를 직렬로 연결하면 유량은 2배로 증가한다.

③ 펌프의 회전수를 변화시켜 양수량을 조절하는 것을 변속운전방식이라 한다.

④ 펌프의 양수량은 펌프의 회전수에 반비례한다.

⑤ 공동현상을 방지하기 위해 흡입양정을 높인다.

31 다음 급수설비에서 펌프에 관한 설명으로 옳지 않은 것은?

① 펌프 양수관의 수평배관은 옥상물탱크를 향하여 적당한 상향기울기로 배관한다.

② 펌프의 흡입 수평관은 될 수 있는 한 짧게 펌프를 향하여 적당한 상향기울기로 배관하며 필요에 따라서 게이트밸브를 설치한다.

③ 양수관의 하중 및 배관의 비틀림 하중이 직접 펌프에 걸리지 않도록 필요에 따라 방진이음, 플렉시블 조인트 등을 설치한다.

④ 펌프의 원심 펌프로 볼류트 펌프는 터빈 펌프와 달리 안내날개(Guide Vane)가 있으며 고양정 펌프로 사용된다.

⑤ 급수펌프는 실양정과 속도수두, 압력수두 및 관로의 마찰손실수두를 고려한 전양정과 유량으로 동력을 산정한다.

32 급수펌프를 1대에서 2대로 병렬 연결하여 운전시 나타나는 현상으로 옳은 것은?
(단, 펌프의 성능과 배관조건은 동일하다) 제24회

① 유량이 2배로 증가하며 양정은 0.5배로 감소한다.

② 양정이 2배로 증가하며 유량은 변화가 없다.

③ 유량이 1.5배로 증가하며 양정은 0.8배로 감소한다.

④ 유량과 양정이 모두 증가하나 증가폭은 배관계 저항조건에 따라 달라진다.

⑤ 배관계 저항조건에 따라 유량 또는 양정이 감소되는 경우도 있다.

33 다음 펌프에 대하여 잘못 설명한 것은?

① 펌프의 원심 펌프로 터빈 펌프는 볼류트 펌프와 달리 안내날개(Guide Vane)가 있으며 고양정 펌프로 사용된다.

② 펌프의 흡입 수평관은 될 수 있는 한 짧게 펌프를 향하여 적당한 하향기울기로 배관하며 필요에 따라서 글로브 밸브를 설치한다.

③ 양수관의 하중 및 배관의 비틀림 하중이 직접 펌프에 걸리지 않도록 필요에 따라 방진이음, 플렉시블 조인트 등을 설치한다.

④ 소방펌프의 경우 개폐표시형 밸브를 사용하며 OS&Y 게이트 밸브가 대표적이다.

⑤ 펌프의 유량은 회전수에 비례하고, 양정은 회전수의 제곱에 비례하며, 축동력은 회전수의 세제곱에 비례하게 된다.

대표문제 상중하

급수설비에서 펌프에 관한 설명으로 옳지 않은 것은? 제25회

① 펌프의 양수량은 펌프의 회전수에 비례한다.
② 볼류트 펌프와 터빈 펌프는 원심식 펌프이다.
③ 서징(Surging)이 발생하면 배관 내의 유량과 압력에 변동이 생긴다.
④ 펌프의 성능곡선은 양수량, 관경, 유속, 비체적 등의 관계를 나타낸 것이다.
⑤ 공동현상(Cavitation)을 방지하기 위해 흡입양정을 낮춘다.

해설
④ 펌프의 성능곡선은 일정한 임펠러의 회전속도, 크기 조건에서 유량에 따른 양정을 나타내는 도표로 제동마력, 펌프 효율선도를 함께 나타낸다. 성능곡선도에서 펌프의 유량변화에 따른 전양정, 소요동력, 효율 등의 관계를 알 수 있다.

✔ 정답 ④

34 상중하 지하 저수조의 물을 양수 능력 800ℓ/min의 펌프로 양정 54m인 고가 수조에 양수하고자 한다. 펌프 효율이 80%라면 이 펌프의 소요 마력은?

① 9.6 마력
② 12 마력
③ 17 마력
④ 22 마력
⑤ 26 마력

35 상중하 급수설비에 관한 내용으로 옳지 않은 것은? 제24회

① 기구급수부하단위는 같은 종류의 기구일 경우 공중용이 개인용보다 크다.
② 벽을 관통하는 배관의 위치에는 슬리브를 설치하는 것이 바람직하다.
③ 고층건물에서는 급수계통을 조닝하는 것이 바람직하다.
④ 펌프의 공동현상(Cavitation)을 방지하기 위하여 펌프의 설치 위치를 수조의 수위보다 높게 하는 것이 바람직하다.
⑤ 보급수의 경도가 높을수록 보일러 내면에 스케일 발생 가능성이 커진다.

36 급수설비에 관한 설명으로 옳은 것은?   제24회

상중하

① 급수펌프의 회전수를 2배로 하면 양정은 8배가 된다.

② 펌프의 흡입양정이 작을수록 서징현상 방지에 유리하다.

③ 펌프직송방식은 정전이 될 경우 비상발전기가 없어도 일정량의 급수가 가능하다.

④ 고층건물의 급수 조닝방법으로 안전밸브를 설치하는 것이 있다.

⑤ 먹는 물 수질기준 및 검사 등에 관한 규칙상 먹는 물의 수질기준 중 수돗물의 경도는 300mg/L를 넘지 않아야 한다.

37 건축설비에 관한 내용으로 옳은 것은?

상중하

① 동일한 양의 물이 배관 내를 흐를 때 배관의 단면적이 1/2배가 되면 물의 속도는 4배가 된다.

② 유체의 마찰은 물과 접촉된 고체 표면의 면적, 거친 정도, 속도의 제곱에 반비례한다.

③ 연속의 법칙은 유량은 배관의 단면적과 유속의 곱으로 표현되며 그 값은 어느 지점에서나 동일하다.

④ 정수두 하에 있는 작은 오리피스를 통한 이상유체 흐름의 평균유속(v)은 정수두(h)의 제곱근에 반비례한다.

⑤ 서징현상이란 물의 압력이 그 물의 온도에 해당하는 포화증기압보다 낮아질 경우 물이 증발하여 기포가 발생하는 현상이다.

38 급수설비에 관한 설명으로 옳지 않은 것은?

상중하

① 공기 및 물이 전부 빠질 수 있게 균일한 기울기로 배관한다.

② 고가수조방식은 펌프직송방식에 비해 수질 오염 측면에서 불리하다.

③ 급수량 산정시 시간최대 예상급수량은 시간평균 예상급수량의 1.5~2.0배로 한다.

④ 압력탱크방식은 최고·최저의 압력차가 작아 급수압이 일정하다.

⑤ 초고층 공동주택의 경우 급수압을 조절하기 위해, 중간수조방식이나 감압밸브방식을 사용한다.

급탕설비

📖 **연계학습** 기본서 p.68~85

단 · 원 · 열 · 기

매년 1문제 정도 출제되지만 가열기의 용량계산 문제도 출제되는 경우가 있다. 양이 많지 않으니 급탕방식, 배관방식, 신축이음, 팽창탱크 등 전반적인 내용 점검이 필요하다.

대표문제 (상)(중)(하)

급탕설비에 관한 내용으로 옳지 않은 것은?   제25회

① 저탕탱크의 온수온도를 설정온도로 유지하기 위하여 서모스탯을 설치한다.
② 기수혼합식 탕비기는 소음이 발생하지 않는 장점이 있으나 열효율이 좋지 않다.
③ 중앙식 급탕방식은 가열방법에 따라 직접가열식과 간접가열식으로 구분한다.
④ 개별식 급탕방식은 급탕을 필요로 하는 개소마다 가열기를 설치하여 급탕하는 방식이다.
⑤ 수온변화에 의한 배관의 신축을 흡수하기 위하여 신축이음을 설치한다.

해설

② 기수혼합식 탕비기는 고압 증기를 이용하기 때문에 소음이 크므로 스팀사일런서를 사용하지만, 열원인 증기가 직접 물에 혼합되어 온도를 올리기 때문에 손실이 적어 열효율이 우수하다.

✔ 정답 ②

01

(상)(중)(하)

다음 급탕설비에 관하여 잘못 설명한 것은?

① 급탕설비는 온수가 오염되지 않게 한다.
② 배관은 최대 급탕부하시에 위생기구에 필요 급탕량을 공급할 수 있는 크기로 한다.
③ 급탕배관 내의 급탕온도는 레지오넬라균의 서식을 방지하기 위하여 $55 \sim 60℃$로 유지하는 것이 좋다.
④ 배관거리가 30m 이상인 중앙급탕방식에서는 배관으로부터 열 손실을 보상하여, 일정한 급탕온도를 유지할 수 있는 단관식으로 한다.
⑤ 급탕배관의 신축으로 배관이나 다른 기기가 손상될 수 있는 경우에는 신축이음이나 신축곡관 등을 사용하여 이를 방지한다.

02 중앙식 급탕설비에 관한 내용으로 옳은 것만 모두 고른 것은?

> ㉠ 직접가열식은 간접가열식에 비해 고층건물에서는 고압에 견디는 보일러가 필요하다.
> ㉡ 직접가열식은 간접가열식보다 일반적으로 열효율이 높다.
> ㉢ 직접가열방식은 증기 또는 온수를 열원으로 하여 열교환기를 통해 물을 가열하는 방식이다.
> ㉣ 직접가열식은 간접가열식보다 수처리를 적게 한다.

① ㉠, ㉡
② ㉡, ㉣
③ ㉢, ㉣
④ ㉠, ㉡, ㉢
⑤ ㉠, ㉢, ㉣

03 다음 중 급탕설비에 관한 설명으로 맞는 것은?
① 팽창탱크는 반드시 개방식으로 해야 한다.
② 리버스 리턴(Reverse-Return) 방식은 전 계통의 탕의 순환을 촉진하는 방식이다.
③ 직접가열식 중앙급탕법은 보일러 안에 스케일 부착이 없어 내부에 방식 처리가 불필요하다.
④ 간접가열식 중앙급탕법은 저탕조와 보일러를 직결하여 순환 가열하는 것으로 고압용 보일러가 주로 사용된다.
⑤ 순간식 온수기에는 팽창탱크의 설치가 필요하다.

04 급탕배관의 설계 및 시공상의 주의점에 대한 설명 중 옳지 않은 것은?
① 배관은 균등한 구배로 하고 역구배나 공기 정체가 일어나기 쉬운 배관 등을 피한다.
② 상향배관의 경우 급탕관은 상향구배, 환탕관은 하향구배로 한다.
③ 하향배관의 경우 급탕관은 하향구배, 환탕관은 상향구배로 한다.
④ 배관에는 관의 신축을 방해받지 않도록 신축이음쇠를 설치한다.
⑤ 배관은 내식성 배관을 사용하고 노출 배관한다.

05 가스보일러로 20℃의 물 3,000kg을 90℃로 올리기 위해 필요한 최소 가스량(m³)
상중하 은? (단, 가스발열량은 40,000kJ/m³, 보일러 효율은 90%로 가정하고, 물의 비열
은 4.2kJ/kg · K로 한다)   제24회

① 19.60   ② 22.05
③ 24.50   ④ 25.25
⑤ 26.70

06 급탕설비의 배관에 대한 설명으로 잘못된 것은?
상중하
① 급탕순환펌프의 양정은 순환유량이 각 순환관로에 배분된 경우 마찰손실수
두가 가장 작은 순환관로의 마찰손실수두로 한다.
② 급탕탱크방식의 급탕배관에는 온도상승에 의한 압력을 도피시킬 수 있는
팽창탱크를 설치한다.
③ 급탕배관의 신축으로 배관이나 다른 기기가 손상될 수 있는 경우에는 신축
이음이나 신축곡관 등을 사용하여 이를 방지한다.
④ 급탕과 난방 겸용방식에서 60℃ 이상의 난방온수가 필요한 경우, 음용수 급탕
배관의 급탕온도를 60℃ 이하로 제한하기 위하여 온도조절 밸브를 설치한다.
⑤ 설계환탕유량으로 균등하게 분배될 수 있도록 수동 밸런싱 밸브를 설치한다.

07 배관의 신축에 대응하기 위해 설치하는 이음쇠가 아닌 것은?   제26회
상중하
① 스위블 조인트   ② 컨트롤 조인트
③ 신축곡관   ④ 슬리브형 조인트
⑤ 벨로즈형 조인트

08 다음 신축이음에 대하여 잘못 설명한 것은?

① 슬리브형은 이중관 중의 안쪽 부분의 패킹부를 미끄러지면서 신축을 흡수하는 구조로 되어 있다.

② 벨로즈형 신축이음은 스테인리스강 등으로 만든 벨로즈의 신축을 이용해서 관의 신축을 흡수하는 것으로 기밀성이 좋고 고온에도 잘 견디기 때문에 널리 이용되고 있다.

③ 볼조인트는 배관의 도중을 U자형 및 루프형으로 꺾어 놓고 그 부분의 휨에 의해 배관의 신축을 흡수한다.

④ 스위블 조인트는 2개 이상의 엘보를 사용하여 배관의 신축을 엘보에 있는 나사맞춤부의 나사 회전을 이용해서 흡수하는 것을 말한다.

⑤ 일반적인 조건인 경우 냉·온수배관은 보통 20m~30m 길이마다, 증기관은 10m~20m 이내에 1개소씩 설치하면 된다.

09 다음 급탕배관의 시공상 주의점에 대하여 맞지 않는 것은?

① 배관은 균등한 구배를 둔다. 역구배나 공기 정체가 일어나기 쉬운 배관 등 탕수(湯水)의 순환을 방해하는 것은 피한다.

② 중앙식 급탕설비는 원칙적으로 강제순환식으로 한다.

③ 배관의 굽힘부분에는 스위블 이음으로 접합한다.

④ 벽의 관통부분의 배관에는 슬리브를 끼운다.

⑤ 온도강하 및 급탕수전에서의 온도 불균형이 없고 수시로 원하는 온도의 탕을 얻을 수 있도록 원칙적으로 단관식으로 한다.

10 급탕설비인 저탕탱크에서 온수온도를 적절히 유지하기 위하여 사용하는 것은?

제19회

① 버킷 트랩(Bucket Trap)

② 서모스탯(Thermostat)

③ 볼 조인트(Ball Joint)

④ 스위블 조인트(Swivel Joint)

⑤ 플로트 트랩(Float Trap)

11 다음 급탕배관에 대한 설명으로 옳지 않은 것은?

상중하

① 급탕배관의 신축으로 배관이나 다른 기기가 손상될 수 있는 경우에는 팽창탱크를 설치한다.

② 상향배관의 경우 급탕관은 상향구배, 환탕관은 하향구배로 한다.

③ 급탕순환펌프의 양정은 순환유량이 각 순환관로에 배분된 경우 마찰손실수두가 가장 큰 순환관로의 마찰손실수두로 한다.

④ 설계환탕유량으로 균등하게 분배될 수 있도록 수동 밸런싱 밸브를 설치한다.

⑤ 간접가열식 중앙급탕법은 보일러 안에 스케일 부착이 없어 내부에 방식 처리가 불필요하다.

대표문제 상중하

다음에서 설명하고 있는 것은 무엇인가?   제22회

급탕배관이 벽이나 바닥을 통과할 경우 온수 온도변화에 따른 배관의 신축이 쉽게 이루어지도록 벽(바닥)과 배관 사이에 설치하여 벽(바닥)과 배관을 분리시킨다.

① 슬리브   ② 공기빼기 밸브   ③ 신축이음
④ 서모스탯   ⑤ 열감지기

해설
① 배관이 구조부를 관통할 때 미리 설치하는 덧관으로, 배관의 신축이 용이하고, 수리·교체가 용이하도록 설치하며 슬리브라고 한다.

❷ 정답 ①

12 급탕설비에 관한 내용으로 옳지 않은 것은?   제23회

상중하

① 간접가열식이 직접가열식보다 열효율이 좋다.

② 팽창관의 도중에는 밸브를 설치해서는 안 된다.

③ 일반적으로 급탕관의 관경을 환탕관(반탕관)의 관경보다 크게 한다.

④ 자동온도조절기(Thermostat)는 저탕탱크에서 온수온도를 적절히 유지하기 위해 사용하는 것이다.

⑤ 급탕배관을 복관식(2관식)으로 하는 이유는 수전을 열었을 때, 바로 온수가 나오게 하기 위해서이다.

13 4℃ 물 400 ℓ 를 70℃로 가열할 때 팽창량은 얼마인가? (단, 4℃ 밀도 1kg/ℓ, 70℃ 밀도 0.9774kg/ℓ)

① 9.25 ℓ ② 11.56 ℓ ③ 16.42 ℓ

④ 20.34 ℓ ⑤ 24.56 ℓ

14 급탕설비에 대하여 잘못 설명한 것은 어느 것인가?

① 급탕탱크방식의 급탕배관에는 온도상승에 의한 압력을 도피시킬 수 있는 팽창탱크를 설치한다.

② 볼 부분이 케이싱 내에서 360°회전하면서 회전과 굽힘작용을 하며 이것을 이용한 관절작용으로 관의 신축을 흡수하는 것은 볼 조인트이다.

③ 중앙식 급탕설비에서는 가열장치로부터 급탕사용처까지의 배관 길이가 30m 정도를 초과할 때에는 환탕 배관과 순환펌프를 설치하여 급탕수를 순환해 주는 것이 좋다.

④ 급탕탱크에는 급탕온도 하강에 따른 진공에 의한 탱크 손상 방지를 위해 진공 릴리프밸브를 설치하여야 한다.

⑤ 급탕순환펌프의 양정은 최상층 급탕전의 최저필요압력과 마찰손실을 고려하여 결정한다.

배수 및 통기설비

☐ **연계학습** 기본서 p.86~108

┌ 단·원·열·기 ┐

매년 배수설비 관련 1문제, 통기설비 관련 1문제가 출제되었지만 제26회에는 1문제만 출제되었다. 청소구와 트랩, 통기관 관련 내용의 정리와 더불어 제24회에 출제되었던 배수관의 관경 결정 관련 내용의 점검이 필요하다.

01 배수관 관경 결정시 유의사항으로 잘못된 것은?

상중하

① 최소 관경은 DN25 이상으로 한다.
② 고형물이 흐르는 잡배수관인 경우의 최소 관경은 DN50 이상으로 한다.
③ 지중 매설관의 관경은 DN50 이상으로 한다.
④ 배수수직관의 관경은 이와 접속하는 배수수평지관의 최대 관경 이상으로 한다.
⑤ 배수관의 관경은 상류에서 하류 방향으로 크게 하고 중간에서 관경을 축소하면 안 된다.

02 배수관 내의 유속과 경사 등에 대한 설명 중 잘못된 것은?

상중하

① 배수배관 내에서 관표면의 모래, 잔돌을 포함한 유리입자를 운반하기 위해 최소 0.6m/s가 요구된다.
② 경사를 적게 할수록 수심이 증가하므로 유속이 느려져 세정력이 약해진다.
③ 기름성분의 배수배관에서는 최소 1.2m/s의 유속이 요구된다.
④ 배수관의 표준 구배는 1/50~1/100 정도가 적당하다.
⑤ 배수관의 지름이 클수록 흐르는 수심이 높아져서 운반능력이 증가한다.

03 다음 일반 배수관의 배관에 대하여 잘못 설명한 것은?

상중하

① 배수수직관은 어느 층에서나 최하부의 가장 큰 배수부하를 부담하는 부분의 관지름과 동일 관지름으로 한다.

② 공동주택 등 주거용 건물은 배수에 의한 소음 차단을 위한 적절한 소음 방지시설을 하거나 저소음 제품을 사용한다.

③ 배수지관 등이 합류하는 경우는 반드시 배관에 수직으로 접속하고 수평 기울기로 합류시킨다.

④ 배수수평주관 또는 수평지관에는 T형 이음쇠, ST형 이음쇠, 크로스 이음쇠를 사용하지 않는다.

⑤ 배수계통배관의 중간에는 유니온 또는 관 플랜지를 사용하지 않는다.

대표문제 상중하

옥내 배수관의 관경을 결정하는 방법으로 옳지 않은 것은?   제24회

① 옥내 배수관의 관경은 기구배수부하단위법 등에 의하여 결정할 수 있다.

② 기구배수부하단위는 각 기구의 최대 배수유량을 소변기 최대 배수유량으로 나눈 값에 동시사용률 등을 고려하여 결정한다.

③ 배수수평지관의 관경은 그것에 접속하는 트랩구경과 기구배수관의 관경과 같거나 커야 한다.

④ 배수수평지관은 배수가 흐르는 방향으로 관경을 축소하지 않는다.

⑤ 배수수직관의 관경은 가장 큰 배수부하를 담당하는 최하층 관경을 최상층까지 동일하게 적용한다.

해설

② 기구배수부하단위는 각 기구의 최대 배수유량을 세면기 최대 배수유량으로 나눈 값에 동시사용률 등을 고려하여 결정한다.

◆ 정답 ②

04 기구배수부하단위가 낮은 기구에서 높은 기구의 순서로 옳은 것은? 제24회
상중하

| ㉠ 개인용 세면기 | ㉡ 공중용 대변기 | ㉢ 주택용 욕조 |

① ㉠ - ㉡ - ㉢   ② ㉠ - ㉢ - ㉡   ③ ㉡ - ㉠ - ㉢
④ ㉢ - ㉠ - ㉡   ⑤ ㉢ - ㉡ - ㉠

05 다음 배수 및 통기설비에 대한 설명으로 옳은 것은?
상중하

㉠ 종국유속은 배수수직관 내를 하강하는 배수는 처음에는 중력에 의해 점차 그 유속이 증가하여 어느 정도까지는 유속이 증가하지만 관벽 및 관내의 공기와의 마찰로 인한 저항을 받고, 결국에는 관 내벽 및 공기와의 마찰저항과 평형되는 유속을 말한다.

㉡ 배수수직관이 위치한 부분부터 수력도약현상(도수현상)을 일으키는 위치까지의 거리는 배수량, 배수수직관과 배수수평주관의 접속부의 형상 등에 따라 다르지만, 일반적으로 배수수직관 관경의 10배 이내의 거리에서 일어나게 된다.

㉢ 위생기구로부터의 배수는 기구배수관 ⇨ 배수수평지관 ⇨ 배수수직관 ⇨ 배수수평주관 ⇨ 부지배수관을 거쳐 방류처로 흐른다.

㉣ 배수수직관 내에서 부압으로 되는 곳에 배수수평지관이 접속되어 있으면 배수수평지관 내의 공기는 수직관 쪽으로 유인되며, 따라서 봉수가 이동하여 손실되는 현상을 자기사이펀작용이라고 한다.

① ㉠   ② ㉠, ㉡   ③ ㉡, ㉢, ㉣
④ ㉠, ㉡, ㉢   ⑤ ㉠, ㉡, ㉢, ㉣

06 다음 트랩에 대하여 잘못 설명한 것은?
상중하

① 트랩의 봉수깊이는 50~100mm로 한다.
② 트랩의 가동부분이 조립체 또는 칸막이에 의하여 봉수를 형성하는 구조가 아닌 것으로 한다.
③ 트랩은 구조가 간단하고, 배수시 자기세정이 가능한 구조의 것으로 한다.
④ 뚜껑이 있는 트랩은 뚜껑을 열었을 때 배수관의 하류 측으로부터 하수가스가 실내에 침입하지 않는 구조로 한다.
⑤ 모든 트랩의 봉수에 250Pa 이상의 기압차가 생기도록 한다.

07 배수의 수평지관 또는 수직배수관에서 일시에 다량의 배수가 흘러내려가는 경우, 이 배수의 압력에 의해 하류 또는 하층 기구에 설치된 트랩의 봉수가 파괴되는 것을 무엇이라 하는가?   제11회

① 분출작용   ② 자기사이펀작용
③ 운동량에 의한 관성   ④ 증발현상
⑤ 모세관현상

08 다음 중 배수설치 계통에 사용되지 않는 것은?

① 열동트랩   ② S트랩
③ 드럼트랩   ④ 벨트랩
⑤ 그리이스트랩

대표문제 상중하

트랩의 봉수파괴 원인이 아닌 것은?   제25회

① 수격작용   ② 모세관현상   ③ 증발작용
④ 분출작용   ⑤ 자기사이펀작용

해설
① 봉수파괴 원인으로는 자기사이펀작용, 감압에 의한 흡출작용, 분출작용, 모세관현상, 증발작용, 운동량에 의한 관성작용 등이 있으며 수격작용은 봉수파괴 원인이 아니다.

● 정답 ①

09 트랩의 봉수파괴현상으로 잘못된 것은?

① S트랩은 배수가 만수상태로 흐르면 사이펀작용으로 트랩의 봉수가 파괴된다.
② 유도사이펀작용은 배관의 압력을 감소시켜 봉수를 파괴한다.
③ 역압에 의한 봉수파괴현상은 배관내의 압력 상승으로 하층부 기구에서 자주 발생한다.
④ 집을 오랫동안 비워둘 경우 모세관현상에 의해 봉수가 파괴되며 벨트랩에서 발생하기 쉽다.
⑤ 트랩부에서 헝겊 등이 걸려 봉수가 감소하는 현상을 모세관현상이라 한다.

10 트랩의 봉수파괴 원인 중 건물 상층부의 배수수직관으로부터 일시에 많은 양의 물
이 흐를 때, 이 물이 피스톤작용을 일으켜 하류 또는 하층 기구의 트랩 봉수를 공기
의 압축에 의해 실내 측으로 역류시키는 작용은? 제21회

① 증발작용 ② 분출작용
③ 수격작용 ④ 유인사이펀작용
⑤ 자기사이펀작용

대표문제 상중하

통기관의 설치목적으로 옳은 것을 〈보기〉에서 모두 고른 것은? 제16회

┤보기├
㉠ 배수트랩의 봉수를 보호한다.
㉡ 배수관에 부착된 고형물을 청소하는 데 이용한다.
㉢ 신선한 외기를 통하게 하여 배수관 청결을 유지한다.
㉣ 배수관을 통해 냄새나 벌레가 실내로 침입하는 것을 방지한다.
㉤ 배수관 내의 압력변동을 흡수하여 배수의 흐름을 원활하게 한다.

① ㉠, ㉡, ㉣ ② ㉡, ㉢, ㉤ ③ ㉠, ㉢, ㉤
④ ㉠, ㉡, ㉢, ㉤ ⑤ ㉠, ㉢, ㉣, ㉤

해설
🏠 **통기관 설치목적**
1. 봉수보호
2. 청결유지
3. 관내 기압유지
4. 흐름원활

☑ 정답 ③

---

11 통기수직관으로부터 가장 가까운 곳에 설치되어 있으며 배수수평관 최하류에 연결
된 관으로 회로 통기의 능력을 촉진시켜주는 통기관은?

① 결합통기관 ② 환상통기관
③ 습식통기관 ④ 도피통기관
⑤ 각개통기관

12 회로통기관에 대하여 잘못 설명한 것은?

상중하

① 회로통기관의 관지름은 담당 배수관 관 지름의 1/2 이상으로 한다. 또한 32mm 이상으로 한다.

② 회로통기관의 접속은 배수횡지관과 최상류의 기구배수관과의 접속점 직후의 하류측이다.

③ 회로통기관은 기구의 넘침선으로부터 0.15m 이상 더 올려서 통기횡주관에 접속시킨다.

④ 최대 위생기구수는 2개 이상 8개 이내로 한다.

⑤ 회로통기관을 배수횡지관에 접속할 때는 수평에서 위쪽으로 45° 이내에 접속해야 한다.

13 다음 통기설비에 대하여 잘못 설명한 것은?

상중하

① 지붕 밖으로 인출하는 개방통기관은 지붕위로 150mm 이상 연장하여 마감한다.

② 브랜치 간격의 수가 5개 이상인 모든 배수수직관에는 결합통기관을 설치한다.

③ 모든 각개통기관과 통기지관 및 회로통기관은 통기수직관이나 신정통기관 또는 통기밸브에 연결하거나 대기로 인출한다.

④ 통기관과 통기수직관이나 신정통기관은 통기관이 담당하는 가장 높은 기구의 물 넘침선 위 150mm 이상에서 연결한다. 통기지관이나 도피통기관 또는 회로통기관의 수평통기관 높이는 가장 높은 기구의 물 넘침선 위로 150mm 이상 되어야 한다.

⑤ 상부수평지관의 오수나 배수를 받는 배수수직관에 4개 이상의 대변기 배수를 받아 연결하여 회로통기를 하는 배수수평지관에는 도피통기관을 설치한다.

14 통기방식에 관한 설명으로 옳지 않은 것은?   제26회

상중하

① 외부에 개방되는 통기관의 말단은 인접건물의 문, 개폐 창문과 인접하지 않아야 한다.

② 결합통기관은 배수수직관과 통기수직관을 연결하는 통기관이다.

③ 각개통기관의 수직올림위치는 동수구배선보다 아래에 위치시켜 흐름이 원활하도록 하여야 한다.

④ 통기수직관은 빗물수직관과 연결해서는 안 된다.

⑤ 각개통기방식은 기구의 넘침면보다 15cm 정도 위에서 통기수평지관과 접속시킨다.

15 다음 중 배수·통기설비의 기본 원칙에 관하여 맞지 않는 것은 어느 것인가?

상중하

① 배수·통기계통은 배수가 생활환경에 해를 주지 않고, 확실하고 위생적으로 배출할 수 있도록 하여야 한다.

② 배수계통은 높은 유수음 또는 이상 진동이 생기지 않게 하여야 한다.

③ 배수계통에 직결된 기구류는 각 기구별로 적절한 구조와 봉수강도를 지닌 수봉식 트랩을 설치하여야 한다.

④ 통기관의 끝은 그 개구부 끝을 플러그 등으로 막아 건물 내부로 오염된 공기가 유입되지 않도록 조치하여야 한다.

⑤ 배수계통에는 배수의 역류가 발생하지 않도록 하여야 하며, 특정의 기구·장치·시설로부터의 배수는 간접배수로 하여야 한다.

대표문제 상중하

배수 및 통기설비에 관한 내용으로 옳은 것은? 제22회

① 배수관 내에 유입된 배수가 상층부에서 하층부로 낙하하면서 증가하던 속도가 더 이상 증가하지 않을 때의 속도를 종국유속이라 한다.

② 도피통기관은 배수수직관의 상부를 그대로 연장하여 대기에 개방한 통기관이다.

③ 루프통기관은 고층건물에서 배수수직관과 통기수직관을 연결하여 설치한 것이다.

④ 신정통기관은 모든 위생기구마다 설치하는 통기관이다.

⑤ 급수탱크의 배수방식은 간접식보다 직접식으로 해야 한다.

해설

② 신정통기관은 배수수직관의 상부를 그대로 연장하여 대기에 개방한 통기관이다.

🏠 도피통기관은 배수수평지관이 배수수직관에 접속하기 직전에 접속하여 통기수직관에 연결하는 통기관으로 회로통기의 통기능력(위생기구 8개 이상)이 부족하여 통기를 촉진시키기 위하여 사용한다.

③ 결합통기관은 고층건물에서 배수수직관과 통기수직관을 연결하여 설치한 것이다.

④ 각개통기관은 모든 위생기구마다 설치하는 통기관이다.

⑤ 급수탱크의 배수방식은 직접식보다 간접식으로 해야 한다.

✔ 정답 ①

16 상중하 다음 중 배수 및 통기설비에 대하여 잘못 설명한 것은?

① 통기관의 배관방법은 배수관과 통기관을 병행해서 설치하는 2관식과 최고 층의 기구 배수관의 접속점에서 상방향 수직관을 세워서 통기관으로 하는 1관식 배관법의 2가지가 있다.

② 배수수평지관의 최소 관경은 접속하는 기구 트랩의 최대 구경과 같거나 그 이상으로 한다.

③ 도피통기관은 배수수평지관이 배수수직관에 접속하기 전에 통기관을 세워 통기수직주관에 연결하는 방법이다.

④ 통기헤더는 통기수직관과 신정통기관을 대기중에 개구하기 전에 두 개의 관을 하나의 관으로 통합한 관을 말한다.

⑤ 회로통기방식에서 기구배수관 이외의 기구배수관을 배수횡지관에 접속할 때는 수평중심선에 대하여 수직으로 접속하거나 수직선에서 45° 이내에 접속해야 한다.

17 상중하 통기설비에 관한 설명으로 옳은 것은?

① 결합통기관의 지름은 접속되는 통기수직관 지름의 1/2로 한다.

② 도피통기관은 배수수직관 상부를 연장하여 대기 중에 개방한 통기관이다.

③ 위생기구가 여러 개일 경우 각개통기관보다 환상통기관을 설치하는 것이 통기효과가 더 좋다.

④ 섹스티아 시스템(Sextia System)에는 섹스티아 이음쇠와 섹스티아 밴드가 사용된다.

⑤ 각개통기관이 배수관에 접속되는 지점은 기구의 최고 수면과 배수수평지관이 배수수직관에 접속되는 점을 연결한 동수구배선보다 아래에 있도록 한다.

18 상중하 배관공사에 대한 설명으로 틀린 것은?

① 급수배관의 구배는 1/250 이상으로 한다.

② 급탕배관의 보온피복공사는 배관의 수압시험을 하기 전에 한다.

③ 배수는 기구배수, 배수수평지관, 배수수직주관, 배수수평주관의 순서로 이루어지며, 이 순서대로 관경은 커져야 한다.

④ 배수수평관이 긴 경우, 배수관의 관 지름이 100mm 이하인 경우에는 15m 이내, 100mm를 넘는 경우는 매 30m마다 청소구를 설치한다.

⑤ 특수통기방식의 일종인 소벤트방식, 섹스티아방식은 신정통기방식을 변형시킨 것이다.

19
상중하
통기관의 배관에 대한 설명으로 옳지 않은 것은?

① 통기수직관은 빗물수직관과 연결해서는 안 된다.

② 루프통기관은 고층건물에서 배수수직관과 통기수직관을 연결하여 설치한 것이다.

③ 배수수직관 내의 배수 흐름을 원활히 하기 위하여 결합통기관을 설치한다.

④ 오수정화조의 배기관은 단독으로 대기 중에 개방해야 하며 일반통기관과 연결해서는 안 된다.

⑤ 당해 층의 가장 높은 위치에 있는 위생기구의 오버플로면으로부터 최소 150mm 이상 높은 위치에서 통기배관을 한다.

20
상중하
다음 통기설비에 대하여 잘못 설명한 것은?

① 소벤트방식은 공기혼합이음쇠와 공기분리이음쇠로 구성되며, 신정통기관 외에 다른 통기관을 설치하지 않는 방식이다.

② 브랜치 간격의 수가 5개 이상인 모든 배수수직관에는 결합통기관을 설치한다.

③ 신정통기관은 배수수직관의 관경 이상으로 한다.

④ 트랩 위어(웨어)에서 관 지름의 2배 이내의 거리에서 통기관을 설치하지 않는다.

⑤ 결합통기관의 관 지름은 연결하는 통기수직관의 관 지름과 같아야 한다.

CHAPTER 04 위생기구 및 배관용 재료

📖 **연계학습** 기본서 p.110~131

단·원·열·기

위생기구 관련 1문제와 배관과 밸브 관련 1문제 포함해서 2문제 또는 1문제가 출제되는데, 최근에는 주로 위생기구에서 출제되었지만 제25회에는 밸브에 대한 문제가 출제되었다. 분량이 적으니 대변기의 종류와 세정급수방식, 배관과 밸브의 특성을 문제를 통하여 익히면 된다.

대표문제 ⑤ ⑧ ⑨

위생기구설비에 관한 설명으로 옳지 않은 것은?   제20회

① 위생기구의 재질은 흡습성이 적어야 한다.
② 로우탱크식 대변기는 탱크에 물이 저장되는 시간이 불필요하므로 연속사용이 많은 화장실에 주로 사용한다.
③ 세출식 대변기는 유수면의 수심이 얕아서 냄새가 발산되기 쉽다.
④ 위생기구 설비의 유닛(Unit)화는 공기단축, 시공정밀도 향상 등의 장점이 있다.
⑤ 사이펀식 대변기는 세락식에 비해 세정능력이 우수하다.

해설
② 세정밸브식 대변기는 탱크에 물이 저장되는 시간이 불필요하므로 연속사용이 많은 화장실에 주로 사용한다.

✔ 정답 ②

01 위생도기에 관한 특징으로 옳지 않은 것은?   제18회
⑤ ⑧ ⑨
① 팽창계수가 작다.
② 오수나 악취 등이 흡수되지 않는다.
③ 탄력성이 없고 충격에 약하여 파손되기 쉽다.
④ 산이나 알칼리에 쉽게 침식된다.
⑤ 복잡한 형태의 기구로도 제작이 가능하다.

02 위생기구설비에 관한 설명으로 옳지 않은 것은?
상중하
① 위생기구의 재질은 흡습성이 적어야 한다.
② 세정밸브식과 세정탱크식의 대변기에서 급수관의 관경은 세정밸브식은 DN25, 세정탱크식은 DN15(또는 DN10)으로 다르다.
③ 세정탱크식 대변기에서 세정시 소음은 로우(Low)탱크식이 하이(High)탱크식보다 크다.
④ 세정밸브식 대변기는 탱크에 물이 저장되는 시간이 불필요하므로 연속사용이 많은 화장실에 주로 사용한다.
⑤ 세정밸브식 대변기의 최저필요압력은 세면기 수전의 최저필요압력보다 크다.

대표문제 상중하

위생기구에 관한 내용으로 옳은 것을 모두 고른 것은?   제25회

⊙ 세출식 대변기는 오물을 직접 유수부에 낙하시켜 물의 낙차에 의하여 오물을 배출하는 방식이다.
ⓒ 위생기구 설비의 유닛(Unit)화는 공기단축, 시공정밀도 향상 등의 장점이 있다.
ⓒ 사이펀식 대변기는 분수구로부터 높은 압력으로 물을 뿜어내어 그 작용으로 유수를 배수관으로 유인하는 방식이다.
ⓔ 위생기구는 흡수성이 작고, 내식성 및 내마모성이 우수하여야 한다.

① ⊙, ⓒ   ② ⓒ, ⓔ   ③ ⊙, ⓒ, ⓔ
④ ⓒ, ⓒ, ⓔ   ⑤ ⊙, ⓒ, ⓒ, ⓔ

해설

⊙ 세락식 대변기는 오물을 직접 유수부에 낙하시켜 물의 낙차에 의하여 오물을 배출하는 방식이다. 세출식 대변기는 오물을 변기 바닥의 얕은 수면에 일시적으로 받아 변기 가장자리의 여러 곳에서 토출되는 세정수로 오물을 씻어내리는 방식이다.
ⓒ 블로아웃식 대변기는 분수구로부터 높은 압력으로 물을 뿜어내어 그 작용으로 유수를 배수관으로 유인하는 방식이다.

● 정답 ②

03 위생기구의 세정(플러시) 밸브에 관한 설명으로 옳지 않은 것은?   제23회

상중하

① 플러시 밸브의 2차측(하류측)에는 버큠 브레이커(Vacuum Breaker)를 설치한다.

② 버큠 브레이커(Vacuum Breaker)의 역할은 이미 사용한 물의 자기사이펀 작용에 의해 상수계통(급수관)으로 역류하는 것을 방지하기 위한 기구이다.

③ 플러시 밸브에는 핸들식, 전자식, 절수형 등이 있다.

④ 소음이 크고, 단시간에 다량의 물을 필요로 하는 문제점 등으로 인해 일반 가정용으로는 거의 사용하지 않는다.

⑤ 급수관의 관경은 25mm 이상 필요하다.

대표문제 상중하

배관재료 및 용도에 관한 설명으로 옳지 않은 것은?   제15회

① 플라스틱관은 내식성이 있으며, 경량으로 시공성이 우수하다.

② 폴리부틸렌관은 무독성 재료로서 상수도용으로 사용이 가능하다.

③ 가교화 폴리에틸렌관은 온수온돌용으로 사용이 가능하다.

④ 배수용 주철관은 건축물의 오배수배관으로 사용이 가능하다.

⑤ 탄소강관은 내식성 및 가공성이 우수하며, 관두께에 따라 K, L, M형으로 구분된다.

해설
⑤ 관두께에 따라 K, L, M형으로 구분하는 것은 동관이다.

✔ 정답 ⑤

---

04 배관재료에 관한 설명으로 옳지 않은 것은?

상중하

① 스테인리스강관은 철에 크롬 등을 함유하여 만들어지기 때문에 강관에 비해 기계적 강도가 우수하다.

② 염화비닐관은 선팽창계수가 크므로 온도변화에 따른 신축에 유의해야 한다.

③ 동관은 동일관경에서 K타입의 두께가 가장 얇다.

④ 강관은 주철관에 비하여 부식되기 쉽다.

⑤ 연관은 연성이 풍부하여 가공성이 우수하다.

05 다음 배관에 대한 설명으로 옳지 않은 것은?

① 동관은 관 내면이 매끄러워 마찰손실이 적으며 스케일 생성이 적고 내식성이 우수하여 내구년수가 길다. 관 두께에 따라 K, L, M으로 나뉘며 K가 두꺼운 관이다.

② 폴리부틸렌관은 무독성 재료로서 상수도용으로 사용이 가능하다.

③ 주철관은 내구성이 크며, 다른 배관재에 비하여 열팽창계수가 적고, 소음(Noise)을 흡수하는 성질이 있으므로 옥내 배수용으로 적합하다.

④ 가교화 폴리에틸렌관은 X-L이라고도 하며, 내열성·내약품성 등이 뛰어나며 온수난방용 온돌 파이프로 많이 사용된다.

⑤ 강관은 기계적 성질이 우수하며 고온이나 저온에서도 강도가 크며, 스케줄 번호가 클수록 배관 두께가 얇다. 부식이 잘 되어 내용연수가 짧다.

06 배관에 대한 설명 중 틀린 것은?

① 동관은 열전도율이 좋다.

② 연관은 산에는 강하며 부식에도 잘 견딘다.

③ 아연도금 강관은 동관보다 부식이 빠르다.

④ 콘크리트관은 큰 하수도 배수관에 주로 쓰인다.

⑤ 경질염화비닐관은 부식에 강하나 관내 마찰손실이 크다.

07 경질염화비닐관이음방법의 설명으로 옳지 않은 것은?

① PVC관의 이음방법에는 냉간이음, 열간이음, 플랜지이음, 용접이음, 나사이음 등이 있다.

② 냉간이음에는 TS식이음과 고무링이음이 있다.

③ 열간이음은 지름이 작은 관에서 보수할 때 일부 사용되고 있다.

④ 플레어이음은 경질염화비닐관이음에서 많이 사용되는 이음법이다.

⑤ 열간이음에는 1단 슬리브이음과 2단 슬리브이음이 있다.

08 다음 위생설비의 배관재료에 대하여 잘못 설명된 것은?

① 일반 건물 내에서 급수배관의 재질로는 동관과 스테인리스강관이 널리 사용되고 있다.

② 동관은 냉난방용으로는 널리 사용되고 있으나, 급수·급탕과 같은 음용수 배관에서는 청수 현상과 가격상의 문제로 점차 스테인리스강관으로 대체되고 있는 추세이다.

③ PE나 PPC배관도 시공성이 좋지 않고 유지보수가 쉽지 않아 저렴하고 위생적인 PB관이 보편화된 이후에는 급수·급탕배관에는 거의 사용되지 않는다.

④ 우수나 배수 배관에는 PVC나 주철관이 주로 사용된다.

⑤ 일반 PVC관은 두께에 따라 VG1, VG2로 나누어지는데, 일반적인 배수에는 VG2를 보편적으로 사용한다. VG1은 얇은 관, VG2는 두꺼운 관이다.

대표문제 상중하

배관의 부속품에 관한 설명으로 옳지 않은 것은? 제25회

① 볼 밸브는 핸들을 90도 돌림으로써 밸브가 완전히 열리는 구조로 되어 있다.

② 스트레이너는 배관 중에 먼지 또는 토사, 쇠 부스러기 등을 걸러내기 위해 사용한다.

③ 버터플라이 밸브는 밸브 내부에 있는 원판을 회전시킴으로써 유체의 흐름을 조절한다.

④ 체크 밸브에는 수평·수직 배관에 모두 사용할 수 있는 스윙형과 수평배관에만 사용하는 리프트형이 있다.

⑤ 게이트 밸브는 주로 유량조절에 사용하며 글로브 밸브에 비해 유체에 대한 저항이 큰 단점을 갖고 있다.

해설

⑤ 글로브 밸브는 주로 유량조절에 사용하며 게이트 밸브에 비해 유체에 대한 저항이 큰 단점을 갖고 있다.

● 정답 ⑤

09 배관의 부속품으로 사용되는 밸브에 관한 설명으로 옳지 않은 것은?
상중하
① 글로브 밸브는 스톱 밸브라고도 하며, 게이트 밸브에 비해 유체에 대한 저항이 크다.
② 볼 밸브는 밸브 중간에 위치한 볼의 회전에 의해 유체의 흐름을 조절한다.
③ 게이트 밸브는 급수배관이 개폐용으로 주로 사용된다.
④ 체크 밸브는 유체의 흐름을 한 방향으로 흐르게 하며, 리프트형 체크 밸브는 수직배관에만 사용된다.
⑤ 차압조절 밸브는 시스템의 공급 압력을 일정하게 유지시켜 주고 공급과 환수의 압력차를 일정하게 맞춰줌으로써 전체 시스템의 유량분배가 안정적으로 유지되도록 해준다.

10 다음 설명하는 밸브는 어떤 것인가?
상중하

⊙ 유체에 대한 저항이 큰 것이 결점이기는 하지만, 슬루스 밸브에 비해 소형이며, 가볍고 염가이다.
ⓒ 기능이 비슷한 밸브에는 앵글 밸브·니들 밸브가 있다.
ⓒ 앵글 밸브는 유체의 흐름을 직각으로 바꾸는 경우에 사용하는 것이다.
ⓔ Y형 밸브는 저항을 감소시키기 위한 목적으로 밸브통을 중심선에 대해 $45 \sim 60°$ 경사시킨 것이다.
ⓜ 니들 밸브는 극히 유량이 적거나 고압일 때 유량을 조금씩 가감하는 데 사용되는 것이다.

① 게이트 밸브   ② 글로브 밸브
③ 콕 밸브   ④ 볼 밸브
⑤ 버터플라이 밸브

11 배관 부속의 용도에 관한 설명으로 옳지 않은 것은?
상중하
① 밴드: 배관의 방향을 바꿀 때 사용한다.
② 플러그, 캡: 배관 끝을 막을 때 사용한다.
③ 티, 크로스: 배관을 도중에서 분기할 때 사용한다.
④ 이경소켓, 편심레듀서: 서로 다른 지름의 관을 연결할 때 사용한다.
⑤ 부싱: 같은 지름의 관을 직선으로 연결할 때 사용한다.

12 온도조절 밸브의 도면 표시 기호는?
상중하

①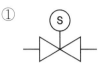

②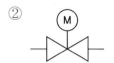

③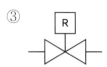

④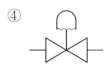

⑤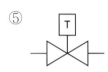

13 다음 밸브에 대한 설명 중 잘못된 것은?
상중하

① 버터플라이 밸브는 볼 밸브와 마찬가지로 90°회전으로 개폐되며, 주로 저압 유체의 유량조절 밸브로 사용된다.

② 감압 밸브는 고압배관과 저압배관 사이에 설치하고 고압측의 압력변동에 관계없이 또한 저압측의 사용량에 관계없이 자동으로 유량을 조절하여 저압측의 압력을 일정하게 유지하는 밸브이다.

③ 안전 밸브는 고압의 유체를 취급하는 배관이나 보일러·압력용기 등에서 규정압력 이상이 되면 자동적으로 열려 용기 또는 관 속의 압력을 항상 일정한 수준으로 유지하는 밸브이다.

④ 밸런싱 밸브는 배관계통 내에 흐르는 유량을 조절하여 냉온수의 양을 정해진 장소에 필요한 양만큼 원활하게 공급해 주기 위하여 사용하는 밸브로 수동 밸런싱 밸브와 자동 밸런싱 밸브로 나누어진다.

⑤ 전동 밸브는 전자코일의 전자력에 의해 밸브가 개폐되며, 유체의 온도, 압력, 수위, 계량 등의 자동제어 및 원격제어에 사용된다.

14 배관설비 계통에 설치하는 부속이 아닌 것은?   제19회
상중하

① 흡입 베인(Suction Vane)   ② 스트레이너(Strainer)

③ 리듀서(Reducer)   ④ 벨로즈(Bellows) 이음

⑤ 캡(Cap)

오수정화설비

📖 **연계학습** 기본서 p.132~144

단·원·열·기

매년 1문제 정도 출제되며, 주로 수질 관련 문제 또는 간단한 오수정화설비 관련 내용이었지만 최근엔 관련 법령에서도 출제되는 주의를 요하며 이들 내용도 확인할 필요가 있다.

대표문제 상중하

오수처리설비에 관한 설명으로 옳지 않은 것은?   제25회

① DO는 용존산소량으로 DO값이 작을수록 오수의 정화능력이 우수하다.
② COD는 화학적산소요구량, SS는 부유물질을 말한다.
③ BOD 제거율이 높을수록 정화조의 성능이 우수하다.
④ 오수처리에 활용되는 미생물에는 호기성 미생물과 혐기성 미생물 등이 있다.
⑤ 분뇨란 수거식화장실에서 수거되는 액체성 또는 고체성의 오염물질을 말한다.

해설

① DO는 용존산소량으로 DO값이 작을수록 오수의 정화능력이 감소한다.

✅ 정답 ①

01
상중하

하수도법령상 용어의 내용으로 옳지 않은 것은?   제23회

① "하수"라 함은 사람의 생활이나 경제활동으로 인하여 액체성 또는 고체성의 물질이 섞이어 오염된 물(이하 "오수"라 한다)을 말하며, 건물·도로 그 밖의 시설물의 부지로부터 하수도로 유입되는 빗물·지하수는 제외한다.
② "하수도"라 함은 하수와 분뇨를 유출 또는 처리하기 위하여 설치되는 하수 관로·공공하수처리시설 등 공작물·시설의 총체를 말한다.
③ "분류식 하수관로"라 함은 오수와 하수도로 유입되는 빗물·지하수가 각각 구분되어 흐르도록 하기 위한 하수관로를 말한다.
④ "공공하수도"라 함은 지방자치단체가 설치 또는 관리하는 하수도를 말한다. 다만, 개인하수도는 제외한다.
⑤ "배수설비"라 함은 건물·시설 등에서 발생하는 하수를 공공하수도에 유입시키기 위하여 설치하는 배수관과 그 밖의 배수시설을 말한다.

02 다음 오수정화설비에 대한 설명으로 옳지 않은 것은?

상중하

① 스컴(Sum): 화학처리를 할 때 수면에 떠오른 유지(油脂) 또는 고형물의 집합
② COD(Chemical Oxygen Denand): 수중에 산화되기 쉬운 오염물질(유기물)이 화학적으로 안정된 물질(무기물, 물, 가스)로 변화하는데 필요한 산소량을 ppm으로 나타낸 것이다. 그 값이 클수록 물이 오염되어 있는 것을 나타내고, 측정소요시간은 3시간 이내이다.
③ BOD(Biochemical Oxygen Demand): 오수 중에 녹아 있는 산소량을 ppm으로 나타낸 것이며, 이 값이 클수록 정화능력이 큰 수질인 것을 표시한다. 주로 공기 중의 산소가 수면을 통하여 공급된다.
④ SS(Suspended Solid): 오수 중에 함유하는 부유물질을 ppm으로 나타낸 것이며, 수질의 오염도를 표시한다.
⑤ MLSS(Mixed Liquor Suspended Solids): 폭기조 내의 혼합액 부유물질의 농도를 의미하며, (mg/ℓ)로 나타낸다. 폭기조 내의 혼합액 부유물질로서 폭기조 내의 미생물을 말한다.

03 〈보기〉에서 오수의 수질을 나타내는 지표를 모두 고른 것은?   제19회

상중하

┤보기├
㉠ VOCs(Volatile Organic Compounds)
㉡ BOD(Biochemical Oxygen Demand)
㉢ SS(Suspended Solid)
㉣ PM(Particulate Matter)
㉤ DO(Dissolved Oxygen)

① ㉠, ㉡   ② ㉡, ㉢   ③ ㉠, ㉢, ㉣
④ ㉡, ㉢, ㉣   ⑤ ㉡, ㉢, ㉤

04 다음 설명하는 용어는 다음 중 어느 것인가?

상중하

수중의 산화되기 쉬운 오염물질(유기물)이 화학적으로 안정된 물질(무기물, 물, 가스)로 변화하는데 필요한 산소량을 mg/ℓ로 나타낸 것으로 그 값이 클수록 물이 오염되어 있다는 것을 나타내고, 측정소요시간은 3시간 이내이다.

① BOD   ② BOD 제거율   ③ DO
④ COD   ⑤ SS

05 다음 중 BOD와 COD에 대해 틀린 설명은?

① BOD는 생물화학적 산소요구량이라고 한다.

② BOD는 배수 중의 부패성 유기 물질의 양만을 나타내는 용어이다.

③ COD는 산화제를 이용해서 측정, 유기물질 외에 무기물도 일부 포함하여 측정할 수 있는 장점이 있지만 측정시간이 오래 걸린다는 것이 단점이다.

④ 백만분율로 나타내며 그 단위는 mg/ℓ 이다.

⑤ 그 농도가 클수록 수질 오염도가 크다.

06 오수처리방법 중 물리적 처리 방법이 아닌 것은?   제18회

① 스크린   ② 침사   ③ 침전

④ 여과   ⑤ 중화

07 오수정화설비에 대하여 잘못 설명한 것은?

① 수질 오염의 지표로서, 물속에 용존하고 있는 산소를 의미하는 것은 DO이다.

② 살수여상형, 평면산화형, 지하 모래 여과형 방식은 혐기성 처리방식이다.

③ 교반은 폭기조에서 공기를 기계적으로 혼입시키는 것이다.

④ 스크린, 침전, 여과는 물리적 처리방식이다.

⑤ 오수정화조의 성능은 BOD 제거율이 높을수록, 유출수의 BOD는 낮을수록 우수하다.

08 오수정화설비에 대하여 옳은 것은?

① 활성오니법 및 생물막법은 혐기성 미생물을 이용하는 방식이다.

② 질소·인 제거를 위한 처리과정은 오수처리의 전처리방식으로 사용된다.

③ 미생물의 활동에 의한 유기물질의 제거를 목적으로 한 공정은 화학적 처리이다.

④ 장시간 폭기방식에 의한 오수정화조의 오수정화순서는 침전조 ⇨ 폭기조 ⇨ 스크린 ⇨ 소독조이다.

⑤ 물리적 처리에는 스크린, 여과, 침전, 부상(Floatation) 등의 방법이 있다.

09 하수도법령상 개인하수처리시설의 관리기준에 관한 내용의 일부분이다. ( )에 들
어갈 내용으로 옳은 것은?   제23회

> **제33조【개인하수처리시설의 관리기준】** ① ··· 생략 ···
> 1. 다음 각 목의 구분에 따른 기간마다 그 시설로부터 배출되는 방류수의 수
>   질을 자가측정하거나 「환경분야 시험·검사 등에 관한 법률」 제16조에
>   따른 측정대행업자가 측정하게 하고, 그 결과를 기록하여 3년 동안 보관
>   할 것
>   가. 1일 처리용량이 200세제곱미터 이상인 오수처리시설과 1일 처리대상
>   인원이 2천명 이상인 정화조 : (㉠)회 이상
>   나. 1일 처리용량이 50세제곱미터 이상 200세제곱미터 미만인 오수처리시
>   설과 1일 처리대상 인원이 1천명 이상 2천명 미만인 정화조 : (㉡)회
>   이상

① ㉠ : 6개월마다 1, ㉡ : 2년마다 1
② ㉠ : 6개월마다 1, ㉡ : 연 1
③ ㉠ : 연 1,   ㉡ : 연 1
④ ㉠ : 연 1,   ㉡ : 2년마다 1
⑤ ㉠ : 연 1,   ㉡ : 3년마다 1

10 다음은 하수도법령상의 내용이다. ( )에 들어갈 용어로 옳은 것은?   제24회

> • (㉠)란 건물·시설 등의 설치자 또는 소유자가 해당 건물·시설 등에서 발
>   생하는 하수를 유출 또는 처리하기 위하여 설치하는 배수설비·개인하수처
>   리시설과 그 부대시설을 말한다.
> • (㉡)란 오수와 하수도로 유입되는 빗물·지하수가 함께 흐르도록 하기 위
>   한 하수관로를 말한다.
> • (㉢)란 오수와 하수도로 유입되는 빗물·지하수가 각각 구분되어 흐르도록
>   하기 위한 하수관로를 말한다.

① ㉠ : 하수관로,   ㉡ : 공공하수도,   ㉢ : 개인하수도
② ㉠ : 개인하수도,   ㉡ : 공공하수도,   ㉢ : 합류식하수관로
③ ㉠ : 공공하수도,   ㉡ : 개인하수도,   ㉢ : 합류식하수관로
④ ㉠ : 공공하수도,   ㉡ : 분류식하수관로, ㉢ : 개인하수도
⑤ ㉠ : 개인하수도,   ㉡ : 합류식하수관로, ㉢ : 분류식하수관로

CHAPTER

06

소방설비

www.pmg.co.kr

📖 **연계학습** 기본서 p.146~190

┌ **단·원·열·기** ┐

보통 2~3문제가 출제된다. 보통 화재의 분류와 소방설비의 종류 등에서 1문제, 소화설비나 피난구조설비 등에서 1~2문제가 출제되며 화재안전기준과 소방 관련법도 출제된다. 개요와 옥내소화전, 스프링클러설비, 유도등, 자동화재탐지설비 등과 관련 내용을 정리하는 것이 필요하다.

대표문제 상 중 하

소방시설 중 피난구조설비에 해당하지 않는 것은? 제25회

① 완강기   ② 제연설비   ③ 피난사다리
④ 구조대   ⑤ 피난구유도등

┌ **해설** ┈┈

② 제연설비는 소화활동설비이다.

✅ 정답 ②

---

01 다음 화재의 분류에 관한 설명으로 잘못된 것은?

상 중 하

① A급 화재란 나무, 헝겊 종이 플라스틱 등과 같은 일반적인 가연 물질에서 발생하는 화재를 말한다.

② B급 화재란 인화성 액체, 가연성 액체, 석유 그리스, 타르, 오일, 유성도료, 솔벤트, 래커, 알코올 및 인화성 가스와 같은 유류가 타고 나서 재가 남지 않는 화재를 말한다.

③ C급 화재란 통전중인 전기기기와 관련된 화재를 말하며 소화기의 적응 화재별 표시는 'C'로 표시한다.

④ D급 화재란 마그네슘, 티타늄, 지르코늄, 나트륨, 리튬, 칼륨 등과 같은 가연성 금속에서 발생하는 화재를 말한다.

⑤ K급 화재란 LPG, LNG와 같은 가연성 가스에 의한 화재를 말한다.

02 소방시설 설치 및 관리에 관한 법령상 화재를 진압하거나 인명구조활동을 위하여
사용하는 소화활동설비에 해당하는 것은?   제26회

① 이산화탄소소화설비   ② 비상방송설비
③ 상수도소화용수설비   ④ 자동식사이렌설비
⑤ 무선통신보조설비

03 다음 소방기구 및 자동소화장치의 정의에 대하여 잘못 설명한 것은?

① 소화약제란 소화기구에 사용되는 소화성능이 고체, 액체 및 기체의 물질을
말한다.
② 소형소화기란 능력단위가 1단위 이상이고 대형소화기의 능력단위 미만인
소화기를 말한다.
③ 가스식자동소화장치란 열, 연기 또는 불꽃 등을 감지하여 가스계 소화약제
를 방사하여 소화하는 소화장치를 말한다.
④ 캐비넷형자동소화장치란 가연성가스 등의 누출을 자동으로 차단하며, 소화
약제를 방사하여 소화하는 소화장치를 말한다.
⑤ 간이소화용구란 에어로졸식소화용구, 투척용소화용구 및 소화약제 외의 것
을 이용한 소화용구를 말한다.

04 다음 소방설비에 대하여 잘못 설명한 것은?

① K급 화재는 주방화재라 하며 가연성 조리재료(식물성, 동물성 기름이나 지
방)를 포함한 조리기구와 관련된 화재를 말한다.
② 피난설비에는 피난기구, 인명구조기구, 유도등, 비상조명등 및 휴대용비상
조명등이 속한다.
③ 스프링클러헤드에 공급되는 물은 어떠한 경우에도 반드시 유수검지장치를
지나도록 한다.
④ 연기감지기는 엘리베이터 기계실에 설치한다.
⑤ 자동화재 탐지설비의 구성은 감지기, 발신기, 수신기, 중계기, 시각경보기
등이다.

대표문제 상충하

다음은 옥내소화전설비의 화재안전기준에 관한 내용이다. ( )에 들어갈 내용으로 옳은 것은?

제25회

- 특정소방대상물의 어느 층에서도 해당 층의 옥내소화전(두 개 이상 설치된 경우에는 두 개의 옥내소화전)을 동시에 사용할 경우 각 소화전의 노즐선단에서 (㉠) 메가파스칼 이상의 방수압력으로 분당 130리터 이상의 소화수를 방수할 수 있는 성능인 것으로 할 것
- 옥내소화전방수구의 호스는 구경 (㉡)밀리미터(호스릴옥내소화전설비의 경우에는 25밀리미터) 이상인 것으로서 특정소방대상물의 각 부분에 물이 유효하게 뿌려질 수 있는 길이로 설치할 것

① ㉠: 0.12, ㉡: 35
② ㉠: 0.12, ㉡: 40
③ ㉠: 0.17, ㉡: 35
④ ㉠: 0.17, ㉡: 40
⑤ ㉠: 0.25, ㉡: 35

해설

📋 소방시설 관련 주요 숫자 정리

구 분	옥내소화전	옥외소화전	연결송수관설비	스프링클러설비
소화범위(m)	25	40	50	3.2(간격 4.5)
방수압력(MPa)	0.17	0.25	0.35	0.1
방수량(ℓ/min)	130	350	-	80
저수량(m³)	2.6×N(1~2)	7×N(1~2)	소화활동설비임	1.6×N (Apt 기준개수 10)

📋 배관의 구경

종 류	가지배관	주배관
일 반	40mm 이상	50mm 이상
연결송수관 겸용	65mm 이상	100mm 이상

● 정답 ④

05 옥내소화전설비에 관한 설명으로 옳지 않은 것은?

상중하

① 옥내소화전함의 문짝 면적은 $0.5m^2$ 이상으로 한다.

② 옥내소화전 노즐선단에서의 방수압력은 0.1MPa 이상으로 한다.

③ 옥내소화전 방수구 높이는 바닥으로부터 1.5m 이하가 되도록 한다.

④ 소방대상물 각 부분으로부터 하나의 방수구까지의 수평거리는 25m 이하로 한다.

⑤ 소화전내에서 설치하는 호스의 구경은 40mm(호스릴옥내소화전설비의 경우에는 25mm) 이상으로 한다.

06 건축물의 외벽, 창, 추녀 및 지붕 등에 설치하여 인접건물로의 화재에 의한 연소를 방지하기 위하여 설치하는 소화설비는?

상중하

① 연결송수관설비   ② 자동화재탐지설비

③ 드렌처설비   ④ 물분무소화설비

⑤ 스프링클러설비

07 옥내소화전설비에 대하여 잘못 설명한 것은?

상중하

① 저수량은 설치개수가 가장 많은 층의 설치개수(2개까지)에 $2.6m^3$를 곱한 양 이상이 되도록 한다.

② 저수량 외에 저수량의 1/3 이상을 옥상에 설치하여야 한다.

③ 어떤 경우에도 합성수지배관은 설치할 수 없다.

④ 바닥으로부터의 높이가 1.5m 이하가 되도록 한다.

⑤ 옥내소화전의 방수구는 층마다 설치하되 소방대상물의 각 부분으로부터 하나의 옥내소화전 방수구까지의 수평거리가 25m 이하가 되도록 한다.

08 화재안전기준상 옥내소화전설비에 관한 용어의 정의로 옳지 않은 것은?

상중하
① 고가수조란 가압원인 압축공기 또는 불연성 고압기체에 따라 소방용수를 가압시키는 수조를 말한다.
② 충압펌프란 배관 내 압력손실에 따른 주펌프의 빈번한 기동을 방지하기 위하여 충압역할을 하는 펌프를 말한다.
③ 기동용 수압개폐장치란 소화설비의 배관 내 압력변동을 검지하여 자동적으로 펌프를 기동 및 정지시키는 것으로서 압력챔버 또는 기동용 압력스위치 등을 말한다.
④ 체절운전이란 펌프의 성능시험을 목적으로 펌프 토출측의 개폐밸브를 닫은 상태에서 펌프를 운전하는 것을 말한다.
⑤ 연성계란 대기압 이상의 압력과 대기압 이하의 압력을 측정할 수 있는 계측기를 말한다.

09 옥내소화전설비의 가압송수장치에 관한 설명으로 잘못된 것은?

상중하
① 압력계는 배관 내의 압력을 측정하며, 펌프의 토출측 주배관과 압력챔버에 설치된다.
② 송수펌프의 토출배관의 체크 밸브 이전에 20mm 이상의 배관으로 분기하여 설치하며 순환배관에 릴리프밸브를 설치한다.
③ 충압펌프는 옥내소화전이나 스프링클러설비 등에서 배관 내의 압력이 누설되었을 경우 누설된 압력을 보충하는 기능을 한다.
④ 체절운전은 펌프의 토출측 배관이 모두 막힌 상태에서 펌프가 계속 기동(작동)하여, 최고점의 압력에서 펌프가 공회전 하는 운전이다.
⑤ 펌프의 성능은 체절운전시 정격토출압력의 150%를 초과하지 아니하고, 정격토출량의 140%로 운전시 정격토출압력의 65% 이상이 되어야 한다.

10 다음 소화설비에 대한 설명으로 옳지 않은 것은?

상중하
① 체절운전시, 충압펌프와 소화전용펌프의 체크 밸브 이전에 수온의 상승을 방지하기 위해 순환배관을 설치한다.
② 기동용 수압개폐장치(압력챔버)의 용적은 100ℓ 이상으로 한다.
③ 호스릴옥내소화전설비의 방수량은 130ℓ/min 이상이다.
④ 스프링클러헤드 가용합금편의 표준용융온도는 67~75℃ 정도이다.
⑤ 비상전원 중 자가발전설비는 스프링클러설비를 유효하게 20분 이상 작동할 수 있어야 한다.

11 옥내소화전설비의 화재안전기준상 옥내소화전설비에 관한 내용으로 옳은 것을 모두 고른 것은?
(상)(중)(하)

> ㉠ 옥내소화전설비의 수원은 그 저수량이 옥내소화전의 설치개수가 가장 많은 층의 설치개수(2개 이상 설치된 경우에는 2개)에 2.6m³(호스릴옥내소화전설비를 포함한다)를 곱한 양 이상이 되도록 하여야 한다.
> ㉡ 옥내소화전 송수구의 설치높이는 바닥으로부터의 높이 1.5m에 설치하여야 한다.
> ㉢ 고가수조란 소화용수와 공기를 채우고 일정압력 이상으로 가압하여 그 압력으로 급수하는 수조를 말한다.
> ㉣ 가압송수장치의 체절운전시 수온의 상승을 방지하기 위하여 체크 밸브와 펌프사이에서 분기한 구경 20밀리미터 이상의 배관에 체절압력 미만에서 개방되는 릴리프 밸브를 설치하여야 한다.

① ㉡
② ㉠, ㉢
③ ㉠, ㉣
④ ㉡, ㉢, ㉣
⑤ ㉠, ㉡, ㉢, ㉣

12 스프링클러설비에 대한 설명으로 옳지 않은 것은? 　　제11회
(상)(중)(하)
① 주차장에 설치되는 스프링클러는 습식 이외의 방식으로 하여야 한다.
② 스프링클러헤드 가용합금편의 표준용융온도는 67~75℃ 정도이다.
③ 스프링클러헤드의 방수압력은 0.1~1.2MPa이고, 방수량은 80ℓ/min 이상이어야 한다.
④ 준비작동식은 1차측 및 2차측 배관에서 헤드까지 가압수가 충만되어 있다.
⑤ 아파트 천장, 반자 등의 각 부분으로부터 하나의 스프링클러의 헤드까지의 거리는 3.2m 이하여야 한다.

13 다음 중 스프링클러설비에 대하여 잘못 설명한 것은?
(상)(중)(하)
① 폐쇄형 헤드의 성능은 방수압력 0.1MPa, 방수량 80ℓ/min 표준으로 한다.
② 일반실에서는 주로 폐쇄형 습식배관이 주로 사용된다.
③ 소화활동설비에 해당하는 스프링클러설비는 조기화재진압에 효과적이다.
④ 지관 1개에 붙일 수 있는 헤드의 수는 한쪽으로 8개 이내로 한다.
⑤ 스프링클러는 소화 후 반드시 제어밸브를 잠가야 한다.

14 스프링클러설비에 관한 내용으로 옳지 않은 것은? 제26회

상중하

① 충압펌프란 배관 내 압력손실에 따른 주펌프의 빈번한 기동을 방지하기 위하여 충압역할을 하는 펌프를 말한다.
② 건식스프링클러헤드란 물과 오리피스가 분리되어 동파를 방지할 수 있는 스프링클러헤드를 말한다.
③ 유수검지장치란 유수현상을 자동적으로 검지하여 신호 또는 경보를 발하는 장치를 말한다.
④ 가지배관이란 헤드가 설치되어 있는 배관을 말한다.
⑤ 체절운전이란 펌프의 성능시험을 목적으로 펌프 토출측의 개폐밸브를 개방한 상태에서 펌프를 운전하는 것을 말한다.

15 스프링클러설비에 관한 설명으로 옳지 않은 것은?

상중하

① 부압식스프링클러설비란 가압송수장치에서 준비작동식유수검지장치의 1차측까지는 항상 정압의 물이 가압되고, 2차측 폐쇄형 스프링클러헤드까지는 소화수가 부압으로 되어 있다가 화재시 감지기의 작동에 의해 정압으로 변하여 유수가 발생하면 작동하는 스프링클러설비를 말한다.
② 조기반응형헤드란 표준형스프링클러헤드 보다 기류온도 및 기류속도에 조기에 반응하는 것을 말한다.
③ 가압송수장치의 정격토출 압력은 하나의 헤드선단에 0.1MPa 이상, 2.0MPa 이하의 방수압력이 될 수 있게 하여야 한다.
④ 가압수조는 최대 상용압력 1.5배의 압력을 가하는 경우 물이 새지 않고 변형이 없도록 한다.
⑤ 가압송수장치의 송수량은 0.1MPa의 방수압력기준으로 $80\,\ell/min$ 이상의 방수 성능을 가진 기준개수의 모든 헤드로부터의 방수량을 충족시킬 수 있는 양 이상으로 한다.

16 다음 스프링클러설비에 관한 설명으로 잘못된 것은?

상중하

① 습식 스프링클러설비는 하향식 헤드로서 회향식 배관으로 한다.
② 습식 스프링클러설비는 감지기와 수동기동장치가 필요하지 않다.
③ 감지기와 수동기동장치에 의해 작동되는 방식은 습식과 건식 스프링클러이다.
④ 공동주택이나 노유자시설의 거실에 설치하는 스프링클러설비는 조기반응형 스프링클러헤드를 설치하여야 한다.
⑤ 드라이펜던트방식 스프링클러헤드는 건식 스프링클러의 헤드를 하향식으로 할 때 동파되는 것을 방지한다.

대표문제 상 중 하

화재안전기준상 연결송수관설비에 관한 내용으로 옳지 않은 것은?   제19회

① 송수구는 지면으로부터 높이가 0.5m 이상 1m 이하의 위치에 설치해야 한다.
② 송수구는 화재층으로부터 지면으로 떨어지는 유리창 등이 송수 및 그 밖의 소화작업에 지장을 주지 아니하는 장소에 설치해야 한다.
③ 송수구는 구경 65mm의 쌍구형으로 해야 한다.
④ 주배관의 구경은 80mm로 해야 한다.
⑤ 방수구는 개폐기능을 가진 것으로 설치하여야 하며, 평상시 닫힌 상태를 유지해야 한다.

해설

④ 주배관의 구경은 100mm로 해야 한다.

◉ 정답 ④

17 상 중 하

다음 중 온도상승에 의한 바이메탈의 완곡을 이용하는 감지기로서 특히 불을 많이 사용하는 보일러실과 주방 등에 가장 적합한 것은?

① 정온식 감지기   ② 차동식 스폿형 감지기
③ 차동식 분포형 감지기   ④ 차동식 분포형 감지기
⑤ 광전식 감지기

18 상 중 하

일정한 온도 상승률에 따라 동작하며 공장, 창고, 강당 등 넓은 지역에 설치하는 화재감지기는?   제17회

① 차동식 분포형 감지기   ② 정온식 스폿형 감지기
③ 이온화식 감지기   ④ 보상식 스폿형 감지기
⑤ 광전식 감지기

19 국가화재안전기준(NFSC)상 자동화재탐지설비에 관한 내용으로 옳지 않은 것은?

상충하

① 하나의 경계구역의 면적은 600m² 이하로 하고 한변의 길이는 50m 이하로 한다.

② 수신기의 조작스위치는 바닥으로부터의 높이가 0.8m 이상 1.5m 이하인 장소에 설치한다.

③ 음향장치의 음량은 부착된 음향장치의 중심으로부터 1m 떨어진 위치에서 90dB 이상이 되는 것으로 한다.

④ 자동화재탐지설비에는 그 설비에 대한 감시상태를 60분간 지속한 후 유효하게 10분 이상 경보할 수 있는 축전지설비(수신기에 내장하는 경우를 포함한다) 또는 전기저장장치(외부 전기에너지를 저장해 두었다가 필요한 때 전기를 공급하는 장치)를 설치하여야 한다.

⑤ 층수가 11층(공동주택의 경우에는 16층) 이상의 특정소방대상물은 2층 이상의 층에서 발화한 때에는 발화층 및 그 직상층에 경보를 발한다.

20 자동화재탐지설비의 경계구역과 수신기에 대한 설명으로 잘못된 것은?

상충하

① 하나의 경계구역의 면적은 500m² 이하로 하고 한변의 길이는 40m 이하로 한다.

② 스프링클러설비 · 물분무등소화설비 또는 제연설비의 화재감지장치로서 화재감지기를 설치한 경우의 경계구역은 해당 소화설비의 방사구역 또는 제연구역과 동일하게 설정할 수 있다.

③ 4층 이상의 특정소방대상물에는 발신기와 전화통화가 가능한 수신기를 설치한다.

④ 수신기의 조작스위치는 바닥으로부터의 높이가 0.8m 이상 1.5m 이하인 장소에 설치한다.

⑤ 수신기는 수위실 등 상시 사람이 근무하는 장소에 설치한다.

21 화재안전기준상 유도등 및 유도표지에 관한 내용으로 옳지 않은 것은? 제20회

상충하

① 피난구유도등은 피난구의 바닥으로부터 높이 1.5m 이상으로서 출입구에 인접하도록 설치해야 한다.

② 복도통로유도등은 바닥으로부터 높이 1.2m의 위치에 설치해야 한다.

③ 피난구유도표지란 피난구 또는 피난경로로 사용되는 출입구를 표시하여 피난을 유도하는 표지를 말한다.

④ 계단통로유도등은 바닥으로부터 높이 1m 이하의 위치에 설치해야 한다.

⑤ 거실통로유도등은 구부러진 모퉁이 및 보행거리 20m마다 설치해야 한다.

22 유도등 및 유도표지의 화재안전기준상 통로유도등 설치기준의 일부분이다. ( )에
들어갈 내용으로 옳은 것은?   제23회

> 제6조【통로유도등 설치기준】① 통로유도등은 특정소방대상물의 각 거실과
> 그로부터 지상에 이르는 복도 또는 계단의 통로에 다음 각 호의 기준에 따라
> 설치하여야 한다.
> 1. 복도통로유도등은 다음 각 목의 기준에 따라 설치할 것
>   가. 복도에 설치할 것
>   나. 구부러진 모퉁이 및 (㉠)마다 설치할 것
>   다. 바닥으로부터 높이 (㉡)의 위치에 설치할 것. 다만, 지하층 또는 무
>   창층의 용도가 도매시장·소매시장·여객자동차터미널·지하역사
>   또는 지하상가인 경우에는 복도·통로 중앙부분의 바닥에 설치하여
>   야 한다.

① ㉠: 직선거리 10m, ㉡: 1.5m 이상
② ㉠: 보행거리 20m, ㉡: 1m 이하
③ ㉠: 보행거리 25m, ㉡: 1.5m 이상
④ ㉠: 직선거리 30m, ㉡: 1m 이상
⑤ ㉠: 보행거리 30m, ㉡: 2m 이하

23 유도등 및 유도표지의 화재안전기준상 유도등의 전원에 관한 기준이다. ( )에 들어
갈 내용이 순서대로 옳은 것은?   제22회

> 비상전원은 다음 각 호의 기준에 적합하게 설치하여야 한다.
> 1. 축전지로 할 것
> 2. 유도등을 (㉠)분 이상 유효하게 작동시킬 수 있는 용량으로 할 것. 다만,
>   각 목의 특정소방대상물의 경우에는 그 부분에서 피난층에 이르는 부분의
>   유도등을 (㉡)분 이상 유효하게 작동시킬 수 있는 용량으로 하여야 한다.
>   가. 지하층을 제외한 층수가 11층 이상의 층
>   나. 지하층 또는 무창층으로서 용도가 도매시장·소매시장·여객자동차터
>   미널·지하역사 또는 지하상가

① ㉠: 10, ㉡: 20   ② ㉠: 15, ㉡: 30
③ ㉠: 15, ㉡: 60   ④ ㉠: 20, ㉡: 30
⑤ ㉠: 20, ㉡: 60

24 화재안전기준상 피난기구에 관한 용어의 정의로 옳지 않은 것은?   제20회

⟨상⟩⟨중⟩⟨하⟩

① 다수인피난장비란 화재시 2인 이상의 피난자가 동시에 해당층에서 지상 또는 피난층으로 하강하는 피난기구를 말한다.

② 구조대란 포지 등을 사용하여 자루형태로 만든 것으로서 화재시 사용자가 그 내부에 들어가서 내려옴으로써 대피할 수 있는 것을 말한다.

③ 피난사다리란 화재시 긴급대피를 위해 사용하는 사다리를 말한다.

④ 간이완강기란 사용자의 몸무게에 따라 자동적으로 내려올 수 있는 기구 중 사용자가 교대하여 연속적으로 사용할 수 있는 것을 말한다.

⑤ 승강식피난기란 사용자의 몸무게에 의하여 자동으로 하강하고 내려서면 스스로 상승하여 연속적으로 사용할 수 있는 무동력 승강식피난기를 말한다.

25 다음은 피난기구의 화재안전기준상 피난기구에 관한 내용이다. ( )에 들어갈 내용으로 옳은 것은?   제24회

⟨상⟩⟨중⟩⟨하⟩

- (㉠)란 사용자의 몸무게에 따라 자동적으로 내려올 수 있는 기구 중 사용자가 교대하여 연속적으로 사용할 수 있는 것을 말한다.
- (㉡)란 포지 등을 사용하여 자루형태로 만든 것으로서 화재시 사용자가 그 내부에 들어가서 내려옴으로써 대피할 수 있는 것을 말한다.
- (㉢)란 화재시 2인 이상의 피난자가 동시에 해당층에서 지상 또는 피난층으로 하강하는 피난기구를 말한다.

① ㉠: 간이완강기,   ㉡: 구조대,   ㉢: 하향식 피난구용 내림식사다리

② ㉠: 간이완강기,   ㉡: 공기안전매트, ㉢: 다수인피난장비

③ ㉠: 완강기,   ㉡: 구조대,   ㉢: 다수인피난장비

④ ㉠: 완강기,   ㉡: 간이완강기,   ㉢: 하향식 피난구용 내림식사다리

⑤ ㉠: 승강식 피난기, ㉡: 간이완강기,   ㉢: 다수인피난장비

26 다음 비상콘센트설비에 대하여 잘못 설명한 것은?

① 층수가 11층 이상인 특정소방대상물의 경우에는 11층 이상에 비상콘센트를 설치하여야 한다.

② 바닥으로부터 높이 0.8m 이상 1.5m 이하의 위치에 설치할 것

③ 전원회로는 각층에 2 이상이 되도록 설치할 것. 다만, 설치하여야 할 층의 비상콘센트가 1개인 때에는 하나의 회로로 할 수 있다.

④ 하나의 전용회로에 설치하는 비상콘센트는 10개 이하로 할 것

⑤ 비상콘센트의 배치는 바닥면적이 1,000m^2 미만인 층은 계단의 출입구(계단의 부속실을 포함하며 계단이 2 이상 있는 경우에는 그중 1개의 계단을 말한다)로부터 25m 이내에 설치한다.

27 다음 소방설비와 관련된 설명으로 옳은 것은?

① 누전경보기는 경계전로의 정격전류가 60A를 초과하는 전로에 있어서 1급 또는 2급 누전경보기를, 60A 이하의 전로에 있어서는 1급 누전경보기를 설치한다.

② 소화기구에는 소화기, 간이소화용구, 자동확산소화기, 옥내소화전설비가 포함된다.

③ 유수검지장치를 실내에 설치하거나 보호용 철망 등으로 구획하여 바닥으로부터 0.5m 이상 1.0m 이하의 위치에 설치한다.

④ 다음 스프링클러설비의 배관은 입상배관 ⇨ 교차배관 ⇨ 수평주행배관 ⇨ 가지배관 순으로 시공한다.

⑤ 간이소화용구는 에어로졸식 소화용구, 투척용 소화용구 및 소화약제 외의 것을 이용한 소화용구를 말한다.

28 고층건물에 설치하는 소방 설비에 대한 설명으로 잘못된 것은?

① 스프링클러설비의 수원은 스프링클러헤드의 기준개수에 $5.2m^3$를 곱한 양 이상이 되도록 하여야 한다. 다만, 50층 이상인 건축물의 경우에는 $7.8m^3$를 곱한 양 이상이 되도록 하여야 한다.

② 50층 이상인 건축물의 옥내소화전 주배관 중 수직배관은 2개 이상(주배관 성능을 갖는 동일호칭배관)으로 설치하여야 하며, 하나의 수직배관의 파손 등 작동 불능시에도 다른 수직배관으로부터 소화용수가 공급되도록 구성하여야 한다.

③ 50층 이상인 건축물의 스프링클러 헤드에는 2개 이상의 가지배관 양방향에서 소화용수가 공급되도록 하고, 수리계산에 의한 설계를 하여야 한다.

④ 자동화재탐지설비의 음향장치는 2층 이상의 층에서 발화한 때에는 발화층 및 그 직상 4개층에 경보를 발할 것

⑤ 비상전원은 옥내소화전설비를 40분 이상 작동할 수 있을 것. 다만, 50층 이상인 건축물의 경우에는 60분 이상 작동할 수 있어야 한다.

29 다음 소방설비에 대하여 잘못 설명한 것은?

① 유수검지장치는 실내에 설치하거나 보호용 철망 등으로 구획하여 바닥으로부터 0.8m 이상 1.5m 이하의 위치에 설치한다.

② 스프링클러의 배관은 수평주행배관 − 입상배관 − 교차배관 − 가지배관 순으로 시공한다.

③ 층수가 11층 이상인 특정소방대상물의 경우에는 11층 이상에 비상콘센트를 설치하여야 한다.

④ 스프링클러 헤드는 살수가 방해되지 아니하도록 스프링클러헤드로부터 반경 60cm 이상의 공간을 보유한다.

⑤ 자동화재탐지설비에서 수신기의 조작 스위치는 바닥으로부터의 높이가 0.8m 이상 1.5m 이하인 장소에 설치해야 한다.

30 다음 〈보기〉에서 스프링클러설비에 대하여 옳은 것을 고른 것은?

┤보기├

㉠ 동파의 우려가 있는 장소에 건식 또는 준비작동식설비를 사용하는 스프링클러헤드가 하향형 또는 측벽형으로 설치하는 경우에 헤드의 동파를 방지하기 위하여 건식 스프링클러헤드를 설치한다.

㉡ 교차배관에서 분기되는 지점을 기점으로 한쪽 가지배관에 설치되는 헤드의 개수는 8개 이하로 한다.

㉢ 공동주택의 스프링클러헤드는 조기반응형 스프링클러헤드를 설치한다.

㉣ 스프링클러는 층수가 6층 이상인 특정소방대상물의 경우에는 전층에 설치한다.

㉤ 습식 스프링클러설비는 감지기와 수동기동장치가 필요하지 않다.

① ㉠

② ㉠, ㉡

③ ㉡, ㉢, ㉣

④ ㉠, ㉣, ㉤

⑤ ㉠, ㉡, ㉢, ㉣, ㉤

31 다음 소방설비와 관련하여 잘못 설명한 것은?

① 공동주택 중 아파트등·기숙사 및 숙박시설의 경우에는 모든 층에 자동화재탐지설비를 설치한다.

② 피난기구는 피난층, 지상 1층, 지상 2층(노유자 시설 중 피난층이 아닌 지상 1층과 피난층이 아닌 지상 2층은 제외한다), 층수가 11층 이상인 층을 제외한 특정소방대상물의 모든 층에 화재안전기준에 적합한 것으로 설치해야 한다.

③ 자동화재탐지설비에서 음향장치의 음량은 부착된 음향장치의 중심으로부터 1m 떨어진 위치에서 90dB 이상이 되는 것으로 해야 한다.

④ 하나의 전용회로에 설치하는 비상콘센트는 5개 이하로 한다.

⑤ 스프링클러설비는 층수가 6층 이상인 특정소방대상물의 경우에는 모든 층에 설치한다.

가스설비

📖 **연계학습** 기본서 p.192~201

┌ 단 · 원 · 열 · 기 ┐

1문제 정도 출제되는 것으로 소방설비와 더불어 숫자 관련 문제가 자주 출제되지만 그리 어렵지 않다. 가스 계량기 관련 이격 거리, 공급 압력 등 관련 숫자의 정리가 필요하다.

대표문제 상 중 하

LPG와 LNG에 관한 설명으로 옳지 않은 것은?   제23회

① 일반적으로 LNG의 발열량은 LPG의 발열량보다 크다.

② LNG의 주성분은 메탄이다.

③ LNG는 무공해, 무독성 가스이다.

④ LNG는 천연가스를 −162℃까지 냉각하여 액화시킨 것이다.

⑤ LNG는 냉난방, 급탕, 취사 등 가정용으로도 사용된다.

해설

① 일반적으로 LNG의 발열량은 LPG의 발열량보다 작다.

✔ 정답 ①

---

01 가스설비에 대하여 잘못 설명한 것은?

상 중 하

① 발열량은 통상 $1Nm^3$당의 열량으로 나타내는데, 여기에서 N은 표준상태를 나타내는 것으로, 가스에서의 표준상태란 0℃, 1atm을 말한다.

② 이론공기량은 가스 $1m^3$를 완전 연소시키는 데 필요한 이론상의 최소 공기량이다.

③ 가스계량기와 전기계량기 및 전기개폐기와의 거리는 60cm 이상을 유지해야 한다.

④ 도시가스의 공급압력 분류에서 고압은 게이지압력으로 1MPa 이상인 경우를 말한다.

⑤ 강관과 보호관 또는 보호판으로 보호조치를 한 동관·가스용 금속플렉시블 호스를 이음매없이 설치하는 경우에는 매설할 수 있다.

02 LPG와 LNG에 관한 설명으로 옳지 않은 것은?

① 일반적으로 LNG의 발열량은 LPG의 발열량보다 크다.

② LPG의 주성분은 프로판과 부탄이다.

③ LNG는 대규모의 저장시설을 필요로 하며, 공급은 배관을 통하여 이루어진다.

④ LNG는 천연가스를 −162℃까지 냉각하여 액화시킨 것이다.

⑤ LNG는 공기보다 가벼워 LPG보다 상대적으로 안전하다.

03 가스설비에 대하여 잘못 설명한 것은 어느 것인가?

① LNG는 지하에서 산출된 천연가스를 −162℃까지 냉각하여 액화한 것으로 공기보다 가볍다.

② 건물 내의 배관시 관리검사가 용이하도록 노출 배관하는 것이 원칙이다.

③ 건축물에서 가스를 사용하기 위한 저압의 배관으로서 강관을 이음매 없이 설치하는 경우에는 매설할 수 있다.

④ 배관의 고정은 13mm 이상 33mm 미만의 배관은 2m마다 고정 장치를 설치한다.

⑤ 밀폐형 연소기는 급기통·배기통과 벽과의 사이에 배기가스가 실내로 들어올 수 없도록 밀폐한다.

04 다음 가스배관에 관한 사항 중 잘못된 것은?

① 지하매설배관은 폴리에틸렌 피복강관을 사용한다.

② 가스배관의 외부에 사용가스명, 최고사용압력, 가스의 흐름방향을 표시하여야 한다.

③ 모든 지상배관의 표면 색상은 반드시 황색으로 하여야 한다.

④ 폭 8m 이상 도로의 매설 깊이는 1.2m 이상으로 한다.

⑤ 가스배관은 일반적으로 강관을 주로 사용하며, 시공시에는 건축물의 기초 밑이나 환기가 안 되는 부분은 피한다.

05 도시가스 설비 배관에 관한 설명으로 옳지 않은 것은? 제20회

상중하

① 배관은 부식되거나 손상될 우려가 있는 곳은 피해야 한다.
② 배관의 신축을 흡수하기 위해 필요시 배관 도중에 이음을 설치한다.
③ 건물의 규모가 크고 배관 연장이 긴 경우에는 계통을 나누어 배관한다.
④ 배관은 주요 구조부를 관통하지 않도록 배관해야 한다.
⑤ 초고층 건물의 상층부로 공기보다 가벼운 가스를 공급할 경우, 압력이 떨어지는 것을 고려해야 한다.

06 도시가스설비공사에 관한 설명으로 옳은 것은?

상중하

① 가스계량기와 화기 사이에 유지하여야 하는 거리는 1.5m 이상이어야 한다.
② 가스계량기와 전기계량기 및 전기개폐기와의 거리는 30cm 이상을 유지하여야 한다.
③ 초고층 건물의 상층부로 공기보다 가벼운 가스를 공급할 경우, 압력이 떨어지는 것을 고려해야 한다.
④ 지상배관은 부식방지 도장 후 표면 색상을 황색으로 도색하고, 최고사용압력이 저압인 지하매설배관은 황색으로 하여야 한다.
⑤ 가스계량기의 설치 높이는 바닥으로부터 1m 이상 2m 이내에 수직·수평으로 설치하여야 한다.

07 다음 중 가스 배관에 대하여 잘못 설명한 것은?

상중하

① 배관 외부에 사용가스명·최고사용압력 및 가스흐름방향을 표시하여야 한다.
② 배관은 환기가 잘되지 않는 천정·벽·바닥·공동구 등에는 설치하지 않는다.
③ 전기계량기, 전기접속기 등과 가스계량기와의 이격거리는 60cm 간격으로 한다.
④ 입상관은 화기(그 시설 안에서 사용되는 자체화기를 제외)와 2m 이상의 우회거리를 유지한다.
⑤ 지하매설배관의 표시색은 가스압력이 중압 이상일 때 적색, 저압일 때는 황색이다.

대표문제 상 중 하

도시가스설비에 관한 내용으로 옳은 것은?   제25회

① 가스계량기는 절연조치를 하지 않은 전선과는 10cm 이상 거리를 유지한다.

② 가스사용시설에 설치된 압력조정기는 매 2년에 1회 이상 압력조정기의 유지·관리에 적합한 방법으로 안전점검을 실시한다.

③ 가스배관은 움직이지 않도록 고정 부착하는 조치를 하되 그 호칭지름이 13mm 미만의 것에는 2m마다 고정 장치를 설치한다.

④ 가스계량기와 화기(그 시설 안에서 사용하는 자체화기는 제외) 사이에 유지하여야 하는 거리는 2m 이상이다.

⑤ 가스계량기와 전기계량기 및 전기개폐기와의 거리는 30cm 이상 유지한다.

해설

① 가스계량기는 절연조치를 하지 않은 전선과는 15cm 이상 거리를 유지한다.

② 가스사용시설에 설치된 압력조정기는 매 1년에 1회 이상 압력조정기의 유지·관리에 적합한 방법으로 안전점검을 실시한다.

③ 가스배관은 움직이지 않도록 고정 부착하는 조치를 하되 그 호칭지름이 13mm 미만의 것에는 1m마다 고정 장치를 설치한다.

⑤ 가스계량기와 전기계량기 및 전기개폐기와의 거리는 60cm 이상 유지한다.

◉ 정답 ④

08 상 중 하

가스설비에 대하여 옳게 설명한 것은?

① 가스사용시설에 설치된 압력조정기는 매 1년에 1회 이상(필터나 스트레이너의 청소는 설치 후 3년까지는 1회 이상, 그 이후에는 4년에 1회 이상) 압력조정기의 유지·관리에 적합한 방법으로 안전점검을 실시한다.

② 일반적으로 LNG의 발열량은 LPG의 발열량보다 크다.

③ 입상관의 밸브는 바닥으로부터 1m 이상 2m 이내에 설치하여야 한다.

④ 도시가스의 공급압력 분류에서 고압은 게이지압력으로 1kPa 이상인 경우를 말한다.

⑤ 가스미터기는 전기미터기와 30cm 이상 이격해야 한다.

냉 · 난방설비

연계학습 기본서 p.202~273

단·원·열·기

제20회 이후 냉동 및 공기조화설비는 출제되지 않고 있다. 다만, 2차 과목인 주택관리실무에서는 1문제 정도가 출제되고 있어 유의할 필요가 있다. 열과 습도, 보일러와 난방, 난방방식에서 3문제 정도 출제될 확률이 있어 준비할 필요가 있다.

대표문제 상중하

건축설비의 기초사항에 관한 내용으로 옳은 것은?   제25회

① 순수한 물은 1기압 하에서 4℃일 때 가장 무겁고 부피는 최대가 된다.
② 섭씨 절대온도는 섭씨온도에 459.7을 더한 값이다.
③ 비체적이란 체적을 질량으로 나눈 것이다.
④ 물체의 상태 변화 없이 온도가 변화할 때 필요한 열량은 잠열이다.
⑤ 열용량은 단위 중량 물체의 온도를 1℃ 올리는 데 필요한 열량이다.

해설

① 순수한 물은 1기압 하에서 4℃일 때 가장 무겁고 부피는 최소가 된다.
② 섭씨 절대온도는 섭씨온도에 273.16을 더한 값이고 459.7을 더한 값은 화씨에서 이용된다.
④ 물체의 상태 변화 없이 온도가 변화할 때 필요한 열량은 현열이다.
⑤ 비열은 단위 중량 물체의 온도를 1℃ 올리는 데 필요한 열량이다.

● 정답 ③

01 다음 설명 중 틀린 것은?
상중하
① 실내에서 사람의 온열감각에 영향을 미치는 4가지 요소는 기온, 습도, 기류, 복사열이다.
② 물은 4℃일 때가 가장 체적이 작고 0℃ 얼음이 되면 9%의 부피팽창을 하며 100℃ 물의 경우는 4.3%의 부피팽창이 있다.
③ 온수난방은 잠열을 이용한다.
④ 난방도일은 어느 지방의 추운 정도를 나타내는 지표로 사용할 수 있다.
⑤ 관내의 마찰손실수두는 관의 길이에 비례하나 관경에 반비례한다.

02 습공기에 관한 설명으로 옳지 않은 것은?

① 습공기의 비용적은 건구온도가 높을수록 커진다.
② 습공기의 엔탈피는 습공기의 현열량이다.
③ 건구온도가 일정한 경우, 상대습도가 높을수록 노점온도는 높아진다.
④ 절대습도가 커질수록 수증기분압은 커진다.
⑤ 상대습도 100%인 습공기의 건구온도와 노점온도는 같다.

03 온도에 대한 설명으로 틀린 것은?

① 불포화 상태에서는 습구온도는 반드시 건구온도보다 낮다.
② 상대습도가 높을수록 건구온도와 습구온도와의 차이는 작아진다.
③ 포화공기상태에서 건구온도와 습구온도가 같다.
④ 노점온도란 공기 중의 수증기가 포화상태에 도달하게 되는 때의 온도이다.
⑤ 공기 중의 수분을 제거하면 노점온도는 높아진다.

04 다음 습공기선도에 관련된 내용으로 잘못 설명한 것은?

① 온도가 올라갔을 때 상대습도를 일정하다면 절대습도가 높아진다.
② 노점온도는 건구온도와 관계없이 그 공기의 절대습도와 관계있다.
③ 절대습도가 같다면 건구온도가 높을수록 상대습도는 낮아진다.
④ 건구온도가 일정할 때 상대습도가 낮을수록 습구온도는 높아진다.
⑤ 엔탈피는 공기의 온도가 높을수록 또 공기 속에 포함되어 있는 수분이 많을수록 증가한다.

05 다음의 전열에 관한 설명 중 옳은 것은?

① 벽이 결로 등에 의해 습기를 함유하면 그 열관류저항은 크게 된다.
② 공기층의 단열효과는 그 기밀성과는 관계없다.
③ 벽체표면으로부터의 복사는 벽체의 온도가 높을수록 그 비율이 크게 된다.
④ 같은 종류의 보온재이면 비중의 크기는 단열성능과 관계가 없다.
⑤ 열관류율이란 유체와 고체벽 사이에 열이 이동하는 현상이다.

06 겨울철 벽체의 표면결로 방지대책으로 옳지 않은 것은? 제21회

_{상중하}

① 실내에서 발생하는 수증기량을 줄인다.

② 환기를 통해 실내의 절대습도를 낮춘다.

③ 벽체의 단열강화를 통해 실내 측 표면온도를 높인다.

④ 실내 측 표면온도를 주변공기의 노점온도보다 낮춘다.

⑤ 난방기기를 이용하여 벽체의 실내 측 표면온도를 높인다.

07 다음 중 용어와 단위의 연결이 옳지 않은 것은?

_{상중하}

① 상대습도 : %   ② 엔탈피 : kJ/kg

③ 열전도율 : $W/m^2 \cdot K$ ④ 수증기분압 : mmHg

⑤ 열용량 : kJ/K

08 냉 · 난방설비에 대한 설명으로 옳지 않은 것은?

_{상중하}

① 방열기는 열손실이 많은 창문 내측 하부에 위치시킨다.

② 온수난방은 증기난방에 비하여 현열을 이용하므로 열운반능력이 작다.

③ 역환수방식은 각 난방기기의 유량을 동일하게 순환시키기 위해 적용되는 방식이다.

④ 최대 열부하계산으로 송풍량 또는 장치용량을 결정할 수 있다.

⑤ 벽체의 두께를 증가시키면 열전도율은 작아지지만, 열관류율은 일정하다.

09 시간당 1,000리터의 물을 10℃에서 87℃로 가열하기 위한 최소 가스용량(m^3/h)

_{상중하} 은? (단, 가스발열량은 11,000kcal/Nm^3, 보일러의 열효율은 70%, 물의 비열은 4.2kJ/kg · K이다) 제20회

① 5   ② 7   ③ 10

④ 15   ⑤ 18

10 다음 용어에 대한 설명으로 옳지 않은 것은?

① 보일러 1마력은 시간에 100℃의 물 15.65kg을 전부 증기로 만드는 능력으로 대략 9.8kW 정도이다.

② 잠열이란 온도는 변하지 않고 상태가 변하면서 출입하는 열로서 증기난방에 이용된다.

③ 상대습도는 공기를 가열하면 높아지고 냉각하면 낮아진다.

④ 상당방열면적은 온수의 경우 $0.523kW/m^2$이다.

⑤ 절대습도는 노점온도 이상에서는 온도 변화에 따른 습도의 변화가 없다.

11 보일러에 관한 용어의 설명으로 옳은 것을 모두 고른 것은? 제26회

> ㉠ 정격출력은 난방부하, 급탕부하, 예열부하의 합이다.
> ㉡ 보일러 1마력은 1시간에 100℃의 물 15.65kg을 증기로 증발시킬 수 있는 능력을 말한다.
> ㉢ 저위발열량은 연소직전 상변화에 포함되는 증발잠열을 포함한 열량을 말한다.
> ㉣ 이코노마이저(Economizer)는 에너지 절약을 위하여 배열에서 회수된 열을 급수 예열에 이용하는 방법을 말한다.

① ㉠, ㉡   ② ㉠, ㉢   ③ ㉡, ㉣
④ ㉡, ㉢, ㉣   ⑤ ㉠, ㉡, ㉢, ㉣

12 다음 보일러에 관한 설명으로 옳지 않은 것은?

① 노통연관보일러는 부하변동에 대한 안정성이 있고, 수위조절이 용이하다.

② 난방·급탕 전용 보일러에 정격출력은 급탕부하, 난방부하, 배관부하, 예열부하의 합으로 표시된다.

③ 난방부하는 해당실의 상당방열면적으로 계산하여도 무방하다.

④ 상당증발량이란 실제 증발량이 흡수한 전 열량을 가지고 100℃의 온수에서 같은 온도의 증기로 만들 수 있는 증발량으로서 보일러의 출력을 나타낸다.

⑤ 보일러의 효율은 연료소모량과 발열량의 곱을 정격출력으로 나눈 값이다.

13 보일러의 용량을 결정하는 출력에 관한 설명으로 옳은 것은? 제21회

상중하

① 상용출력 = 난방출력 + 급탕부하 + 축열부하
② 상용출력 = 난방부하 + 급탕부하 + 배관(손실)부하
③ 정격출력 = 상용출력 + 축열부하
④ 정격출력 = 상용출력 + 장치부하
⑤ 정격출력 = 난방부하 + 급탕부하 + 예열부하

14 주증기 공급관에 설치한 감압밸브의 교체ㆍ수리를 위한 배관방식은?

상중하

① 바이패스 관로(Bypass Pipe)
② 파일로트 라인(Piolt Line)
③ 하트포드 접속(Hartford Connection)
④ 밸런스 배관(Balancing Pipe)
⑤ 냉각 다리(Cooling Leg)

15 보일러에 관한 설명으로 옳지 않은 것은?

상중하

① 노통연관 보일러는 증기나 고온수 공급이 가능하다.
② 관류보일러는 드럼이 설치되어 있어 부하변동에 대한 응답이 느리다.
③ 노통연관 보일러는 부하 변동에 대해 안정성이 있고, 수면이 넓어 급수조절
  이 용이하다.
④ 난방ㆍ급탕 전용 보일러에 정격출력은 급탕부하, 난방부하, 배관부하, 예열
  부하의 합으로 표시된다.
⑤ 지역난방용으로 수관식 보일러를 주로 사용한다.

16 증기난방설비의 구성요소가 아닌 것은? 제22회

상중하

① 감압 밸브	② 응축수 탱크
③ 팽창 탱크	④ 응축수 펌프
⑤ 버킷 트랩	

대표문제 상 중 하

난방방식에 관한 설명으로 옳지 않은 것은?   제25회

① 온수난방은 증기난방과 비교하여 예열시간이 짧아 간헐운전에 적합하다.
② 난방코일이 바닥에 매설되어 있는 바닥복사난방은 균열이나 누수시 수리가 어렵다.
③ 증기난방은 비난방시 배관이 비어 있어 한랭지에서도 동결에 의한 파손 우려가 적다.
④ 바닥복사난방은 온풍난방과 비교하여 천장이 높은 대공간에서도 난방효과가 좋다.
⑤ 증기난방은 온수난방과 비교하여 난방부하와 변동에 따른 방열량 조절이 어렵다.

해설
① 증기난방은 온수난방과 비교하여 예열시간이 짧아 간헐운전에 적합하다.

✔ 정답 ①

17 상 중 하   난방설비에 관한 내용으로 옳지 않은 것은?   제26회

① 증기난방에서 기계환수식은 응축수 탱크에 모인 물을 응축수 펌프로 보일러에 공급하는 방법이다.
② 증기트랩에 기계식트랩은 플로트트랩을 포함한다.
③ 증기배관에서 건식환수배관방식은 환수주관이 보일러 수면보다 위에 위치한다.
④ 관경결정법에서 마찰저항에 의한 압력손실은 유체밀도에 비례한다.
⑤ 동일 발열량에 대하여 바닥복사난방은 대류난방보다 실의 평균온도가 높기 때문에 손실열량이 많다.

18 상 중 하   난방설비에 관한 설명으로 옳지 않은 것은?

① 증기난방방식은 온수난방에 비교하여 설비비가 낮다.
② 증기난방은 증발잠열을 이용하기 때문에 열의 운반능력이 작다.
③ 수온변화에 따른 온수의 용적 증감에 대응하기 위하여 팽창탱크를 설치한다.
④ 방열기는 열손실이 많은 창문 내측 하부에 위치시킨다.
⑤ 증기난방 방열기에는 벨로즈트랩 또는 다이아프램트랩을 사용한다.

19 바닥복사난방에 대한 설명에 관한 설명으로 잘못된 것은?

① 방열면에서 열복사가 많으므로 낮은 실내 공기온도에도 쾌적감을 얻을 수 있다.

② 열손실을 막기 위해 방열면 위측에 단열층 설치가 필요하다.

③ 증기난방과 비교하여 열용량이 크지만 발열량 조절이 곤란하다.

④ 난방코일의 간격은 열손실이 많은 측에서는 좁게, 적은 측에서는 넓게 해야 한다.

⑤ 열복사에 의한 난방으로 창이 개방되어도 열손실이 대류식 난방에 비해 작다.

20 다음 난방설비에 대한 설명으로 옳지 않은 것은?

① 상당증발량이란 실제 증발량이 흡수한 전 열량을 가지고 100℃의 온수에서 같은 온도의 증기로 만들 수 있는 증발량으로서 보일러의 출력을 나타낸다.

② 증기난방장치는 열용량이 비교적 적기 때문에 방열기가 소요열량을 방열하기까지의 시간이 짧아 간헐운전에 적합하다.

③ 건물이 높아지면 온수난방은 보일러나 방열기에 압력이 작용하므로 적용범위가 좁다.

④ 바닥복사난방은 방열면에서 열복사가 많으므로 낮은 실내 공기온도에도 쾌적감을 얻을 수 있다.

⑤ 바닥복사난방은 열용량이 크며 방열량 조절이 용이하다.

21 바닥복사난방방식에 관한 설명으로 옳지 않은 것은? 제24회

① 온풍난방방식보다 천창이 높은 대공간에서도 난방효과가 좋다.

② 배관이 구조체에 매립되는 경우 열매체의 누설시 유지보수가 어렵다.

③ 대류난방, 온풍난방방식보다 실의 예열시간이 길다.

④ 실내의 상하 온도분포 차이가 커서 대류난방방식보다 쾌적성이 좋지 않다.

⑤ 바닥에 방열기를 설치하지 않아도 되므로 실의 바닥면적 이용도가 높아진다.

22 다음 난방방식에 대한 설명 중 틀린 것은?

상중하

① 증기난방장치는 열용량이 비교적 적기 때문에 방열기가 소요열량을 방열하기까지의 시간이 짧아 간헐운전에 적합하다.

② 온수난방은 증기난방에 비해 소요방열면적이 작고 배관이 작아져 설비비가 감소한다.

③ 상당증발량이란 실제 증발량이 흡수한 전 열량을 가지고 100℃의 온수에서 같은 온도의 증기로 만들 수 있는 증발량으로서 보일러의 출력을 나타낸다.

④ 냉각레그는 보온피복을 하지 않는다.

⑤ 역환수 방식은 온수의 유량을 균등하게 분배하게 되므로 배관의 열손실을 무시하면 온수온도를 일정하게 할 수 있다.

23 난방설비의 배관에 관한 설명으로 옳지 않은 것은?

상중하

① 헤더에서 증기나 온수를 각 계통별로 공급하거나 환수한다.

② 역환수배관방식은 유량을 일정하게 분배하며, 배관길이가 길게 된다.

③ 배관길이를 같은 경우에 밸런싱 밸브로 유량을 조절한다.

④ 온수배관에서 팽창탱크가 물의 부피 변화를 흡수한다.

⑤ 배관의 길이 변화는 신축이음을 통해 흡수된다.

24 난방설비에 사용되는 부속기기에 관한 설명으로 옳지 않은 것은?

상중하

① 방열기 밸브는 증기 또는 온수에 사용된다.

② 공기빼기 밸브는 증기 또는 온수로 사용된다.

③ 리턴콕(Return Cock)은 온수의 유량을 조절하는 밸브이다.

④ 2중 서비스 밸브는 방열기 밸브와 열동트랩을 조합한 구조이다.

⑤ 버킷트랩은 증기와 응축수의 온도 및 엔탈피 차이를 이용하여 응축수를 배출하는 방식이다.

25 다음 난방설비에 대하여 잘못 설명한 것은?

① 온수난방이나 복사난방장치는 장치자체나 관내보유수량 등의 열용량이 증기난방에 비해 작으므로 예열이나 방열량의 조정시간이 짧으며, 따라서 간헐운전이나 단시간 사용의 경우 유리하다.

② 복사난방은 실내상하의 온도차가 가장 적고, 따라서 가장 쾌적한 난방효과가 얻어진다.

③ 복사난방은 특수한 건축구조를 필요로 하게 되어 대류난방에 비해 설비비가 많이 든다.

④ 온수난방에서는 보일러 및 방열기에 대해 건물의 층고에 따라 수압이 걸리므로 고층건축물에 대해서는 적용이 제한된다.

⑤ 온수를 쓰는 경우는 일반적으로 보일러 및 관내면의 부식이 적다. 증기의 환수관은 다른 것에 비해 부식이 빠르다.

26 지역난방방식의 특징에 관한 내용으로 옳지 않은 것은?   제24회

① 열병합발전인 경우에 미활용 에너지를 이용할 수 있어 에너지절약 효과가 있다.

② 단지 자체에 중앙난방 보일러를 설치하는 경우와 비교하여 단지의 난방 운용 인원수를 줄일 수 있다.

③ 건물이 밀집되어 있을수록 배관매설비용이 줄어든다.

④ 단지에 중앙난방 보일러를 설치하지 않으므로 기계실 면적을 줄일 수 있다.

⑤ 건물이 플랜트로부터 멀리 떨어질수록 열매 반송 동력이 감소한다.

27 다음 중 현열부하와 잠열부하 모두를 계산하여야 하는 요소는?

① 틈새바람   ② 조명발열
③ 유리창 투과열량   ④ 벽체 관류열량
⑤ 바닥을 통한 열량

28 외벽의 온도는 일사에 의한 복사열의 흡수로 외기온도보다 높게 되는데, 냉방부하 계산시에 사용되는 온도를 무엇이라 하는가?

① 유효온도   ② 상당외기온도
③ 평균복사온도   ④ 효과온도
⑤ 습구온도

29 기존 벽체의 열관류율을 $0.25W/m^2 \cdot K$에서 $0.16W/m^2 \cdot K$로 낮추고자 할 때, 추가해야 할 단열재의 최소 두께(mm)는 얼마인가? (단, 단열재의 열전도율은 $0.04W/m \cdot K$이다)
제26회

① 25 ② 30 ③ 60
④ 90 ⑤ 120

30 냉방시 실온 $26℃$를 유지하기 위한 거실 현열부하가 10.1kW이다. 이때 실내 취출구 공기온도를 $16℃$로 설정할 경우 필요한 최소 송풍량(m^3/h)은 약 얼마인가? (단, 공기의 밀도는 $1.2kg/m^3$, 정압비열은 $1.01kJ/kg \cdot K$로 한다)
제19회

① 1,000 ② 2,355 ③ 3,000
④ 4,025 ⑤ 4,555

31 실내 환경에 관한 기술에서 바른 것은 다음 중 어느 것인가?

① 실내공기의 오염 정도를 식별하는 척도로 CO_2 농도를 이용하는 것은 통상 CO_2의 양이 공기오염에 따라 증가하는 경우가 많기 때문이다.
② 환기횟수란, 실내공기가 하루 중에서 완전히 환기된 횟수를 나타내는 값이다.
③ 실내에 많은 사람이 모였을 때 기분이 나빠지는 가장 큰 원인은 CO_2가 많기 때문이다.
④ 겨울철에 실을 난방하여 온도가 $20℃$, 습도를 80%로 하면 쾌적하다.
⑤ 제3종 환기는 실외의 지역이 오염되어 실내를 오염시키지 않을 때 적당하다.

32 다음 중 주택의 부엌·욕실 및 화장실에 설치하는 배기설비에 대하여 잘못된 것은 어느 것인가?

① 배기구는 반자 또는 반자아래 80cm 이내의 높이에 설치하고, 항상 개방될 수 있는 구조로 한다.
② 배기통 및 배기구는 외기의 기류에 의하여 배기에 지장이 생기지 아니하는 구조로 한다.
③ 부엌에 설치하는 배기구에는 전동환기설비를 설치한다.
④ 배기통은 연기나 냄새 등이 실내로 역류하는 것을 방지할 수 있도록 한다.
⑤ 세대 간 배기통을 서로 연결하되 직접 외기에 개방되도록 설치한다.

33
상중하

주방, 화장실 등 냄새 또는 유해가스, 증기발생이 있는 장소에 적합한 환기방식은?

① 압입흡출병용방식 ② 압입방식
③ 흡출방식 ④ 자연환기방식
⑤ 열교환방식

대표문제 상중하

다음은 「건축물의 설비기준 등에 관한 규칙」상 신축공동주택등의 기계환기설비의 설치기준에 관한 내용의 일부이다. ( )에 들어갈 내용으로 옳은 것은? 제25회

> 외부에 면하는 공기흡입구와 배기구는 교차오염을 방지할 수 있도록 (㉠)미터 이상의 이격거리를 확보하거나, 공기흡입구와 배기구의 방향이 서로 (㉡)도 이상 되는 위치에 설치되어야 하고 화재 등 유사시 안전에 대비할 수 있는 구조와 성능이 확보되어야 한다.

① ㉠: 1.0, ㉡: 45 ② ㉠: 1.0, ㉡: 90
③ ㉠: 1.5, ㉡: 45 ④ ㉠: 1.5, ㉡: 90
⑤ ㉠: 3.0, ㉡: 45

해설

🏠 신축공동주택 등의 기계환기설비의 설치기준

> 건축물의 설비기준 등에 관한 규칙 【별표 1의5】 14. 외부에 면하는 공기흡입구와 배기구는 교차오염을 방지할 수 있도록 (1.5)미터 이상의 이격거리를 확보하거나, 공기흡입구와 배기구의 방향이 서로 (90)도 이상 되는 위치에 설치되어야 하고 화재 등 유사시 안전에 대비할 수 있는 구조와 성능이 확보되어야 한다.

✔ 정답 ④

대표문제 상중하

6인이 근무하는 공동주택 관리사무실에서 실내의 CO_2 허용농도는 1,000ppm, 외기의 CO_2 농도는 400ppm일 때 최소 필요환기량(m^3/h)은? (단, 1인당 CO_2 발생량은 0.015m^3/h이다) 제25회

① 30 ② 90 ③ 150
④ 300 ⑤ 400

해설

③ 필요환기량 $Q = \frac{k}{P_a - P_o} = \frac{6(인) \times 0.015(m^3/h)}{1,000 - 400} \times 1,000,000 = 150$

여기서, k : 유해가스발생량
P_a : 허용농도
P_o : 외기가스농도

정답 ③

34 상중하

아파트단지 내 상가 1층에 실용적 720m^3인 은행을 환기횟수 1.5회/h로 계획했을 때의 필요풍량(m^3/min)은? 제17회

① 18 ② 90 ③ 270
④ 540 ⑤ 1,080

35 상중하

기존 열관류저항이 3.0m^2 · K/W인 벽체에 열전도율 0.04W/m · K인 단열재 40mm를 보강하였다. 이 때 단열이 보강된 벽체의 열관류율(W/m^2 · K)은 약 얼마인가?

① 0.10 ② 0.15 ③ 0.20
④ 0.25 ⑤ 0.30

36 상중하

설비시스템의 소음방지에 관한 설명으로 옳지 않은 것은?

① 급수계통 배관은 유속과 급수압력을 적정하게 조절한다.
② 급배수설비에는 당해층(층상) 배관방식을 도입한다.
③ 벽체를 관통하는 배관은 구조체에 직접 고정하여 일체화되도록 시공한다.
④ 진동발생 장비는 장비하부에 방진재(防振材)를 설치하거나, 바닥 또는 실 전체를 뜬바닥(Floating Floor)구조로 한다.
⑤ 소음이 공기전달음인 경우에는 흡음이나 차음재를, 구조체를 통한 고체전달음의 경우에는 제진재를 설치하는 것이 소음방지에 가장 효과적이다.

CHAPTER 09 전기설비

☐ **연계학습** 기본서 p.274~333

2~3문제가 출제되며 전공자 외의 수험생들이 어려워하는 부분이다. 저항, 역률, 부등률 등 수변전설비 관련 내용, 간선, 배선공사, 조명설비, 피뢰설비 등과 홈네트워킹을 정리하는데, 홈네트워킹 관련 1문제는 반드시 출제되니 대비가 필요하다.

01
상종하

교류 1,000[V] 이하의 저압전로의 과전류, 단락전류 및 지락전류를 차단하여 안전을 도모하는 것은?

① 누전 차단기
② 과전류 차단기
③ 컷아웃 스위치
④ 커버 나이프 스위치
⑤ 단로기

02
상종하

전선의 절연물에 손상 없이 안전하게 흐를 수 있는 최대 전류를 무엇이라 하는가?

① 허용전류
② 절연전류
③ 부하전류
④ 무부하전류
⑤ 지락전류

03
상종하

수변전설비에 관한 내용으로 옳지 않은 것은?   제26회

① 공동주택 단위세대 전용면적이 60m^2 이하인 경우, 단위 세대 전기 부하용량은 3.0kW로 한다.
② 부하율이 작을수록 전기설비가 효율적으로 사용되고 있음을 나타낸다.
③ 역률 개선용 콘덴서라 함은 역률을 개선하기 위하여 변압기 또는 전동기 등에 병렬로 설치하는 커패시터를 말한다.
④ 수용률이라 함은 부하설비 용량 합계에 대한 최대 수용전력의 백분율을 말한다.
⑤ 부등률은 합성 최대수요전력을 구하는 계수로서 부하종별 최대수요전력이 생기는 시간차에 의한 값이다.

04 다음은 전기설비 기초 이론에 관한 설명이다. 가장 틀린 것은?

① 전압강하가 클수록 전력손실이 크다.
② 전압이 일정한 전기회로에서는 저항이 적을수록 큰 전류가 흘러 전류는 저항에 반비례한다.
③ 교류의 경우 역률이 클수록 동일 전력을 보내는데 큰 전류가 필요로 하여 전력의 손실이 많다.
④ 전선의 전압강하가 큰 것은 전열기에서 낮은 전압을 가하게 되어 정상적인 작동을 바랄 수 없게 된다.
⑤ 도체의 저항은 온도가 상승하면 증가하고, 절연체의 저항은 온도가 상승하면 저항은 감소한다.

05 전기설비에 관한 설명으로 옳지 않은 것은?

① 부등률은 항상 1보다 크며 이 값이 클수록 큰 공급설비가 필요하다는 뜻이다.
② 전압계는 병렬로, 전류계는 직류로 연결한다.
③ 저항이 일정할 때 인가전압이 증가하면 전류도 증가한다.
④ 삼상교류의 유효전력은 전압과 전류와 역률의 곱에 $\sqrt{3}$ 을 곱한다.
⑤ 전력손실을 적게 하기 위해서는 전압강하를 적게 한다.

06 공동주택 전기실에 역률 개선용 콘덴서를 부하와 병렬로 설치함으로서 얻어지는 효과로 옳지 않은 것은? 제21회

① 전기요금 경감
② 전압강하 경감
③ 설비용량의 여유분 증가
④ 돌입전류 및 이상전압 억제
⑤ 배전선 및 변압기의 손실 경감

07 전기설비에 관한 설명으로 옳지 않은 것은?

① 저항이 일정할 경우 임의의 폐회로에서 전압을 2배로 하면 저항에 흐르는 전류는 2배가 된다.
② 전선의 저항은 전선의 단면적에 비례한다.
③ 단상 교류의 유효전력은 전압, 전류, 역률의 곱이다.
④ 역률은 유효전력을 피상전력으로 나눈 값이다.
⑤ 1주기는 60Hz의 경우 1/60초이다.

08 다음 수변전설비에 대하여 옳은 것은?

상중하

① 계기용 변성기 : 수변전실 입구에 설치하며, 낙뢰나 혼촉 사고 등에 의하여 이상 전압이 발생하였을 때 선로 및 기기 등을 보호하기 위하여 설치한다.

② 피뢰기(LA) : 고압 회로에 계기 등을 설치할 경우 계기용 저전압이나 소전 류로 변성해야 하는데 이를 위해 필요한 장치를 말한다.

③ 보호계전기 : 회로 및 기기의 단락 보호용으로서 변압기, 전동기, 회로 등의 사고시 단락 전류 차단에 쓰이며, 선로 개폐기능은 없다.

④ 진상 콘덴서(SC) : 역률 개선을 목적으로 사용한다.

⑤ 차단기(CB) : 전력 계통에서 단락과 지락 등의 이상전류와 전압이 발생한 경우, 영상변류기 등의 검출단이 이를 검출하면, 이 검출된 신호에 의해 작 동하여 차단기를 개방시켜 지락사고 등에서 기기와 전로를 적절히 보호하 며, 피해를 최소화 시키는 자동 스위치 역할을 하는 계기의 총칭이다.

09 다음 전기설비에 대하여 잘못 설명한 것은?

상중하

① 3상 3선식 전기방식은 전등용, 동력용을 동시에 공급할 수 있어 대규모의 건축물, 공장 등에서 많이 이용한다.

② 배선방식 중 평행식은 배전반에서 분전반까지 단독배선하며, 전압강하가 평 준화되고, 사고범위 축소되며 의료기기, 공장 등의 특수 부하, 대형 빌딩 등 에 사용된다.

③ 나뭇가지식은 부하가 감소함에 따라 전선의 굵기 감소하며 중ㆍ소규모 건 물의 배선방식으로 적합하다.

④ 전선의 굵기 결정의 3요소에는 허용전류, 전압강하, 기계적 강도가 있다..

⑤ 간선의 설계 순서로는 간선부하용량 산출, 전기방식 결정, 배선방식 결정, 전선의 굵기 결정순이다.

10 전력설비에 관한 설명으로 옳지 않은 것은?

상중하

① 분전반은 보수나 조작에 편리하도록 복도나 계단 부근의 벽에 설치하는 것 이 좋다.

② 변압기 1대의 용량산정은 건축물 내의 설치장소에 따라 건축의 장비 반입 구, 반입통로, 바닥강도 등을 고려한다.

③ UPS는 교류 무정전 전원장치를 말한다.

④ 전선의 굵기 선정시 부하전류, 전압강하, 기계적 강도 등을 고려한다.

⑤ 부등률이 높을수록 설비이용률이 높다.

11 전기 배선 공사에서 금속관 공사에 관한 설명 중 틀린 것은?

① 전선관 내에 비닐절연전선을 수납하여 행하는 배선방법이다.
② 은폐공사와 노출공사로 분류된다.
③ 주로 철근큰크리트 매설공사에 많이 사용된다.
④ 전선에 이상이 생겼을 때 교체가 어려우나 전선의 기계적 손상에 대해서는 안전하다.
⑤ 접지를 하여야 한다.

12 간선의 부설방식에 대한 다음의 설명 중 틀린 것은?

① 금속덕트 내에 부설하는 전선 및 케이블의 절연 피복을 포함한 단면적의 총합은 덕트 단면적의 20% 이하가 되도록 한다.
② 케이블 래크는 덮개가 없이 노출되어 있으며 방열효과와 시공성이 좋아, 절연전선 및 케이블의 부설에 많이 쓰인다.
③ 금속덕트 배선은 옥내의 건조한 곳으로 노출된 장소나 점검할 수 있는 은폐된 장소에 시설한다.
④ 금속관의 두께는 콘크리트 내에 묻어서 사용할 경우 1.2mm 이상, 그 외의 경우는 1mm 이상이어야 한다.
⑤ 금속관 공사는 건조한 곳, 습기·물기있는 곳, 개방된 곳, 은폐된 곳 등에 공사가 가능하다.

13 옥내배선 공사에 관한 내용으로 옳지 않은 것은?   제24회

① 금속관 공사는 철근콘크리트 구조의 매립공사에 사용된다.
② 합성수지곤 공사는 옥내의 점검할 수 없는 은폐장소에도 사용이 가능하다.
③ 버스덕트 공사는 공장, 빌딩 등에서 비교적 큰 전류가 통하는 간선을 시설하는 경우에 사용된다.
④ 금속몰드 공사는 매립공사용으로 적합하고, 기계실 등에서 전동기로 배선하는 경우에 사용된다.
⑤ 라이팅 덕트 공사는 화랑의 벽면조명과 같이 광원을 이동시킬 필요가 있는 경우에 사용된다.

14 다음에서 설명하고 있는 배선공사는? 제22회

> • 굴곡이 많은 장소에 적합하다.
> • 기계실 등에서 전동기로 배선하는 경우나 건물의 확장부분 등에 배선하는 경우에 적용된다.

① 합성수지몰드 공사　　　　　② 플로어덕트 공사
③ 가요전선관 공사　　　　　　④ 금속몰드 공사
⑤ 버스덕트 공사

15 조명설비의 용어와 단위가 틀린 것은? 제10회

① 광도 − 칸델라(cd)　　　　　② 광속 − 루멘(lm)
③ 조도 − 럭스(lx)　　　　　　④ 휘도 − 어포스틸브(asb)
⑤ 광속발산도 − 니트(nit)

16 바닥면적 100㎡, 천장고 2.7m인 공동주택 관리사무소의 평균조도를 480럭스(lx)로 설계하고자 한다. 이 때 조명률을 0.5에서 0.6으로 개선할 경우 줄일 수 있는 조명기구의 개수는? [단, 조명기구의 개당 광속은 4,000루멘(lm), 보수율은 0.8로 한다] 제26회

① 3개　　　　　　　　　　　② 5개
③ 7개　　　　　　　　　　　④ 8개
⑤ 10개

17 조명설비에 관한 설명으로 옳지 않은 것은?

① 전반조명 방식은 실의 균등한 조도를 확보할 수 있다.
② 건축화 조명으로 천장 조명은 코브 조명, 코퍼 조명 등이 있다.
③ 코브조명은 건축화 조명의 일종이며, 직접조명보다 조명률이 높다.
④ 조명설계 과정에는 소요조도 결정, 광원 선택, 조명방식 및 기구 선택, 조명기구 배치 등이 있다.
⑤ 전반조명과 국부조명을 병용할 경우, 전반조명의 조도는 국부조명 조도의 1/10 이상이 바람직하다.

18 조명설비에 대한 설명으로 잘못된 것은 어느 것인가?
상중하

① 전반조명은 작업면 전반에 균등한 조도를 갖게 하는 방식으로 램프가 거의 일정한 높이와 간격으로 배치된다.

② 천장에 작은 구멍을 뚫어 그 속에 기구를 매입한 것을 다운라이트라 하며, 개구부가 극히 적은 것을 핀홀라이트, 천장면에 반원구의 구멍을 뚫어 기구를 설치한 것을 코퍼라이트라 한다.

③ 조명설계에서 조명률이란 광원에서 방사되는 총 광속 중 실제로 작업 면에 도달하는 광속의 비율(%)을 말한다.

④ 보수율은 램프의 광속은 점등시간이 경과함에 따라 감광되고 먼지 등으로 조명기구의 효율이 낮아지는 것을 고려한 정수를 말한다.

⑤ 그늘이 적고, 차분하고 균일한 조도와 안정된 분위기를 얻을 수 있는 조명은 직접조명 방식이다.

대표문제 상중하

바닥면적이 120m²인 공동주택 관리사무실에서 소요조도를 400럭스(lx)로 확보하기 위한 조명기구의 최소개수는? [단, 조명기구의 개당 광속은 4,000루멘(lm), 실의 조명율 60%, 보수율은 0.8로 한다]
제25회

① 9개　　　　　② 13개　　　　　③ 16개
④ 20개　　　　　⑤ 25개

해설

⑤ 소요램프수 : $N = \dfrac{E \times A}{F \times U \times M}$ (개) $= \dfrac{400(lx) \times 120(m^2)}{4,000(lm) \times 0.6 \times 0.8} = 25(개)$

여기서, N : 램프의 개수, F : 램프 1개당 광속(lm),
　　　　E : 평균수평면조도(lx), D : 감광보상률,
　　　　U : 조명률, M : 보수율(유지율),
　　　　감광보상률과 유지율과 관계 : $D \times M = 1$

● 정답 ⑤

19 바닥면적이 100m²인 공동주택 관리사무소에 설치된 25개의 조명기구를 광원만 LED로 교체하여 평균조도 400럭스(lx)를 확보하고자 할 때, 조명기구의 개당 최소 광속(lm)은? (단, 조명률은 50%, 보수율은 0.8로 한다)

① 3,000   ② 3,500

③ 4,000   ④ 4,500

⑤ 5,000

20 조명 관련 용어 중 광원에서 나온 광속이 작업면에 도달하는 비율을 나타내는 것은?   제19회

① 반사율   ② 유지율

③ 감광보상률   ④ 보수율

⑤ 조명률

21 실내에 설치할 광원의 수를 광속법으로 결정하는데 필요한 요소를 모두 고른 것은?   제20회

㉠ 실의 면적	㉡ 광원의 광속
㉢ 조명기구의 조명률	㉣ 조명기구의 보수율
㉤ 평균수평면조도(작업면의 평균조도)	

① ㉠, ㉤   ② ㉢, ㉣

③ ㉠, ㉡, ㉢   ④ ㉡, ㉢, ㉣, ㉤

⑤ ㉠, ㉡, ㉢, ㉣, ㉤

22 건축화 조명에 관한 다음의 설명 중 틀린 것은?

① 광량조명은 확산차폐용으로 연속열의 기구를 천장에 매입하거나 또는 보에 설치하는 방법이다.

② 코브라이트(Cove Light)는 간접조명이지만 간접조명기구를 사용하지 않고 천장 또는 벽의 구조로 만든 것이다.

③ 광창조명은 천장에 작은 구멍을 뚫어 그 속에 기구를 매입한 것이다.

④ 광천장조명은 천장 전면을 낮은 휘도로 빛나게 하는 것이다.

⑤ 밸런스라이트는 벽을 이용한 간접조명 방식이다.

23 피뢰설비에 관한 설명으로 옳지 않은 것은? 제12회

상중하

① 높이 20m 이상의 건출물에는 피뢰설비를 설치한다.
② 피뢰설비의 보호등급은 한국산업규격에 따른다.
③ 돌침은 건축물의 맨 윗부분으로부터 25cm 이상 돌출시켜 설치한다.
④ 피뢰설비의 인하도선을 대신하여 철골조의 철골구조물과 철근콘크리트조의 철근구조체를 사용할 수 없다.
⑤ 접지는 환경오염을 일으킬 수 있는 시공방법이나 화학첨가물 등을 사용하지 않는다.

24 다음 방재설비에 대하여 잘못 설명한 것은?

상중하

① 건물의 높이가 높아지면 높아질수록 피뢰침의 보호각은 작아진다.
② 피뢰침의 완전보호방식은 낙뢰의 피해가 가장 적은 방식으로 케이지 방식, 이온방사형 피뢰방식이 이에 해당한다.
③ 측면의 낙뢰를 방지하기 위해 높이가 150m를 초과하는 건축물 등에는 지면에서 건축물 높이의 4/5가 되는 지점부터 상단부분까지의 측면에 수뢰부를 설치한다.
④ 항공기 장애등은 60m 이상의 건축물이나 공작물 등에 설치한다.
⑤ 지하층을 제외한 층수가 11층 이상의 층은 유도등의 축전지 용량은 60분 이상 유효하게 작동시킬 수 있는 용량이어야 한다.

25 전기설비에 대한 설명으로 옳지 않은 것은?

상중하

① 변압기의 용량을 결정할 때 부하설비용량의 합계, 수용률, 부등률, 예비율을 적용하여 계산한다.
② 분전반의 위치는 가능한 부하중심 가까이에 설치한다.
③ 분기회로의 길이는 30m 이하로 한다.
④ 접지는 계통접지, 보호접지, 피뢰접지 등으로 나뉜다.
⑤ 건축물에 설치하는 금속배관 및 금속재 설비는 전위가 높도록 전기적으로 접속할 것

26 조명과 방재설비에 대한 설명으로 잘못된 것은 어느 것인가?
상중하

① 전반조명은 작업면 전반에 균등한 조도를 갖게 하는 방식으로 램프가 거의 일정한 높이와 간격으로 배치된다.

② 천장에 작은 구멍을 뚫어 그 속에 기구를 매입한 것을 다운라이트라 하며, 개구부가 극히 적은 것을 핀홀라이트, 천장면에 반원구의 구멍을 뚫어 기구를 설치한 것을 코퍼라이트라 한다.

③ 조명설계에서 조명률이란 광원에서 방사되는 총 광속 중 실제로 작업 면에 도달하는 광속의 비율(%)을 말한다.

④ 접지시스템은 계통접지, 보호접지, 피뢰시스템 접지 등으로 구분한다.

⑤ 측면의 낙뢰를 방지하기 위해 높이가 150m를 초과하는 건축물 등에는 지면에서 건축물 높이의 4/5가 되는 지점부터 상단부분까지의 측면에 수뢰부를 설치한다.

27 전기설비, 피뢰설비 및 통신설비 등의 접지극을 하나로 하는 통합접지공사시 낙뢰
상중하 등에 의한 과전압으로부터 전기설비를 보호하기 위해 설치하여야 하는 기계·기구는?
제21회

① 단로기(DS)

② 지락과전류보호계전기(OCGR)

③ 과전류보호계전기(OCR)

④ 서지보호장치(SPD)

⑤ 자동고장구분개폐기(ASS)

지능형 홈네트워크 설비 설치 및 기술기준에 관한 내용으로 옳은 것은? 제25회

① 가스감지기는 LNG인 경우에는 바닥 쪽에, LPG인 경우에는 천장 쪽에 설치하여야 한다.
② 차수판 또는 차수막을 설치하지 않은 통신배관실에는 최소 30mm 이상의 문턱을 설치하여야 한다.
③ 통신배관실 내의 트레이(Tray) 또는 배관, 덕트 등의 설치용 개구부는 화재시 층간 확대를 방지하도록 방화처리제를 사용하여야 한다.
④ 통신배관실의 출입문은 폭 0.6미터, 높이 1.8미터 이상이어야 한다.
⑤ 집중구내통신실은 TPS실이라고 하며, 통신용 파이프 샤프트 및 통신단자함을 설치하기 위한 공간을 말한다.

해설
① 가스감지기는 LPG인 경우에는 바닥 쪽에, LNG인 경우에는 천장 쪽에 설치하여야 한다.
② 차수판 또는 차수막을 설치하지 않은 통신배관실에는 최소 50mm 이상의 문턱을 설치하여야 한다.
④ 통신배관실의 출입문은 폭 0.7미터, 높이 1.8미터 이상이어야 한다.
⑤ 통신배관실은 TPS실이라고 하며, 통신용 파이프 샤프트 및 통신단자함을 설치하기 위한 공간을 말한다.

● 정답 ③

28 지능형 홈네트워크 설비 설치 및 기술기준으로 옳은 것은? 제26회
상중하
① 무인택배함의 설치수량은 소형주택의 경우 세대수의 약 15~20% 정도 설치할 것을 권장한다.
② 단지네트워크장비는 집중구내통신실 또는 통신배관실에 설치하여야 한다.
③ 홈네트워크 사용기기의 예비부품은 내구연한을 고려하고, 3% 이상 5년간 확보할 것을 권장한다.
④ 전자출입시스템의 접지단자는 프레임 외부에 설치하여야 한다.
⑤ 차수판 또는 차수막을 설치하지 아니한 경우, 통신배관실은 외부의 청소 등에 의한 먼지, 물 등이 들어오지 않도록 30mm 이상의 문턱을 설치하여야 한다.

29 지능형 홈네트워크 설비 설치 및 기술기준에서 정하고 있는 홈 네트워크 사용기기
에 해당하는 것을 모두 고른 것은?　　　　　　　　　　　　　　　　제26회

㉠ 무인택배시스템	㉡ 홈게이트웨이
㉢ 차량출입시스템	㉣ 감지기
㉤ 세대단말기	㉥ 원격검침시스템

① ㉠, ㉡, ㉣　　　　　　　　　　② ㉠, ㉡, ㉤
③ ㉠, ㉢, ㉣, ㉥　　　　　　　　④ ㉡, ㉢, ㉤, ㉥
⑤ ㉢, ㉣, ㉤, ㉥

30 다음 중 지능형 홈네트워크 설비 설치 및 기술기준에 따른 홈네트워크 장비에 포함
되지 않는 것은?
① 홈게이트웨이　　　　　　　　　② 세대단말기
③ 단지네트워크장비　　　　　　　④ 단지서버
⑤ 원격제어기

31 지능형 홈네트워크 설비 설치 및 기술기준에 관한 설명으로 옳지 않은 것은?
① 홈게이트웨이는 세대단자함에 설치하거나 세대단말기에 포함하여 설치할
수 있다.
② 세대단말기는 세대 내의 홈네트워크사용기기들과 단지서버 간의 상호 연동
이 가능한 기능을 갖추어 세대 및 공용부의 다양한 기기를 제어하고 확인할
수 있어야 한다.
③ 단지네트워크장비는 홈게이트웨이와 세대단말기 간 통신 및 보안을 수행할
수 있도록 설치하여야 한다.
④ 단지서버는 집중구내통신실 또는 방재실에 설치할 수 있다. 다만, 단지서버
가 설치되는 공간에는 보안을 고려하여 영상정보처리기기 등을 설치하되
관리자가 확인할 수 있도록 하여야 한다.
⑤ 홈네트워크 필수 기기에는 홈네트워크망, 홈네트워크 장비로 구성되어 있다.

32 다음 중 지능형 홈네트워크 설비 설치 및 기술기준에 따른 설명으로 옳지 않은 것은?

① 통신배관실의 출입문은 폭 0.7미터, 높이 1.8미터 이상(문틀의 내측치수)이어야 하며, 잠금장치를 설치하고, 관계자외 출입통제 표시를 부착하여야 한다.

② 집중구내통신실은 적정온도의 유지를 위한 냉방시설 또는 흡배기용 환풍기를 설치하여야 한다.

③ 세대단자함은 별도의 구획된 장소나 노출된 장소로서 침수 및 결로 발생의 우려가 없는 장소에 설치하여야 한다.

④ 전자출입시스템은 화재발생 등 비상시, 소방시스템과 연동되어 주동현관과 지하주차장의 출입문을 수동으로 여닫을 수 있게 하여야 한다.

⑤ 단지서버는 집중구내통신실 또는 통신배관실에 설치할 수 있다.

33 다음 중 지능형 홈네트워크 설비 설치 및 기술기준에 따른 설명으로 옳지 않은 것은?

① 단지네트워크장비는 세대 내 홈게이트웨이와 단지서버 간의 통신 및 보안을 수행하는 장비로서, 백본(Back-Bone), 방화벽(Fire Wall), 워크그룹스위치 등 단지망을 구성하는 장비이다.

② 홈네트워크 필수설비는 상시전원에 의한 동작이 가능하고, 정전시 예비전원이 공급될 수 있도록 하여야 한다.

③ 홈게이트웨이는 세대단자함에 설치하거나 세대단말기에 포함하여 설치할 수 있다.

④ 단지네트워크장비는 집중구내통신실 또는 방재실에 설치하여야 한다.

⑤ 단지서버는 상온·상습인 곳에 설치하여야 한다.

운송설비

📖 **연계학습** 기본서 p.334~343

1문제 정도 출제되며 안전장치와 비상용승강기 관련 규정에 대하여 정리가 필요하다.

대표문제 상중하

엘리베이터의 전기적 안전장치에 해당하는 것은?   제14회

① 조속기   ② 완충기
③ 권상기   ④ 과부하 계전기
⑤ 종동 스프로켓

해설 --

④ 엘리베이터의 안전장치 중 전기적 안전장치에는 주접촉기, 과부하 계전기, 역결상릴레이 등이 있다.

✔ 정답 ④

---

01 다음 중 직류 엘리베이터의 특징으로 옳은 것은?   제11회

상중하
① 교류 엘리베이터에 비해 가격이 저렴하다.
② 교류 엘리베이터에 비해 기동토크가 작다.
③ 전효율이 40~60%이다.
④ 착상오차가 1mm 이내이다.
⑤ 부하에 따른 속도변동이 있다.

02 엘리베이터의 구성 기기에 속하지 않는 것은?   제16회

상중하
① 완충기   ② 조속기
③ 엘리미네이터   ④ 균형추
⑤ 전자 브레이크

대표문제 상 중 하

승강기, 승강장 및 승강로에 관한 설명으로 옳지 않은 것은?   제25회

① 비상용승강기의 승강로 구조는 각층으로부터 피난층까지 이르는 승강로를 단일구조로 연결하여 설치한다.

② 옥내에 설치하는 피난용승강기의 승강장 바닥면적은 승강기 1대당 $5m^2$ 이상으로 해야 한다.

③ 기어리스 구동기는 전동기의 회전력을 감속하지 않고 직접 권상도르래로 전달하는 구조이다.

④ 승강로, 기계실·기계류 공간, 풀리실의 출입문에 인접한 접근 통로는 50lx 이상의 조도를 갖는 영구적으로 설치된 전기 조명에 의해 비춰야 한다.

⑤ 완충기는 스프링 또는 유체 등을 이용하여 카, 균형추 또는 평형추의 충격을 흡수하기 위한 장치이다.

해설

② 옥내에 설치하는 피난용승강기의 승강장 바닥면적은 승강기 1대당 $6m^2$ 이상으로 해야 한다.

✔ 정답 ②

03 상 중 하 다음 승강기에 대하여 잘못 설명한 것은?

① 공동주택은 1대에 $3,000m^2$를 초과하는 $3,000m^2$ 이내마다 1대를 더한 대수를 설치한다.

② 6층 이상인 공동주택에는 기준에 따라 대당 6인승 이상인 승용승강기를 설치하여야 한다.

③ 11층 이상인 공동주택의 경우에는 승용승강기를 비상용승강기의 구조로 하여야 한다.

④ 10층 이상인 공동주택에는 이사짐 등을 운반할 수 있는 기준에 적합한 화물용승강기를 설치하여야 한다.

⑤ 규정에 의한 승용승강기 또는 비상용승강기로서 기준에 적합한 것은 화물용 승강기로 겸용할 수 있다.

04 비상용 승강기의 승강장 기준에 관한 내용으로 옳지 않은 것은?　　　제20회
상중하

① 벽 및 반자가 실내에 접하는 부분의 마감재료(마감을 위한 바탕을 포함한다)는 난연재료로 할 것

② 채광이 되는 창문이 있거나 예비전원에 의한 조명설비를 할 것

③ 승강장의 바닥면적은 비상용승강기 1대에 대하여 $6m^2$ 이상으로 할 것. 다만, 옥외에 승강장을 설치하는 경우에는 그러하지 아니하다.

④ 승강장 출입구 부근의 잘 보이는 곳에 당해 승강기가 비상용승강기임을 알 수 있는 표지를 할 것

⑤ 피난층이 있는 승강장의 출입구(승강장이 없는 경우에는 승강로의 출입구)로부터 도로 또는 공지(공원·광장 기타 이와 유사한 것으로서 피난 및 소화를 위한 당해 대지에의 출입에 지장이 없는 것을 말한다)에 이르는 거리가 30m 이하일 것

05 엘리베이터의 안전장치 중 카 부문에 설치되는 것은?　　　제26회
상중하

① 전자제동장치　　　　　　　② 리밋 스위치

③ 조속기　　　　　　　　　　④ 비상정지장치

⑤ 종점정지 스위치

06 엘리베이터의 안전장치에 관한 설명으로 옳지 않은 것은?
상중하

① 과부하감지장치 : 전자식으로 운전 중에는 항상 개방되어 있고, 정지시에 전원이 차단됨과 동시에 작동함

② 과속조절기 : 엘리베이터가 미리 설정된 속도에 도달할 때 엘리베이터를 정지시키도록 하고 필요한 경우에는 추락방지안전장치를 작동시키는 장치

③ 추락방지안전장치 : 과속 또는 매다는 장치가 파단될 경우 주행안내레일 상에서 카, 균형추, 또는 평형추를 정지시키고 그 정지 상태를 유지하기 위한 기계적 장치

④ 리미트 스위치, 파이널 리미트 스위치 : 승강기가 최상층 이상 및 최하층 이하로 운행되지 않도록 엘리베이터의 초과운행을 방지하여 줌

⑤ 카문 도어스위치 : 카문 구동장치에 취부된 카문 안전장치로서 문이 완전히 닫혀야만 카를 출발시키는 장치

07 엘리베이터에 관한 기술로서 옳지 않은 것은?

① 홀 도어는 각 층의 복도와 승강로를 차단하여 승객의 안전을 도모하기 위한 것이다.
② 권상기의 부하를 줄이기 위하여 카의 반대쪽 로프에 장치하는 것은 완충기이다.
③ 화이날 리미트 스위치는 카가 최상층에서 정상 운행위치를 벗어나 그 이상으로 운행하는 것을 방지하는 안전장치이다.
④ 조속기는 정격속도 1.3배 이내에서 작동하여 엘리베이터의 과속을 방지한다.
⑤ 전동기측의 회전동력을 로프에 전달하는 기기를 권상기라고 한다.

08 다음 운송설비에 대하여 잘못 설명한 것은 어느 것인가?

① 엘리베이터는 「건축법」상 6층 이상으로서 연면적 $2,000m^2$ 이상의 건축물에서는 승용승강기를 설치하여야 한다.
② 엘리베이터의 기계적 안전장치로는 조속기, 비상정지장치, 완충기 등이 있다.
③ 비상용승강기의 승강장 바닥면적은 옥외에 승강장을 설치하는 경우를 제외하고 비상용승강기 1대에 대하여 $6m^2$ 이상으로 한다.
④ 에스컬레이터는 경사도는 $30°$를 초과하지 않아야 한다. 다만, 높이가 6m 이하, 속도 30m/min 이하는 $35°$까지 가능하다.
⑤ 에스컬레이터의 디딤판의 양측에 이동 손잡이를 설치하고 이동 손잡이의 상단부가 디딤판과 반대방향, 동일속도로 움직이도록 한다.

09 엘리베이터의 안전장치에 관한 설명으로 옳지 않은 것은?

① 전자 − 기계 브레이크 : 전자식으로 운전 중에는 항상 개방되어 있고, 정지시에 전원이 차단됨과 동시에 작동함
② 과속조절기 : 엘리베이터가 미리 설정된 속도에 도달할 때 엘리베이터를 정지시키도록 하고 필요한 경우에는 추락방지안전장치를 작동시키는 장치
③ 추락방지안전장치 : 과속 또는 매다는 장치가 파단 될 경우 주행안내 레일상에서 카, 균형추, 또는 평형추를 정지시키고 그 정지 상태를 유지하기 위한 기계적 장치
④ 리미트 스위치, 파이널 리미트 스위치 : 승강기가 최상층 이상 및 최하층 이하로 운행되지 않도록 엘리베이터의 초과운행을 방지하여 줌
⑤ 과부하감지장치 : 카문 구동장치에 취부된 카문 안전장치로서 문이 완전히 닫혀야만 카를 출발시키는 장치

건축물 에너지절약설계기준 등

📖 **연계학습** 기본서 p.344~358

┌ 단·원·열·기 ┐

건축물 에너지절약설계기준 등에서 1문제 정도 출제되지만 기타 건축설비와 관련된 법에서도 출제된다. 건축물 에너지절약설계기준의 용어에 대한 정리가 필요하다.

대표문제 상 중 하

공동주택의 에너지절약을 위한 방법으로 옳지 않은 것은?

① 지하주차장의 환기용 팬은 이산화탄소(CO_2) 농도에 의한 자동(on-off) 제어방식을 도입한다.

② 난방기기, 냉방기기, 냉동기, 송풍기, 펌프 등은 부하조건에 따라 최고의 성능을 유지할 수 있도록 대수분할 또는 비례제어운전이 되도록 한다.

③ 급수가압펌프의 전동기에는 가변속제어방식 등 에너지절약적 제어방식을 채택한다.

④ 발코니 확장을 하는 공동주택이나 창 및 문의 면적이 큰 건물에는 단열성이 우수한 로이(Low-E) 복층창이나 삼중창 이상의 단열성능을 갖는 창을 설치한다.

⑤ 중간기 등에 외기도입에 의하여 냉방부하를 감소시키는 경우에는 실내 공기질을 저하시키지 않는 범위 내에서 이코노마이저시스템 등 외기냉방시스템을 적용한다.

해설

① 지하주차장의 환기용 팬은 일산화탄소(CO) 농도에 의한 자동(on-off) 제어방식을 도입한다.

✅ 정답 ①

01 건축물의 에너지절약설계기준상의 용어에 관한 설명 중 잘못된 것은 어느 것인가?

상 중 하

① "외피"라 함은 거실 또는 거실 외 공간을 둘러싸고 있는 벽·지붕·바닥·창 및 문 등으로서 외기에 직접 면하는 부위를 말한다.

② "방풍구조"라 함은 출입구에서 실내외 공기 교환에 의한 열출입을 방지할 목적으로 설치하는 방풍실 또는 회전문 등을 설치한 방식을 말한다.

③ "대수분할운전"이라 함은 기기를 여러 대 설치하여 부하상태에 따라 최적 운전상태를 유지할 수 있도록 기기를 조합하여 운전하는 방식을 말한다.

④ "비례제어운전"이라 함은 기기의 출력값과 목표값의 편차에 비례하여 입력량을 조절하여 최적운전상태를 유지할 수 있도록 운전하는 방식을 말한다.

⑤ "조도자동조절조명기구"라 함은 인체 또는 주위 밝기를 감지하여 자동으로 조명등을 점멸하거나 조도를 자동 조절할 수 있는 센서장치 또는 그 센서를 부착한 등기구로서 고효율인증제품 또는 동등 이상의 성능을 가진 것을 말하며, 백열전구와 LED센서등을 포함한다.

02 주요설비를 관리하는 부대설비(UPS, 항온/항습기, 분전반, 소화설비 등) 및 시스템

상 중 하

운영에 영향을 미치는 필수적인 요소(온도, 습도, 누수, 화재, 전력량 관리 등)의 장애 및 임계값 등을 실시간 감시함으로써 돌발적인 시스템의 운영 중단을 사전 예방하고 사고 발생시 신속한 대응을 함으로써 그 피해를 최소화하는 시스템과 관련된 용어는?

① COP   ② EPI
③ BEMS   ④ FMS
⑤ IBS

03 공동주택에서 난방설비, 급수설비 등의 제어 및 상태감시를 위해 사용되는 현장제

상 중 하

어 장치는?   제22회

① SPD   ② PID
③ VAV   ④ DDC
⑤ VVVF

대표문제 상중하

공동주택의 에너지절약을 위한 방법으로 옳지 않은 것은?   제24회

① 지하주차장의 환기용 팬은 이산화탄소(CO_2) 농도에 의한 자동(on-off) 제어방식을 도입한다.
② 부하특성, 부하종류, 계절부하 등을 고려하여 변압기의 운전대수제어가 가능하도록 뱅크를 구성한다.
③ 급수가압펌프의 전동기에는 가변속제어방식 등 에너지절약적 제어방식을 채택한다.
④ 역률개선용 콘덴서를 집합 설치하는 경우에는 역률자동조절장치를 설치한다.
⑤ 옥외등은 고효율 에너지기자재 인증제품으로 등록된 고휘도방전램프 또는 LED 램프를 사용한다.

해설

① 지하주차장의 환기용 팬은 일산화탄소(CO) 농도에 의한 자동(on-off) 제어방식을 도입한다.

✔ 정답 ①

04 상중하

공동주택의 에너지절약을 위한 방법으로 옳지 않은 것은?

① "TAB"라 함은 Testing(시험), Adjusting(조정), Balancing(평가)의 약어로 건물 내의 모든 설비시스템이 설계에서 의도한 기능을 발휘하도록 점검 및 조정하는 것을 말한다.
② "에너지요구량"이란 건축물의 냉방, 난방, 급탕, 조명부문에서 표준 설정 조건을 유지하기 위하여 해당 건축물에서 사용되는 에너지량을 말한다.
③ "이코노마이저시스템"이라 함은 중간기 또는 동계에 발생하는 냉방부하를 실내 엔탈피보다 낮은 도입 외기에 의하여 제거 또는 감소시키는 시스템을 말한다.
④ 냉방 또는 난방 순환수 펌프, 냉각수 순환 펌프는 운전효율을 증대시키기 위해 가능한 한 대수제어 또는 가변속제어방식을 채택하여 부하상태에 따라 최적 운전상태가 유지될 수 있도록 한다.
⑤ 건축물의 효율적인 기계설비 운영을 위해 TAB 또는 커미셔닝을 실시한다.

05 상중하

「신에너지 및 재생에너지 개발·이용·보급 촉진법」상 재생에너지에 해당하지 않는 것은?   제19회

① 풍력   ② 수소에너지   ③ 지열에너지
④ 해양에너지   ⑤ 태양에너지

대표문제 상 중 하

「공동주택 층간소음의 범위와 기준에 관한 규칙」상 층간소음에 관한 설명으로 옳지 않은 것은?

제25회

① 직접충격 소음은 뛰거나 걷는 동작 등으로 인하여 발생하는 층간소음이다.
② 공기전달 소음은 텔레비전, 음향기기 등의 사용으로 인하여 발생하는 층간소음이다.
③ 욕실, 화장실 및 다용도실 등에서 급수·배수로 인하여 발생하는 소음은 층간소음에 포함한다.
④ 층간소음의 기준 시간대는 주간은 06시부터 22시까지, 야간은 22시부터 06시까지로 구분한다.
⑤ 직접충격 소음은 1분간 등가소음도(Leq) 및 최고소음도(Lmax)로 평가한다.

해설

③ 욕실, 화장실 및 다용도실 등에서 급수·배수로 인하여 발생하는 소음은 층간소음에 제외한다.

> **공동주택 층간소음의 범위와 기준에 관한 규칙 제2조 【층간소음의 범위】** 공동주택 층간소음의 범위는 입주자 또는 사용자의 활동으로 인하여 발생하는 소음으로서 다른 입주자 또는 사용자에게 피해를 주는 다음 각 호의 소음으로 한다. 다만, 욕실, 화장실 및 다용도실 등에서 급수·배수로 인하여 발생하는 소음은 제외한다.
> 1. 직접충격 소음 : 뛰거나 걷는 동작 등으로 인하여 발생하는 소음
> 2. 공기전달 소음 : 텔레비전, 음향기기 등의 사용으로 인하여 발생하는 소음

🏠 **층간소음의 기준**(제3조 관련)

층간소음의 구분		층간소음의 기준[단위 : dB(A)]	
		주간 (06 : 00 ~ 22 : 00)	야간 (22 : 00 ~ 06 : 00)
1. 제2조 제1호에 따른 직접충격 소음	1분간 등가소음도 (Leq)	39	34
	최고소음도 (Lmax)	57	52
2. 제2조 제2호에 따른 공기전달 소음	5분간 등가소음도 (Leq)	45	40

비 고
1. 직접충격 소음은 1분간 등가소음도(Leq) 및 최고소음도(Lmax)로 평가하고, 공기전달 소음은 5분간 등가소음도(Leq)로 평가한다.
2. 위 표의 기준에도 불구하고 「공동주택관리법」 제2조 제1항 제1호 가목에 따른 공동주택으로서 「건축법」 제11조에 따라 건축허가를 받은 공동주택과 2005년 6월 30일 이전에 「주택법」 제15조에 따라 사업승인을 받은 공동주택의 직접충격 소음 기준에 대해서는 2024년 12월 31일까지는 위 표 제1호에 따른 기준에 5dB(A)을 더한 값을 적용하고, 2025년 1월 1일부터는 2dB(A)을 더한 값을 적용한다.
3. 층간소음의 측정방법은 「환경분야 시험·검사 등에 관한 법률」 제6조 제1항 제2호에 따른 소음·진동 분야의 공정시험기준에 따른다.
4. 1분간 등가소음도(Leq) 및 5분간 등가소음도(Leq)는 비고 제3호에 따라 측정한 값 중 가장 높은 값으로 한다.
5. 최고소음도(Lmax)는 1시간에 3회 이상 초과할 경우 그 기준을 초과한 것으로 본다.

✅ 정답 ③

06 다음은 「주택건설기준 등에 관한 규정」의 내용이다. (   )에 들어갈 알맞은 숫자는?

상중하

> **제14조의2【바닥구조】** 공동주택의 세대 내의 층간바닥(화장실의 바닥은 제외한다. 이하 이 조에서 같다)은 다음 각 호의 기준을 모두 충족해야 한다.
>
> 1. 콘크리트 슬래브 두께는 (㉠)밀리미터[라멘구조(보와 기둥을 통해서 내력이 전달되는 구조를 말한다. 이하 이 조에서 같다)의 공동주택은 (㉡) 밀리미터] 이상으로 할 것. 다만, 법 제51조 제1항에 따라 인정받은 공업화주택의 층간바닥은 예외로 한다.
> 2. 각 층간 바닥의 경량충격음(비교적 가볍고 딱딱한 충격에 의한 바닥충격음을 말한다) 및 중량충격음(무겁고 부드러운 충격에 의한 바닥충격음을 말한다)이 각각 (㉢)데시벨 이하인 구조일 것. 다만, 다음 각 목의 층간바닥은 그렇지 않다.
>   가. 라멘구조의 공동주택(법 제51조 제1항에 따라 인정받은 공업화주택은 제외한다)의 층간바닥
>   나. 가목의 공동주택 외의 공동주택 중 발코니, 현관 등 국토교통부령으로 정하는 부분의 층간바닥

① ㉠: 210, ㉡: 150, ㉢: 49
② ㉠: 210, ㉡: 150, ㉢: 50
③ ㉠: 150, ㉡: 210, ㉢: 58
④ ㉠: 150, ㉡: 210, ㉢: 50
⑤ ㉠: 210, ㉡: 150, ㉢: 53

07 수도법령상 절수설비와 절수기기의 종류 및 기준에 관한 일부 내용이다. (   )에 들어갈 내용으로 옳은 것은?   제26회

상중하

> 가. 수도꼭지
>   1) 공급수압 98kPa에서 최대토수유량이 1분당 (㉠) 리터 이하인 것. 다만, 공중용 화장실에 설치하는 수도꼭지는 1분당 (㉡) 리터 이하인 것이어야 한다.
>   2) 샤워용은 공급수압 98kPa에서 해당 수도꼭지에 샤워호스(Hose)를 부착한 상태로 측정한 최대토수유량이 1분당 (㉢) 리터 이하인 것

① ㉠: 5, ㉡: 5, ㉢: 8.5   ② ㉠: 6, ㉡: 5, ㉢: 7.5
③ ㉠: 6, ㉡: 6, ㉢: 7.5   ④ ㉠: 6, ㉡: 6, ㉢: 8.5
⑤ ㉠: 7, ㉡: 7, ㉢: 9.5

08 ⑧⑧⑪ 전기배선 기호 중 지중매설배선을 나타낸 것은? 제26회

① —————————————

② ··

③ — — — — — — — — —

④ —·—·—·—·—·—·—·

⑤ —··—··—··—··—

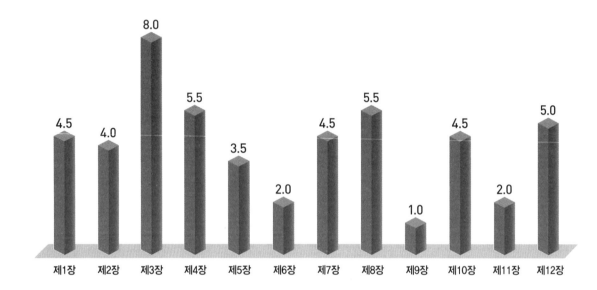

🔍 **최근 5년간 기출문제 분석**

건축구조는 거의 매년 모든 단원에서 골고루 그리고 각 장별로 일정한 문항수로 출제되고 있다. 그동안 시험에서 언급되지 않았던 내용과 지문이 출제되어 시험을 어렵게 보이게 했다. 제25회에서 철골구조와 조적구조에서 출제문항 수의 변동이 있었지만 제26회에서 철골구조 2문제로 다시 과거의 출제경향 문항수로 돌아왔다. 벽돌구조는 1문제에서 3문제로 늘었고, 기초구조는 1문제로, 지붕공사는 출제되지 않는 것으로 다소 변화가 있었지만 이는 뚜렷한 경향변화가 아니므로 시험 대비에는 크게 문제되지 않는다. 숫자에 관한 문제는 의외로 중요한 부분이 아니지만 중요 숫자에 대해서는 암기가 필요하다. 기본개념을 잘 이해하면 어떤 응용문제도 대응할 수 있으므로 좋은 점수를 획득할 수 있다.

구조총론

🗋 **연계학습** 기본서 p.362~384

단·원·열·기

구조 관련 1문제와 하중 관련 1문제가 출제되는데 최근 두 부분 중 하나는 난이도 최상의 문제가 출제되었으므로 주의를 요한다. 고득점이 필요한 수험생은 이 부분 대비가 필요하다.

대표문제 상중하

건축물의 구조에 관한 설명으로 옳지 않은 것은?

① 철골구조는 강재를 볼트, 용접 등의 접합 방법으로 조립한 부재 또는 단일 형강 등을 이용하여 구성한 구조이다.

② 철근콘크리트구조는 압축에 강한 철근과 인장에 강한 콘크리트를 일체화하여 만든 구조이다.

③ 프리캐스트구조는 부재를 현장 이외의 장소에서 제작하고 현장에 반입하여 조립하는 구조이다.

④ 전단벽식구조는 보와 기둥이 없이 슬래브와 벽체로 하중을 지지하는 구조이다.

⑤ 플랫 슬래브(Flat Slab)구조는 내부에 보를 사용하지 않고 기둥에 의하여 바닥(판) 슬래브를 직접 지지하는 구조이다.

해설

② 철근콘크리트구조는 압축이 아닌 인장에 강한 철근과 압축에 강한 콘크리트를 일체화하여 만든 구조이다.

✔ 정답 ②

01 건축구조와 관련된 용어의 설명과 사용성 등에 대한 설명으로 옳지 않은 것은?

① 부재력(部材力)이란 하중 및 외력에 의하여 구조부재에 생기는 축방향력·횡모멘트·전단력·비틀림력 등을 말한다.

② 구조내력이란 구조부재 및 이와 접하는 부분 등이 견딜 수 있는 부재력을 말한다.

③ 벽이라 함은 두께에 직각으로 측정한 수평치수가 그 두께의 3배를 넘는 수직부재를 말한다.

④ 건축물의 구조부재는 사용에 지장이 되는 변형이나 진동이 생기지 아니하도록 필요한 강성을 확보하여야 하며, 순간적인 파괴현상이 생기지 아니하도록 취성의 확보를 고려하여야 한다.

⑤ 구조부재로서 특히 부식이나 닳아 없어질 우려가 있는 것에 대하여는 이를 방지할 수 있는 재료를 사용하는 등 필요한 조치를 하여야 한다.

02 건축구조의 분류에 따른 기술 중 옳지 않은 것은 어느 것인가?

① 가구식구조는 각 부재의 접합 및 짜임새에 따라 구조체의 강도가 좌우된다.

② 일체식구조는 각 부분 구조가 일체화되어 비교적 균일한 강도를 가진다.

③ 조립식구조는 경제적이나 공기가 길다.

④ 조적식구조는 조적 단위재료의 접착강도가 클수록 좋다.

⑤ 습식구조는 동절기에 공사가 곤란하고 공기가 길다.

03 건축구조의 분류로 옳은 것은?   제21회

① 조적식구조 − 목구조

② 습식구조 − 철골구조

③ 일체식구조 − 철골철근콘크리트구조

④ 가구식구조 − 철근콘크리트구조

⑤ 건식구조 − 벽돌구조

04 구조 형식에 관한 설명으로 옳지 않은 것은?   제26회

① 조적조는 벽돌 등의 재료를 쌓는 구조로 벽식에 적합한 습식구조이다.

② 철근콘크리트 라멘구조는 일체식구조로 습식구조이다.

③ 트러스는 부재에 전단력이 작용하는 건식구조이다.

④ 플랫슬래브는 보가 없는 바닥판구조이며 습식구조이다.

⑤ 현수구조는 케이블에 인장력이 작용하는 건식구조이다.

05 건축물의 구조에 관한 설명으로 옳지 않은 것은?

① 커튼월은 공장 생산된 부재를 현장에서 조립하여 구성하는 비내력 외벽이다.
② 조적구조는 벽돌, 석재, 블록, ALC 등과 같은 조적재를 결합재 없이 쌓이는 구조이다.
③ 라멘구조는 기둥과 보가 강접합되어 이루어진 구조이다.
④ 아치구조는 주로 압축력을 전달하게 하는 구조이다.
⑤ 철근콘크리트구조는 철근과 콘크리트를 일체로 결합하여 콘크리트는 압축력, 철근은 인장력에 유효하게 작용하는 구조이다.

대표문제 상중하

건축물의 구조에 관한 설명으로 옳지 않은 것은?

① 내력벽구조는 자중과 상부로부터 전달되는 수직 및 수평방향의 하중을 벽체가 부담하도록 설계된 구조이다.
② 플랫 슬래브(Flat Slab)구조는 내부에 보를 사용하지 않고 기둥에 의하여 바닥(판) 슬래브를 직접 지지하는 구조이다.
③ 일체식구조는 라멘구조라고도 하며 기둥과 보를 이동단으로 접합한 구조이다.
④ 조적식구조는 벽돌, 시멘트 블록 등을 접착재료로 쌓아 만든 구조이다.
⑤ 프리캐스트구조는 부재를 현장 이외의 장소에서 제작하고 현장에 반입하여 조립하는 구조이다.

해설
③ 라멘구조는 기둥과 보를 강접합(이동단이 아닌 고정단)으로 접합한 구조이다.

✔ 정답 ③

06 다음 건축구조형식에 관한 설명으로 옳지 않은 것은?

① 아치구조는 인장력을 발생시키지 않고 압축력만으로 외력에 저항할 수 있도록 유도한 곡선 형태의 구조이다.
② 쉘구조는 조개껍질의 원리를 응용한 곡면판 구조로 얇은 두께로 넓은 경간의 지붕을 만들 수 있다.
③ 현수구조는 기둥과 기둥사이를 강제 케이블로 연결한 다음, 지붕 또는 바닥판을 매단 구조로서 케이블에는 압축력이 발생한다.
④ 플랫 슬래브구조는 뚫림 전단에 저항하기 위하여 지판과 주두를 설치한다.
⑤ 막구조는 텐트나 풍선과 같이 막이 갖는 인장력만으로 저항하는 구조형식이다.

07 건축물의 구조와 재료에 관한 설명으로 옳지 않은 것은?
상중하
① 플랫 슬래브(Flat Slab)구조는 내부에 보를 사용하지 않고 기둥에 의하여 바닥(판) 슬래브를 직접 지지하는 구조이다.
② 아치구조는 주로 압축력을 전달하게 하는 구조이다.
③ 현수구조는 케이블을 아치 모양으로 만들어 인장력의 발생을 제한한 구조이다.
④ 이중골조구조는 횡력의 25% 이상을 부담하는 연성모멘트골조가 전단벽이나 가새골조와 조합되어 있는 구조형식이다.
⑤ 골조 − 전단벽구조는 전단벽과 골조의 상호작용을 고려하여 강성에 비례하여 횡력을 저항하도록 설계되는 전단벽과 골조의 조합구조 시스템이다.

08 건축구조에 관한 설명으로 옳지 않은 것은?
상중하
① 구조내력이란 구조부재 및 이와 접하는 부분 등이 견딜 수 있는 부재력을 말한다.
② 지진하중은 건물의 중량에 응답계수를 곱하여 구한다.
③ 벽은 공간을 구획하는 수직부재로 장막벽, 내력벽 등이 있다.
④ 캔틸레버(Cantilever) 보는 한 쪽만 고정시키고 다른 쪽은 돌출시켜 하중을 지지하도록 한 구조이다.
⑤ 활하중은 신축 건축물 및 공작물의 구조계산과 기존 건축물의 안전성 검토 시 적용된다.

09 구조물에 작용하는 단기하중을 〈보기〉에서 모두 고른 것은?   제17회
상중하

┌─────────── 보기 ───────────┐
ㄱ 고정하중   ㄴ 풍하중   ㄷ 지진하중
ㄹ 적재하중   ㅁ 충격하중
└──────────────────────────┘

① ㄱ, ㄷ   ② ㄴ, ㄹ   ③ ㄱ, ㄴ, ㅁ
④ ㄱ, ㄷ, ㄹ   ⑤ ㄴ, ㄷ, ㅁ

10 다음 하중에 대하여 잘못 설명한 것은?

① 건축구조물 각 부분의 고정하중은 각 부분의 실상에 따라 산정한다.
② 건축구조물은 등분포 활하중과 집중 활하중 중에서 구조부재별로 더 작은 하중효과를 발생시키는 하중에 대하여 설계하여야 한다.
③ 주거용 건축물의 거실보다 공동주택의 공용실의 등분포 활하중을 더 크게 고려된다.
④ 최소 지상적설하중은 $0.5kN/m^2$로 한다.
⑤ 풍하중은 주골조설계용 수평풍하중·지붕풍하중과 외장재설계용 풍하중으로 구분한다.

대표문제 상중하

하중과 변형에 관한 용어 설명으로 옳은 것은?   제26회

① 고정하중은 기계설비 하중을 포함하지 않는다.
② 외력이 작용하는 구조부재 단면에 발생하는 단위면적당 힘의 크기를 응력도라 한다.
③ 외력을 받아 변형한 물체가 그 외력을 제거하면 본래의 모양으로 되돌아가는 성질을 소성이라고 한다.
④ 등분포 활하중은 저감해서 사용하면 안 된다.
⑤ 지진하중 계산을 위해 사용하는 밑면전단력은 구조물유효무게에 반비례한다.

해설

① 고정하중에서 고정된 기계설비 하중을 포함한다.
③ 외력을 받아 변형한 물체가 그 외력을 제거하면 본래의 모양으로 되돌아가는 성질을 탄성이라고 한다.
④ 지붕 활하중을 제외한 등분포 활하중은 부재의 영향면적이 $36m^2$ 이상인 경우 기본등분포 활하중에 다음의 활하중저감계수 C를 곱하여 저감할 수 있다.

$$C = 0.3 + \frac{4.2}{\sqrt{A}} \ (3.5-1)$$

여기서, C : 활하중저감계수
A : 영향면적(단, $A \geqq 36m^2$)
⑤ 지진하중 계산을 위해 사용하는 밑면전단력은 구조물유효무게에 비례한다.

● 정답 ②

11 다음 하중에 대한 설명으로 잘못된 것은?

① 활하중은 바닥면적당 등분포하중으로 환산하여 계산한다.

② 구조체나 벽체 등의 고정하중은 그 체적에 구성 재료의 단위용적중량을 곱하여 산정한다.

③ 구조골조용 풍하중은 설계풍력과 유효수압면적의 곱으로 산정하며, 밀폐형 건축물과 개방형 및 기타 구조물로 구분하여 설계높이, 속도압 등을 이용하여 산정한다.

④ 외장재용 풍하중은 외벽 및 외장마감재의 설계와 그 접합 등에 사용되는 풍하중이다.

⑤ 지붕적설하중은 건축물의 규모, 지붕의 형상, 기온, 풍속, 풍향 등을 고려하지 않고 재현 기간 100년에 대한 수직 최심적설깊이를 기준으로 일률적으로 계산한다.

12 다음 하중에 관한 설명으로 잘못된 것은?

① 고정하중은 건축구조물 자체의 무게와 구조물의 생애주기 중 지속적으로 작용하는 수직하중을 말한다.

② 고정하중은 각 부분의 중량은 사용하는 재료의 밀도, 단위체적중량, 조합중량을 사용하여 산정한다.

③ 활하중은 점유·사용에 의하여 발생할 것으로 예상되는 최대의 하중이어야 한다.

④ 사무실 또는 유사한 용도의 건물에서 가동성 경량칸막이벽이 설치될 가능성이 있는 경우에는 칸막이벽 하중으로 최소한 $1kN/m^2$를 고정하중에 추가하여야 한다.

⑤ 기본지상적설하중은 재현기간 100년에 대한 수직 최심적설깊이를 기준으로 한다.

대표문제 상중하

> 건축물에 작용하는 하중에 관한 설명으로 옳은 것은?　　　　제24회
>
> ① 고정하중과 활하중은 단기하중이다.
> ② 엘리베이터의 자중은 활하중에 포함된다.
> ③ 기본지상적설하중은 재현기간 100년에 대한 수직 최심적설깊이를 기준으로 한다.
> ④ 풍하중은 건축물 형태에 영향을 받지 않는다.
> ⑤ 반응수정계수가 클수록 산정된 지진하중의 크기도 커진다.
>
> **해설**
> ① 고정하중과 활하중은 장기하중이다.
> ② 엘리베이터의 자중은 고정하중에 포함된다.
> ④ 풍하중은 건물의 모양, 지리적 위치, 구조물의 표면 상태, 건물 높이 등에 따라 다르다.
> ⑤ 반응수정계수가 클수록 산정된 지진하중의 크기는 작아진다.
>
> ◎ 정답 ③

13 상중하

건축물의 구조설계에 적용하는 하중에 관한 설명으로 옳지 않은 것은?

① 기본지상적설하중은 재현기간 100년에 대한 수직 최심적설깊이를 기준으로 한다.
② 지붕 활하중을 제외한 등분포 활하중은 부재의 영향면적이 $36m^2$ 이상인 경우 기본등분포 활하중에 활하중저감계수를 곱하여 저감할 수 있다.
③ 사무실 용도의 건물에서 가동성 경량 칸막이벽은 고정하중이다.
④ 풍하중에서 설계속도압은 공기밀도에 비례하고 설계풍속의 제곱에 비례한다.
⑤ 지진하중 산정시 반응수정계수가 클수록 지진하중은 감소한다.

14 상중하

건축물에 작용하는 하중에 관한 설명으로 옳은 것을 모두 고른 것은?　　제23회

> ㉠ 풍하중과 지진하중은 수평하중이다.
> ㉡ 고정하중과 활하중은 단기하중이다.
> ㉢ 사무실 용도의 건물에서 가동성 경량 칸막이벽은 고정하중이다.
> ㉣ 지진하중 산정시 반응수정계수가 클수록 지진하중은 감소한다.

① ㉠, ㉡　　　　　　　　　　② ㉠, ㉣
③ ㉡, ㉢　　　　　　　　　　④ ㉠, ㉢, ㉣
⑤ ㉡, ㉢, ㉣

15 다음 구조와 관련된 용어의 설명으로 맞지 않는 것은?

상중하

① 고정하중은 구조체와 이에 부착된 비내력 부분 및 각종 설비 등의 중량에 의하여 구조물의 존치기간 중 지속적으로 작용하는 연직하중을 말한다.
② 활하중은 건축물 및 공작물을 점유·사용함으로써 발생하는 하중이다.
③ 내력벽 방식이란 수직하중과 횡력을 전단벽이 부담하는 구조방식을 말한다.
④ 모멘트골조방식은 수직하중과 횡력을 보와 기둥으로 구성된 라멘골조가 저항하는 구조방식이다.
⑤ 전단벽은 벽면에 작용하는 수직하중을 지지하도록 설계된 벽이다.

16 건축물에 작용하는 하중에 관한 설명으로 옳은 것을 모두 고른 지문은?

상중하

┌───┐
│ ㉠ 고정하중은 점유·사용에 의하여 발생할 것으로 예상되는 최소하중이어야 │
│   한다. │
│ ㉡ 공동주택에서 공용실의 기본 등분포 활하중은 주거용 구조물 거실의 활하 │
│   중보다 큰 값을 사용한다. │
│ ㉢ 풍하중에서 설계속도압은 공기밀도, 설계풍속의 제곱에 반비례한다. │
│ ㉣ 지진하중 산정시 반응수정계수가 클수록 지진하중은 감소한다. │
│ ㉤ 풍하중은 주골조설계용 수평풍하중·지붕풍하중과 외장재설계용 풍하중으 │
│   로 구분한다. │
└───┘

① ㉠, ㉡, ㉢, ㉣, ㉤   ② ㉠, ㉡, ㉢
③ ㉡, ㉢, ㉤   ④ ㉡, ㉣, ㉤
⑤ ㉢, ㉣

17 내진설계에 대한 설명으로 틀린 것은?

상중하

① 평면을 정형으로 계획하여 비틀림현상을 억제한다.
② 철근콘크리트 구조에서 기둥의 대근과 나선형 철근, 보의 늑근 배근 상태가 지진 발생시 파훼에 영향을 미친다.
③ 골조나 부재가 전단파괴보다는 휨파괴가 발생하도록 재료의 선택과 부재설계를 해야 한다.
④ 주구조체는 내진벽을 병용하여 배치하고 슬래브는 면내 전단력에 충분한 강성과 내력이 크게 계획되어야 한다.
⑤ 건축물은 연성 또는 인성을 갖는 건축물보다는 취성적 성질을 갖는 부재로 구성된 건축물이 지진 발생시 피해를 감소할 수 있다.

기초구조

📖 **연계학습** 기본서 p.386~411

┌ 단 · 원 · 열 · 기 ┐

2문제 정도 출제되며, 지반과 기초공사 관련 1문제와 기초의 종류와 관련 1문제가 출제되므로 이 부분 정리를 하면 될 것이다. 많은 양이 아니므로 기초의 종류와 흙막이시 주의사항 등 시공 관련 부분, 그리고 지반조사 관련 부분을 정리하는 것이 필요하다.

대표문제 상 중 하

점토지반과 사질토지반의 특성에 대한 설명으로 옳지 않은 것은?

① 점토지반의 내부마찰각은 사질토보다 작다.

② 점토지반은 불교란시료의 채취가 용이하다.

③ 점토지반에서는 양단부에서 침하가 일어나기 쉽다.

④ 사질토지반은 지진시 유동화 현상이 일어나기 쉽다.

⑤ 사질토지반의 예민비는 점토지반보다 적다.

해설

③ 사질토지반에서는 양단부에서 침하가 일어나기 쉽다.

✅ 정답 ③

01 상 중 하
표준관입시험에 관한 설명으로 옳은 것은?
제21회

① 점성토지반에서 실시하는 것을 원칙으로 한다.

② N값은 로드를 지반에 76cm 관입시키는 타격 횟수이다.

③ N값이 10~30인 모래지반은 조밀한 상태이다.

④ 표준관입시험에 사용하는 추의 무게는 65.3kgf이다.

⑤ 모래지반에서는 흐트러지지 않은 시료의 채취가 곤란하다.

02 다음 중 지반 조사에 관한 기술 중 옳은 것은?

① 점토질지반의 지중응력분포는 중앙부에서보다는 양단부가 더 적다.
② 평판재하시험은 말뚝의 지지력을 알아보는 시험이다.
③ 표준관입시험의 N치란 30cm 관입의 타격횟수이며 주로 사질 지반의 지지력 측정에 사용된다.
④ 말뚝재하시험은 말뚝기초에서의 구조해석을 위한 지반의 수평반력 계수를 구하기 위함이다.
⑤ 베인테스트는 사질지반 밀실도를 측정하기 위한 시험이다.

03 지반내력(허용지내력)의 크기가 큰 것부터 옳게 나열한 것은?

① 화성암 - 수성암 - 자갈과 모래의 혼합물 - 자갈 - 모래 - 모래 섞인 점토
② 화성암 - 수성암 - 자갈 - 자갈과 모래의 혼합물 - 모래 섞인 점토 - 모래
③ 화성암 - 수성암 - 자갈과 모래의 혼합물 - 자갈 - 모래 섞인 점토 - 모래
④ 수성암 - 화성암 - 자갈 - 자갈과 모래의 혼합물 - 모래 - 모래 섞인 점토
⑤ 수성암 - 화성암 - 자갈과 모래의 혼합물 - 자갈 - 모래 섞인 점토 - 모래

04 다음 보기에서 설명하는 용어는 무엇인가?

─┤보기├─
지반에 하중을 가한 경우, 지반의 전단파괴에 대하여 안전하고, 또 지반의 전단변형에 의한 침하량이 허용값 이하인 지반의 지지 내력을 말한다.

① 허용하중   ② 극한지지력
③ 허용지지력   ④ 허용침하량
⑤ 항복값

05 다음 기초구조에 대한 설명으로 옳지 않은 것은?

① 톱다운 공법은 기존 구조물이 밀집된 도심지공사에서의 적용한다.
② 현장타설콘크리트 말뚝의 설치를 위한 공법으로 올케이싱 공법, 어스드릴 공법, RCD 공법 등이 있다.
③ 슬러리 월(Slurry Wall)은 터파기 공사의 흙막이벽으로 사용함과 동시에 구조벽체로 활용할 수 있다.
④ 기초가 놓이는 지반의 허용지내력과 기둥에서 전달되는 사용 하중으로부터 기초의 크기를 산정할 수 있다.
⑤ 점토지반의 경우 수직하중을 가하면 접지압은 주변에서 최소이고 중앙에서 최대가 된다.

06 다음 지반과 관련된 용어와 용어의 설명으로 잘못된 것은?

① 기초란 기초판과 지정 등을 뜻하며, 상부구조에 대응하여 부를 때는 기초구조라고 하기도 한다.
② 직접기초는 기둥이나 벽체의 밑면을 기초판으로 확대하여 상부구조의 하중을 지반에 직접 전달하는 기초형식으로서 기초판 저면지반의 전단저항력으로 하중을 지지한다.
③ 분사현상이란 모래층에서 수압차로 인하여 모래입자가 부풀어 오르는 현상으로 보일링 현상이라고도 한다.
④ 융기현상이란 연약한 모래 지반에서 땅파기 외측의 흙의 중량으로 인하여 땅파기 된 저면이 부풀어 오르는 현상으로 히빙이라고도 한다.
⑤ 접지압은 직접기초에 따른 기초판 또는 말뚝기초에서 선단과 지반 간에 작용하는 압력이다.

대표문제 상 중 하

기초구조 및 터파기 공법에 관한 설명으로 옳은 것은?   제25회

① 서로 다른 종류의 지정을 사용하면 부등침하를 방지할 수 있다.

② 지중보는 부등침하 억제에 영향을 미치지 못한다.

③ 2개의 기둥에서 전달되는 하중을 1개의 기초판으로 지지하는 방식의 기초를 연속기초라고 한다.

④ 웰포인트 공법은 점토질 지반의 대표적인 연약 지반 개량공법이다.

⑤ 중앙부를 먼저 굴토하고 구조체를 설치한 후, 외주부를 굴토하는 공법을 아일랜드 컷 공법이라 한다.

해설

① 부등침하를 방지하기 위해 서로 다른 종류의 지정을 사용하지 않도록 한다.

② 지중보는 부등침하 억제에 효과가 있다.

③ 2개의 기둥에서 전달되는 하중을 1개의 기초판으로 지지하는 방식의 기초를 복합기초라고 한다.

④ 웰포인트 공법은 사질토 지반의 대표적인 연약 지반 개량공법이다.

◆ 정답 ⑤

07 상 중 하

흙막이 공사에서 발생하는 현상에 관한 설명으로 옳은 것을 모두 고른 것은?

제23회

> ㉠ 히빙: 사질지반이 급속 하중에 의해 전단저항력을 상실하고 마치 액체와 같이 거동하는 현상
> ㉡ 파이핑: 부실한 흙막이의 이음새 또는 구멍을 통한 누수로 인해 토사가 유실되는 현상
> ㉢ 보일링: 연약한 점성토 지반에서 땅파기 외측의 흙의 중량으로 인하여 땅파기된 저면이 부풀어 오르는 현상

① ㉠   ② ㉡   ③ ㉠, ㉢

④ ㉡, ㉢   ⑤ ㉠, ㉡, ㉢

08 터파기 공사의 흙막이벽으로 사용함과 동시에 구조벽체로 활용할 수 있는 것은?
상중하
① RCD(Reverse Circulation Drill) 공법
② 샌드 드레인(Sand Drain) 공법
③ 오픈 컷(Open Cut) 공법
④ 탑 다운(Top Down) 공법
⑤ 슬러리 월(Slurry Wall)

09 벽 또는 일련의 기둥으로부터의 응력을 띠 모양으로 하여 지반 또는 지정에 전달하
상중하
는 기초의 형식은?   제22회
① 병용기초   ② 독립기초
③ 연속기초   ④ 복합기초
⑤ 온통기초

10 건축물의 지정 및 기초에 관한 설명으로 옳지 않은 것은?
상중하
① 지정은 기초를 안전하게 지지하기 위하여 기초를 보강하거나 지반의 내력
을 보강하는 것이다.
② 지정 및 기초공사 재료는 시멘트 대체재료, 순환골재 등 순환자원의 사용을
적극적으로 고려한다.
③ 연속기초는 건축물의 밑바닥 전부를 두꺼운 기초판으로 한 것이다.
④ 현장타설 콘크리트말뚝(제자리 콘크리트말뚝)은 지중에 구멍을 뚫어 그 속
에 조립된 철근을 설치하고 콘크리트를 타설하여 형성하는 말뚝을 말한다.
⑤ 현장타설 콘크리트 말뚝 기초공사시 말뚝구멍을 굴착한 후 저면의 슬라임
제거에 유의해야 한다.

11 ( )에 들어갈 기초의 명칭은?

> • (㉠)기초: 기초 폭에 비하여 근입 깊이가 얕고 상부 구조물의 하중을 분산시켜 기초하부 지반에 직접 전달하는 기초
> • (㉡)기초: 기둥이나 벽체의 밑면을 기초판으로 확대하여 상부구조의 하중을 지반에 직접 전달하는 기초
> • (㉢)기초: 기초의 지반 근입 깊이가 깊고 상부구조물의 하중을 말뚝 등에 의해 깊은 지지층으로 전달하는 기초형식

① ㉠: 직접, ㉡: 연속, ㉢: 깊은
② ㉠: 얕은, ㉡: 직접, ㉢: 깊은
③ ㉠: 독립, ㉡: 연속, ㉢: 온통
④ ㉠: 깊은, ㉡: 얕은, ㉢: 말뚝
⑤ ㉠: 얕은, ㉡: 깊은, ㉢: 말뚝

12 건축물의 지정 및 기초공사에 관한 설명으로 옳지 않은 것은?

① 지지말뚝은 굳은 지반까지 말뚝이 되어 기둥처럼 하중을 지지하는 말뚝이다.
② 지반의 연질층이 매우 두꺼운 경우 말뚝을 박아 말뚝 표면과 주위 흙과의 마찰력으로 하중을 지지하는 말뚝을 마찰말뚝이라 한다.
③ 사질지반의 경우 수직하중을 가하면 접지압은 주변에서 최대이고 중앙에서 최소가 된다.
④ 동일 건물에서는 지지말뚝과 마찰말뚝을 혼용하지 않는 것이 좋다.
⑤ 기성콘크리트 말뚝의 설치방법은 타격공법, 진동공법, 압입공법 등이 있다.

13 다음 말뚝에 관한 사항 중 틀린 것은?

① 말뚝은 보통 마찰력, 지지력과 부력 등을 동시에 받는다.
② 동일 건물에서는 지지말뚝과 마찰말뚝은 겸용해도 좋다.
③ 무리말뚝에서 말뚝 각재의 지지력은 단일말뚝에서의 지지력에 비해서 작다.
④ 지지말뚝은 굳은 지반까지 말뚝이 도달되어 기둥처럼 하중을 지지하는 말뚝이다.
⑤ 기초 하부 지반이 단단할 경우, 상부 하중을 충분히 지탱할 경우는 말뚝을 박지 않아도 된다.

대표문제 상 중 하

( )에 들어갈 기초구조와 관련하여 옳은 것은?

- (㉠): 연약한 점성토 지반에서 땅파기 외측의 흙의 중량으로 인하여 땅파기된 저면이 부풀어 오르는 현상
- (㉡): 흙막이 저면이 투수성이 좋은 사질 지반이고, 지하수가 지반의 가까운 곳에 있을 경우에 사질 지반이 부력을 받아 감당하지 못하여 지하수와 모래가 함께 솟아오르는 현상
- (㉢): 사질지반이 급속 하중에 의해 전단저항력을 상실하고 마치 액체와 같이 거동하는 현상

① ㉠: 히빙현상,   ㉡: 보일링현상, ㉢: 액상화현상
② ㉠: 히빙현상,   ㉡: 액상화현상, ㉢: 파이핑현상
③ ㉠: 보일링현상, ㉡: 히빙현상,   ㉢: 액상화현상
④ ㉠: 액상화현상, ㉡: 히빙현상,   ㉢: 보일링현상
⑤ ㉠: 보일링현상, ㉡: 액상화현상, ㉢: 파이핑현상

해설

㉠ 히빙현상 : 연약한 점성토 지반에서 땅파기 외측의 흙의 중량으로 인하여 땅파기된 저면이 부풀어 오르는 현상
㉡ 보일링현상 : 흙막이 저면이 투수성이 좋은 사질 지반이고, 지하수가 지반의 가까운 곳에 있을 경우에 사질 지반이 부력을 받아 감당하지 못하여 지하수와 모래가 함께 솟아오르는 현상
㉢ 액상화현상(유동화현상) : 사질지반이 급속 하중에 의해 전단저항력을 상실하고 마치 액체와 같이 거동하는 현상

✔ 정답 ①

14 상 중 하 **다음 말뚝기초에 대하여 잘못 설명한 것은?**

① 지정 및 기초공사 재료는 재사용·재활용이 용이한 제품을 우선적으로 사용할 수 있도록 고려한다.
② 기초판의 저면은 동결심도 이하에 위치하여야 한다.
③ 현장타설 콘크리트말뚝(제자리 콘크리트말뚝)은 지중에 구멍을 뚫어 그 속에 조립된 철근을 설치하고 콘크리트를 타설하여 형성하는 말뚝을 말한다.
④ 지지말뚝은 굳은 지반까지 말뚝이 되어 기둥처럼 하중을 지지하는 말뚝이다.
⑤ 지정된 유효길이보다 더 짧은 말뚝에 의해 규정된 지내력을 확보할 수 있는 곳에서는 더 짧은 말뚝을 설치할 수 있다.

15 다음 말뚝기초에 관하여 잘못 설명한 것은?

① 말뚝에 작용하는 압축, 인장, 전단, 휨응력이 모두 허용응력 범위 안에 있어야 한다.

② 말뚝과 기초 푸팅의 연결부, 말뚝의 이음부 등은 확실하게 시공할 수 있도록 설계한다.

③ 말뚝을 소요 지지층까지 관입시킬 수 있는 공법을 선정한다.

④ 지반의 액상화 가능성에 대하여 검토한다.

⑤ 말뚝의 배열은 연직하중 작용점에 대하여 가능한 한 비대칭을 이루며 각 말뚝의 하중 분담률이 큰 차이가 나도록 한다.

16 다음 말뚝기초에 대하여 잘못 설명한 것은?

① 말뚝기초의 연직하중은 말뚝에 의해서 지지되는 것과 기초푸팅에 의해 지지되는 것으로 나누어서 고려한다.

② 말뚝기초의 횡방향 하중은 말뚝에 의해서 지지되는 것으로 한다.

③ 말뚝의 배열은 연직하중 작용점에 대하여 가능한 한 대칭을 이루며 각 말뚝의 하중 분담률이 큰 차이가 나지 않도록 한다.

④ 말뚝간격은 최소한 말뚝직경의 2.5배 이상, 푸팅측면과 말뚝중심 간의 거리는 최소 말뚝직경의 1.25배 이상으로 한다.

⑤ 기성콘크리트말뚝의 사용하는 콘크리트의 설계기준강도는 35MPa 이상으로 하고 허용지지력은 말뚝의 최소단면에 대하여 구하는 것으로 한다.

대표문제 상 중 하

건축물의 부동침하 원인으로 옳지 않은 것은?   제15회

① 건축물의 일부에만 지정을 한 경우

② 지하수위가 부분적으로 변경되는 경우

③ 건축물이 이질 지반에 걸쳐 있는 경우

④ 지하의 일부 구간에 매설물이 있는 경우

⑤ 각각의 독립기초판 지내력의 차이가 없는 경우

해설

⑤ 각각의 독립기초판에 지내력의 차이가 있다면 부동침하의 원인이 될 수 있지만 차이가 없는 경우는 부동침하의 원인으로 볼 수 없다.

✔ 정답 ⑤

17 지반을 개량하거나 강화하기 위한 지반개량 공법에 해당되지 않는 것은? 제12회

상중하

① 치환 공법
② 다짐 공법
③ 생석회 공법
④ 샌드 드레인 공법
⑤ 아일랜드 공법

18 부동(부등)침하에 의한 건축물의 피해현상이 아닌 것은? 제19회

상중하

① 구조체의 균열
② 구조체의 기울어짐
③ 구조체의 건조 수축
④ 구조체의 누수
⑤ 마감재의 변형

19 다음 중 연약지반에 대한 대책 중 상부구조에 대한 대책이 아닌 것은?

상중하

① 건물의 경량화
② 연약층의 두께가 다른 경우 중량의 배분을 고려한다.
③ 상부구조의 강성, 특히 기둥의 강성을 높이는 것은 부동침하를 감소시키는 데 유효하다.
④ 연약지반 지역에서는 인동간격을 가능한 크게 하는 것이 바람직하다.
⑤ 건물의 평면형은 가능한 정방형에 가까운 것으로 한다.

20 부동침하에 대한 내용 중 잘못 설명한 것은?

상중하

① 사질토지반에서는 즉시침하가 발생한다.
② 점성토지반에서는 장기압밀침하가 발생한다.
③ 부동침하로 인해 상부 구조물의 균열이나 누수, 지반의 침하 등이 발생한다.
④ 부동침하에 대한 대책으로 이질 지반시 복합기초를 시공한다.
⑤ 건물의 평면 길이를 되도록 길게 한다.

21 다음 부동침하에 대한 대책으로 볼 수 없는 것은?

① 연약지반을 개량한다.
② 지하수위의 변동을 방지한다.
③ 이질 지반시 복합기초를 시공한다.
④ 언더피닝 공법으로 보강한다.
⑤ 동일지반시 이질 지정을 적용한다.

22 기초구조에 관한 설명으로 옳지 않은 것은?

① 직접기초는 예상 최대하중에 대해서 상부구조가 파괴되거나 전도되지 않아야 한다.
② 직접기초는 일상적으로 작용하는 하중상태에서는 구조물의 사용성이나 내구성에 지장을 주는 과대한 침하나 변형이 발생되지 않도록 하여야 한다.
③ 기초가 놓이는 지반의 허용지내력과 기둥에서 전달되는 사용 하중으로부터 기초의 크기를 산정할 수 있다.
④ 기초판은 규정에 따라 계수하중과 그에 의해 발생되는 반력에 견디도록 설계하여야 한다.
⑤ 동일 구조물에서는 타입말뚝, 매입말뚝 및 현장타설콘크리트말뚝과 혼용, 재종이 다른 말뚝의 사용을 하는 것이 좋다.

23 부동침하에 대하여 잘못 설명한 것은?

① 사질토 지반에서는 양단부에서 침하가 일어나기 쉽다.
② 부동침하에 대한 대책으로 이질 지반시 복합기초를 시공한다.
③ 점성토 연약지반 개량공법으로 선행재하공법(Preloading공법)이나, 생석회 말뚝공법, 전기침투공법 등을 사용할 수 있다.
④ 연약지반 지역에서는 인동간격을 가능한 크게 하는 것이 바람직하다.
⑤ 건물의 평면형은 가능한 장방형에 가까운 것으로 한다.

철근콘크리트

📖 **연계학습** 기본서 p.412~479

단·원·열·기

보통 3문제 이상이 출제되며 다른 장보다 내용이 많다. 철근공사와 균열 관련 내용을 정리하고 거푸집, 물·시멘트비, 워커빌리티, 이어치기 등과 각 부재 관련 등 기타 내용을 정리할 필요가 있다.

대표문제 상중하

철근콘크리트구조에 관한 설명으로 옳지 않은 것은?   제22회

① 콘크리트와 철근은 온도에 의한 선팽창계수가 비슷하여 일체화로 거동한다.

② 알칼리성인 콘크리트를 사용하여 철근의 부식을 방지한다.

③ 이형철근이 원형철근보다 콘크리트와의 부착강도가 크다.

④ 철근량이 같을 경우, 굵은 철근을 사용하는 것이 가는 철근을 사용하는 것보다 콘크리트와의 부착에 유리하다.

⑤ 건조수축 또는 온도변화에 의하여 콘크리트에 발생하는 균열을 방지하기 위해 사용하는 철근을 수축·온도철근이라 한다.

해설
④ 철근과 콘크리트와의 부착력은 철근의 표면적이 넓을수록 유리하므로 총표면적이 더 넓은 가는 철근을 사용하는 것이 굵은 철근을 사용하는 것보다 유리하다.

✅ 정답 ④

01 다음은 철근콘크리트구조에 관한 설명이다. 장점이 아닌 것은?   제1회

상중하

① 내풍·내진적이다.

② 내화적이다.

③ 내구적이고 전음도가 크다.

④ 크기 및 형상의 설계가 자유롭다.

⑤ 고층건물 지하 및 수중 구축을 할 수 있다.

02 철근콘크리트의 특성에 대한 설명으로 옳지 않은 것은?

① 철근과 콘크리트의 상호 부착력이 우수하여 구조체로서 일체성이 높다.

② 콘크리트의 알칼리성분은 철근의 녹을 방지하는 역할을 한다.

③ 철근과 콘크리트는 열에 의한 선팽창 및 수축계수가 유사하다.

④ 압축에 강한 콘크리트와 인장에 강한 철근을 결합하여 각각의 특성이 발휘되도록 한 구조체이다.

⑤ 철근콘크리트는 철근이 열에 약하기 때문에 내화에 취약하다.

대표문제 상중하

철근콘크리트구조의 특성에 관한 설명으로 옳은 것은?   제25회

① 콘크리트 탄성계수는 인장시험에 의해 결정된다.

② SD400 철근의 항복강도는 400N/mm이다.

③ 스터럽은 보의 사인장균열을 방지할 목적으로 설치한다.

④ 나선철근은 기둥의 휨내력 성능을 향상시킬 목적으로 설치한다.

⑤ 1방향 슬래브의 경우 단변방향보다 장변방향으로 하중이 더 많이 전달된다.

해설

① 콘크리트 탄성계수는 압축시험에 의해 결정된다.

② SD400 철근의 항복강도는 $400N/mm^2$이다.

④ 나선철근은 축방향 철근의 좌굴방지, 전단저항능력 성능향상, 심부콘크리트의 횡구속으로 기둥의 연성 능력 확보, 그리고 축방향 철근의 위치 고정 등이 있다.

⑤ 1방향 슬래브의 경우 장변방향보다 단변방향으로 하중이 더 많이 전달된다.

✔ 정답 ③

---

03 철근공사에 관한 설명으로 옳지 않은 것은?   제16회

① 작은 보의 주근은 큰 보에 정착한다.

② 사각형 띠철근으로 둘러싸인 기둥의 주근은 4개 이상으로 한다.

③ 스페이서는 철근의 피복두께를 유지하기 위해 사용한다.

④ 경간이 연속인 보의 하부근을 중앙부에서, 상부근은 단부에서 잇는다.

⑤ 배력근은 하중을 분산시키거나 균열을 제어할 목적으로 사용된다.

04 철근콘크리트구조에서의 부착력에 대한 설명 중 틀린 것은?
상중하
① 부착력은 원형철근보다 이형철근을 사용하는 것이 더 좋다.
② 철근의 주장이 큰 것이 부착력에는 좋다.
③ 수평철근보다 수직배근철근이 부착력이 더 좋다.
④ 동일단면적의 철근양이라면 굵은 철근을 사용하여 철근과 콘크리트 접촉면을 크게 해준다.
⑤ 콘크리트의 압축강도가 크면 부착력이 좋다.

05 철근공사에 관한 설명으로 옳지 않은 것은?
상중하
① 상온에서 철근의 가공은 일반적으로 냉간 가공을 원칙으로 한다.
② 겹침이음은 D35 이하의 철근에서 가능하다.
③ 주철근 표준갈고리의 각도는 180°, 135°와 90°로 분류된다.
④ 철근을 가스압접이음, 기계적이음, 용접이음하는 경우 이음부는 설계기준 항복강도의 125% 성능을 발휘할 수 있어야 한다.
⑤ 철근의 순간격이라 함은 철근 표면 간의 최단거리이며, 25mm 이상, 철근 공칭지름 이상으로 한다.

대표문제 상중하

철근의 정착 및 이음에 관한 설명으로 옳은 것은?   제25회
① D35 철근은 인장 겹침이음을 할 수 없다.
② 기둥의 주근은 큰 보에 정착한다.
③ 지중보의 주근은 기초 또는 기둥에 정착한다.
④ 보의 주근은 슬래브에 정착한다.
⑤ 갈고리로 가공하는 것은 인장과 압축 저항에 효과적이다.

해설
① D35 초과하는 철근은 겹침이음을 할 수 없다.
② 기둥의 주근은 기초에 정착한다.
④ 보의 주근은 기둥에 정착한다.
⑤ 갈고리로 가공하는 것은 인장저항에 효과적이지만 압축 저항에는 효과가 없다.

✔ 정답 ③

PART
02

06 철근에 관한 설명으로 옳은 것은?　　　　　　　　　　　　　　　　제23회
상중하
① 띠철근은 기둥 주근의 좌굴방지와 전단보강 역할을 한다.
② 갈고리(Hook)는 집중하중을 분산시키거나 균열을 제어할 목적으로 설치한다.
③ 원형철근은 콘크리트와의 부착력을 높이기 위해 표면에 마디와 리브를 가
　공할 철근이다.
④ 스터럽(Stirrup)은 보의 인장보강 및 주근 위치고정을 목적으로 배치한다.
⑤ SD400에서 400은 인장강도가 400MPa 이상을 의미한다.

07 철근공사에 관한 설명으로 옳지 않은 것은?
상중하
① 노출콘크리트 면에서 거푸집 면에 접하는 고임재 또는 간격재는 모르타르,
　콘크리트, 스테인리스, 플라스틱 등 부식되지 않는 제품을 사용하여야 한다.
② 철근 및 용접망의 가공은 담당원의 특별한 지시가 없는 한 가열가공은 금하
　고 상온에서 냉간가공한다.
③ 철근과 철근의 순간격은 25mm 이상, 철근 공칭지름 이상으로 한다.
④ 일반적으로 널리 사용되는 고임재 및 간격재에는 모르타르 제품, 콘크리트
　제품, 강제품, 플라스틱 제품, 세라믹 제품 등이 있으며, 사용되는 장소, 환경
　에 따라 적절한 것을 선정할 수 있다.
⑤ 서로 다른 크기의 철근을 인장 측에서 겹침이음하는 경우 D35 이하의 철근
　과 D35를 초과하는 철근은 겹침이음을 할 수 있다.

08 콘크리트를 부어 넣을 때 거푸집이 벌어지거나 변형되지 않게 연결 또는 고정하는
상중하 것은?　　　　　　　　　　　　　　　　　　　　　　　　　　　　제12회
① 스페이서(Spacer)
② 폼 타이(Form Tie)
③ 슬라이딩 폼(Sliding Form)
④ 세퍼레이터(Separator)
⑤ 스티프너(Stiffener)

대표문제 상중하

철근콘크리트공사의 거푸집에 관한 설명으로 옳지 않은 것은? 제19회

① 부어넣은 콘크리트가 소정의 형상·치수를 유지하기 위한 가설구조물이다.

② 거푸집 설계시 적용하는 하중에는 콘크리트 중량, 작업하중, 측압 등이 있다.

③ 거푸집널을 일정한 간격으로 유지하는 동시에 콘크리트 측압을 지지하기 위하여 긴결제(폼타이)를 사용한다.

④ 콘크리트의 측압은 슬럼프값이 클수록 작다.

⑤ 거푸집널과 철근 등의 간격을 유지하기 위하여 간격재(스페이서)를 사용한다.

해설
④ 콘크리트의 측압은 슬럼프값이 클수록 크다.

✅ 정답 ④

09 상중하 **거푸집 및 동바리의 해체에 관하여 잘못 설명한 것은?**

① 거푸집 및 동바리는 콘크리트가 자중 및 시공 중에 가해지는 하중을 지지할 수 있는 강도를 가질 때까지 해체할 수 없다.

② 기초, 보, 기둥, 벽 등의 측면 거푸집널 해체는 시험에 의해 콘크리트의 압축강도가 5MPa 이상을 만족할 때 시행하도록 한다.

③ ②의 경우 특히, 내구성이 중요한 구조물에서는 콘크리트 압축강도가 10MPa 이상일 때 거푸집널을 해체할 수 있다.

④ 거푸집널 존치기간 중 평균기온이 5℃ 이상인 경우는 콘크리트 재령이 보통 포틀란드 시멘트의 경우 3일 이상 경과하면 압축강도시험을 하지 않고도 해체할 수 있다.

⑤ 슬래브 및 보의 밑면, 아치 내면의 거푸집은 콘크리트의 압축강도가 단층구조인 경우 설계기준압축강도의 2/3배 이상 또한, 최소 14MPa 이상이어야 하고, 다층구조인 경우 설계기준 압축강도 이상이어야 한다.

대표문제 상중하

굳지 않은 콘크리트의 특성에 관한 설명으로 옳지 않은 것은? 제25회

① 물의 양에 따른 반죽의 질기를 컨시스턴시(Consistency)라고 한다.
② 재료분리가 발생하지 않는 범위에서 단위수량이 증가하면 워커빌리티(Workability)는 증가한다.
③ 골재의 입도 및 입형은 워커빌리티(Workability)에 영향을 미친다.
④ 물시멘트비가 커질수록 블리딩(Bleeding)의 양은 증가한다.
⑤ 콘크리트의 온도는 공기량에 영향을 주지 않는다.

해설
⑤ 콘크리트의 온도는 상승은 공기량이 감소한다.

✔ 정답 ⑤

10 상중하 **콘크리트공사에 관한 설명으로 옳지 않은 것은?** 제22회

① 보 및 기둥의 측면 거푸집은 콘크리트 압축강도가 5MPa 이상일 때 해체할 수 있다.
② 콘크리트의 배합에서 작업에 적합한 워커빌리티를 갖는 범위 내에서 단위수량은 될 수 있는 대로 적게 한다.
③ 콘크리트 혼합부터 부어넣기까지의 시간한도는 외기온이 25℃ 미만에서 120분, 25℃ 이상에서는 90분으로 한다.
④ VH(Vertical Horizontal) 분리타설은 수직부재를 먼저 타설하고 수평부재를 나중에 타설하는 공법이다.
⑤ 거푸집의 콘크리트 측압은 슬럼프가 클수록, 온도가 높을수록, 부배합일수록 크다.

11 상중하 **철근콘크리트공사에 관한 설명으로 옳은 것은?**

① SD400에서 400은 인장강도가 400MPa 이상을 의미한다.
② 철근 조립시 철근의 간격은 철근 지름의 1.25배 이상, 굵은 골재 최대치수의 1.5배 이상, 25mm 이상의 세 가지 값 중 최대값을 사용한다.
③ 기둥의 철근 피복두께는 띠철근(Hoop) 외면이 아닌 주철근 외면에서 콘크리트 표면까지의 거리를 말한다.
④ 거푸집의 존치기간을 콘크리트 압축강도 기준으로 결정할 경우에 기둥, 보, 벽 등의 측면은 최소 14MPa 이상으로 한다.
⑤ 스터럽(Stirrup)은 보의 전단보강 및 주근 위치고정을 목적으로 배치한다.

12 콘크리트 공사에 관한 설명으로 옳지 않은 것은?

① 기초, 보의 측면, 기둥, 벽의 거푸집널의 해체는 내구성이 중요한 구조물에서는 콘크리트의 압축강도가 10MPa 이상일 때 거푸집널을 해체할 수 있다.

② 콘크리트의 배합에서 작업에 적합한 워커빌리티를 갖는 범위 내에서 단위수량은 될 수 있는 대로 적게 한다.

③ 콘크리트의 허용 이어치기의 시간간격의 표준은 25℃ 초과할 때 2.0시간, 25℃ 이하에서는 2.5시간 이내이어야 한다.

④ 콘크리트의 강도발현은 온도가 높을수록 빨라진다.

⑤ 거푸집의 콘크리트 측압은 슬럼프가 클수록, 온도가 높을수록, 부배합일수록 크다.

13 콘크리트공사에서 시멘트 분말도가 크면 나타나는 현상으로 옳지 않은 것은?

제17회

① 수화작용이 빠르다.

② 조기강도가 커진다.

③ 시공연도가 좋아진다.

④ 균열발생이 적어진다.

⑤ 블리딩 현상이 감소된다.

14 콘크리트공사에 관한 설명으로 옳지 않은 것은?

① 철근방청상 유효한 대책을 강구하도록 하고, 그 방법을 공사시방서에 따른다 하더라도, 염화물량은 염소이온량으로서 0.60kg/m^2를 넘어서는 안 된다.

② 콘크리트 골재는 알칼리 골재반응을 일으킬 우려가 없어야 한다.

③ 저장 중에 약간이라도 굳은 시멘트는 공사에 사용하지 않아야 한다. 3개월 이상 장기간 저장한 시멘트는 사용하기에 앞서 재시험을 실시하여 그 품질을 확인한다.

④ 레디믹스트 콘크리트는 비빔 시작부터 타설 종료까지의 시간한도는 외기온이 25℃ 미만인 경우에는 120분으로 한다.

⑤ 구조물 및 구조 부재는 모든 단면에서 소요강도 이내의 설계강도를 갖도록 설계하여야 한다.

15 다음 중 콘크리트의 성질에 관한 설명 중 옳지 않은 것은?

① 크리프(Creep)란 콘크리트에 일정한 하중을 계속 주면 하중의 증가가 없어도 시간이 지남에 따라 변형이 증대하는 현상을 말한다.

② 시공연도란 강도가 크고 내구성이 있는 완전한 콘크리트를 제작할 수 있는 묽기를 말한다.

③ 블리딩이란 콘크리트 타설 후 표면에 물이 모이게 되는 현상으로 레이턴스(Laitance)원인이 된다.

④ 워커빌리티란 작업의 난이도 및 재료의 분리에 저항하는 정도를 나타내며 골재의 입도와도 밀접한 관계가 있다.

⑤ 단위수량이 많으면 컨시스턴시(Consistency)가 좋아 작업이 용이하고 재료분리가 일어나지 않는다.

16 콘크리트의 재료분리 발생 원인이 아닌 것은?   제24회

① 모르타르의 점성이 적은 경우
② 부어넣는 높이가 높은 경우
③ 입경이 작고 표면이 거친 구형의 골재를 사용한 경우
④ 단위 수량이 너무 많은 경우
⑤ 운반이나 다짐시 심한 진동을 가한 경우

17 콘크리트에 관한 기술로서 틀린 것은?

① 콘크리트의 강도는 대체로 물·시멘트비로 결정된다.
② 콘크리트는 알칼리성이므로 철근콘크리트로 할 때 철근을 방청하는 이점이 있다.
③ 일정한 물·시멘트비의 콘크리트에 공기연행제를 넣으면 워커빌리티를 증진시켜 내구성과 강도를 좋게 한다.
④ 물·시멘트비가 큰 콘크리트는 중성화가 빨라진다.
⑤ 콘크리트는 화재를 당해서도 결정수를 방출하게 되어 강도가 감소한다.

www.pmg.co.kr

대표문제 상중하

콘크리트의 시공성에 영향을 주는 요인에 관한 설명으로 옳은 것은? 제19회

① 쇄석 사용시 시공연도가 좋아진다.
② 온도가 높을수록 슬럼프값이 감소한다.
③ 시멘트의 분말도가 낮으면 시공연도가 나빠진다.
④ 시공연도는 일반적으로 빈배합이 부배합보다 좋다.
⑤ 단위수량이 크면 슬럼프값이 감소하고 반죽질기가 증가한다.

해설

① 쇄석 사용시 시공연도가 나빠진다.
④ 시공연도는 일반적으로 부배합이 빈배합보다 좋다.
⑤ 단위수량이 크면 슬럼프값이 증가하고 반죽질기가 감소한다.

✔ 정답 ②, ③

18 상중하

철근콘크리트구조의 변형 및 균열에 관한 설명으로 옳지 않은 것은?

① 크리프(Creep) 변형은 지속하중으로 인해 콘크리트에 발생하는 장기 변형이다.
② 건조수축균열은 물·시멘트비가 높을수록 증가한다.
③ AE제는 동결융해에 대한 저항성을 감소시킨다.
④ 보의 전단균열은 부재축에 경사방향으로 발생하는 균열이다.
⑤ 침하균열은 콘크리트 타설 후 자중에 의한 압밀로 철근배근을 따라 수평부재 상부면에 발생하는 균열이다.

19 상중하

철근콘크리트구조에서 사용성 및 내구성에 관하여 잘못 설명한 것은?

① 구조물 또는 부재가 사용기간 중 충분한 기능과 성능을 유지하기 위하여 계수하중으로 사용성과 내구성을 검토하여야 한다.
② 균열제어를 위한 철근은 필요로 하는 부재 단면의 주변에 분산시켜 배치하여야 하고, 이 경우 철근의 지름과 간격을 가능한 한 작게 하여야 한다.
③ 보 및 슬래브의 피로는 휨 및 전단에 대하여 검토하여야 한다.
④ 기둥의 피로는 검토하지 않아도 좋다.
⑤ 사용성 검토는 균열, 처짐, 피로의 영향 등을 고려하여 이루어져야 한다.

PART 02

대표문제 상 중 하

콘크리트의 압축강도에 관한 설명으로 옳지 않은 것은? 제15회

① 습윤환경보다 건조환경에서 양생된 콘크리트의 강도가 낮다.
② 콘크리트 배합시 사용되는 물의 양이 많을수록 강도는 저하된다.
③ 현장 타설 구조체 콘크리트는 양생온도가 높을수록 강도 발현이 촉진된다.
④ 시험용 공시체의 크기가 클수록, 재하속도가 느릴수록 강도는 커진다.
⑤ 타설 후 초기재령에 동결된 콘크리트는 그 후 적절한 양생을 하여도 강도가 회복되기 어렵다.

해설

④ 시험용 공시체의 크기가 작을수록, 재하속도가 빠를수록 강도는 커진다.

☑ 정답 ④

20 상 중 하

콘크리트 시공이음에 관한 설명으로 옳지 않은 것은?

① 시공이음은 될 수 있는 대로 전단력이 작은 위치에 설치하고, 부재의 압축력이 작용하는 방향과 직각이 되도록 하는 것이 원칙이다.
② 바닥판과 일체로 된 기둥 또는 벽의 시공이음은 바닥판과의 경계 부근에 설치한다. 헌치는 바닥판과 연속해서 콘크리트를 타설해야 한다.
③ 바닥틀의 시공이음은 슬래브 또는 보의 경간 중앙부 부근에 두어야 한다.
④ 보가 그 경간 중에서 작은 보와 교차할 경우에는 작은 보의 폭 거리만큼 떨어진 곳에 보의 시공이음을 설치한다.
⑤ 신축이음은 양쪽의 구조물 혹은 부재가 구속되지 않는 구조이어야 한다.

21 상 중 하

다음 콘크리트공사에 대하여 잘못 설명한 것은?

① 혼화제의 배합표시는 사용량에 대하여는 $m\ell/m^3$ 또는 g/m^3로 표시하며, 희석시키거나 녹이거나 하지 않은 것으로 나타낸다.
② 콘크리트는 타설한 후 습윤상태로 노출면이 마르지 않도록 하여야 하며, 수분의 증발에 따라 살수를 하여 습윤 상태로 보호하여야 한다.
③ 콘크리트의 받아들이기 품질검사 중 내구성검사는 공기량, 염소이온량을 측정하는 것으로 한다.
④ 압축강도에 의한 콘크리트의 품질 검사는 1회/1일이거나, 구조물의 중요도와 공사의 규모에 따라 120m³마다 1회, 배합이 변경될 때마다 실시한다.
⑤ 보가 그 경간 중에서 작은 보와 교차할 경우에는 작은 보의 폭 거리만큼 떨어진 곳에 보의 시공이음을 설치한다.

22 다음은 콘크리트 크리프에 대한 설명이다. 잘못된 것은?

상종하

① 물·시멘트비가 클수록 크리프가 크게 일어난다.
② 온도가 높을수록 크리프가 증가한다.
③ 응력이 클수록 크리프가 크게 일어난다.
④ 상대습도가 높을수록 크리프는 크게 일어난다.
⑤ 콘크리트의 강도·재령이 클수록 크리프는 작게 발생한다.

23 AE콘크리트 성질에 관한 기술 중 맞는 것은?

상종하

① 콘크리트의 슬럼프값을 작아지게 한다.
② 수량이 적어지므로 수밀성이 감소하고 동해에 대한 저항성이 증가한다.
③ 동일 물·시멘트비의 경우 강도를 높인다.
④ 철근과 부착강도가 약해진다.
⑤ 콘크리트의 수화발열량이 높아진다.

24 특수콘크리트에 관한 설명으로 옳지 않은 것은?   제15회

상종하

① 서중콘크리트는 일평균기온이 20℃를 넘는 시기에 타설되는 콘크리트이다.
② 한중콘크리트는 일평균기온이 4℃ 이하의 낮은 온도에서 타설되는 콘크리트이다.
③ 고유동콘크리트는 재료분리에 대한 저항성을 유지하면서 유동성을 현저하게 높여 밀실한 충전이 가능한 콘크리트이다.
④ 매스콘크리트는 수화열에 의한 균열의 고려가 필요한 콘크리트이다.
⑤ 수밀콘크리트는 수압이 구조체에 직접적인 영향을 미치는 구조물에서 방수, 방습 등을 목적으로 만들어진 흡수성과 투수성이 작은 콘크리트이다.

25 블리딩(Bleeding)현상의 방지책으로 적당하지 않은 것은?

상종하

① 물을 많이 사용한다.
② 슬럼프 값은 적게 한다.
③ 분말도가 높은 콘크리트를 사용한다.
④ 밀실한 콘크리트가 되도록 한다.
⑤ 골재 중에 유해물이 적어야 한다.

26 철근 및 철근 배근에 관한 설명으로 옳은 것은? 제26회

① 전단철근이 배근된 보의 피복두께는 보 표면에서 주근 표면까지의 거리이다.
② SD400 철근은 항복강도 $400N/mm^2$인 원형철근이다.
③ 나선기둥의 주근은 최소 4개로 한다.
④ 1방향 슬래브의 배력철근은 단변방향으로 배근한다.
⑤ 슬래브 주근은 배력철근보다 바깥 쪽에 배근한다.

대표문제 상중하

콘크리트의 균열에 관한 설명으로 옳은 것은? 제24회

① 침하균열은 콘크리트 표면에서 물의 증발속도가 블리딩 속도보다 빠른 경우에 발생한다.
② 소성수축균열은 굵은 철근 아래의 공극으로 콘크리트가 침하하여 철근 위에 발생한다.
③ 하중에 의한 균열은 설계하중을 초과하거나 부동침하 등의 원인으로 생기며 주로 망상균열이 불규칙하게 발생한다.
④ 온도균열은 콘크리트의 내·외부 온도차가 클수록, 단면치수가 클수록 발생하기 쉽다.
⑤ 건조수축균열은 콘크리트 경화 전 수분의 증발에 의한 체적 증가로 발생한다.

해설
① 소성수축균열은 콘크리트 표면에서 물의 증발속도가 블리딩 속도보다 빠른 경우에 발생한다.
② 침하균열은 굵은 철근 아래의 공극으로 콘크리트가 침하하여 철근 위에 발생한다.
③ 하중에 의한 균열은 설계하중을 초과하거나 부동침하 등의 원인으로 생기며 인장균열, 전단균열 등이 발생하며, 망상균열이 불규칙하게 발생하는 것은 주로 동결융해 등에 의해 나타난다.
⑤ 건조수축균열은 콘크리트 경화 후 수분의 증발에 의한 체적 감소로 발생한다.
  ✔ 정답 ④

27 다음 중 콘크리트의 재료적 요인에 의한 균열 원인이 아닌 것은?
상중하

① 시멘트의 이상 응결
② 침하 및 블리딩
③ 수화열
④ 골재에 함유된 점토분
⑤ 거푸집의 변형

28 다음 균열의 원인 중 시공적 요인에 의한 균열이 아닌 것은?
상중하

① 혼화제의 불균일한 분산
② 시멘트 수량 증가
③ 배근의 이동과 피복두께 감소
④ 초기양생 중의 급격한 건조
⑤ 동결·융해의 반복

29 콘크리트의 균열방지를 위한 일반적인 방법으로서 틀린 것은?
상중하

① 발열량이 적은 콘크리트를 사용한다.
② 수화열을 억제하는 혼화제를 사용한다.
③ 타설시의 콘크리트 온도를 낮춘다.
④ 시멘트의 사용량을 줄이고 물의 양을 증가시킨다.
⑤ 세골재의 입도가 큰 것을 사용한다.

대표문제 상중하

콘크리트의 균열발생 원인을 〈보기〉에서 모두 고른 것은?   제17회

| 보기 |
㉠ 시멘트의 이상 응결	㉡ 불균일한 타설 및 다짐
㉢ 시멘트의 수화열	㉣ 이어치기면의 처리 불량
㉤ 콘크리트의 중성화	

① ㉠, ㉣
② ㉡, ㉢
③ ㉠, ㉢, ㉤
④ ㉡, ㉢, ㉣, ㉤
⑤ ㉠, ㉡, ㉢, ㉣, ㉤

해설

⑤ 위의 예문은 모두 콘크리트의 균열발생의 원인이며 이밖에도 콘크리트의 염해, 중성화, 알칼리골재반응, 동결융해 등이 있다.

✔ 정답 ⑤

30 콘크리트 구조물에 발생하는 균열에 관한 설명으로 옳지 않은 것은? 제21회
① 보의 전단균열은 부재축에 경사방향으로 발생하는 균열이다.
② 침하균열은 배근된 철근 직경이 클수록 증가한다.
③ 건조수축균열은 물·시멘트비가 높을수록 증가한다.
④ 소성수축균열은 풍속이 약할수록 증가한다.
⑤ 온도균열은 콘크리트 내·외부의 온도차와 부재단면이 클수록 증가한다.

31 철근콘크리트 구조의 변형 및 균열에 관한 설명으로 옳지 않은 것은?
① 크리프(Creep) 변형은 지속하중으로 인해 콘크리트에 발생하는 장기 변형으로 습도가 낮을수록 변형은 증가한다.
② 침하균열은 배근된 철근 직경이 클수록 증가한다.
③ 콘크리트의 경화 전 균열에는 소성수축균열, 소성침하균열, 온도균열 등이 있다.
④ 중성화, 건조수축균열, 알칼리골재반응 등은 콘크리트 경화 후에 발생하는 균열이다.
⑤ 온도균열은 콘크리트 내·외부의 온도차와 부재단면이 작을수록 증가한다.

32 철근콘크리트 보의 균열 및 배근에 관한 설명으로 옳지 않은 것은? 제26회
① 늑근은 단부보다 중앙부에 많이 배근한다.
② 전달 균열은 사인장 균열 형태로 나타난다.
③ 양단 고정단 보의 단부 주근은 상부에 배근한다.
④ 주근은 휨균열 발생을 억제하기 위해 배근한다.
⑤ 휨균열은 보 중앙부에서 수직에 가까운 형태로 발생한다.

33 콘크리트 공사시 각종 줄눈(Joint)에 관한 설명으로 옳지 않은 것은? 제15회

① 콜드 조인트(Cold Joint)란 신·구 타설 콘크리트의 경계면에 발생되기 쉬운 이어치기의 불량부위를 말한다.

② 신축줄눈(Expansion Joint)이란 구조물이 장대한 경우 수축, 팽창에 따른 변위를 흡수하기 위해 설치하는 줄눈을 말한다.

③ 시공줄눈(Construction Joint)이란 시공 상의 여건 등에 의해 부어넣기 작업을 일시적으로 중단해야 하는 경우에 설치하는 줄눈을 말한다.

④ 조절줄눈(Control Joint)이란 콘크리트 구조체와 조적조가 접합되는 부위에 설치하는 줄눈을 말한다.

⑤ 지연줄눈(Delay Joint)이란 콘크리트의 침하나 수축의 편차가 크게 예상되는 경우에 일정 기간 방치하였다가 콘크리트를 추가적으로 타설하는 부위를 말한다.

34 프리스트레스트 콘크리트에 대한 설명으로 알맞지 않은 것은?

① 강재에 미리 인장력을 주어 압축 응력을 강화시킨 콘크리트이다.

② 철근 대신 피아노선을 사용한 콘크리트이다.

③ AE제를 넣어서 만든 콘크리트로서 열 차단용에 좋다.

④ 공장 생산품으로서 보통 콘크리트보다 재료의 단면을 줄일 수 있다.

⑤ 인장이나 휨에 대하여 균열이 생기지 않는다.

35 옹벽에 대한 설명으로 틀린 것은? 제10회

① 중력식 용벽은 자중으로 토압에 견디게 설계된 옹벽이다.

② 캔틸레버식 옹벽은 철근콘크리트로 만들어지며, T형 및 L형 등이 있다.

③ 부축벽식 옹벽은 캔틸레버식 용벽에 일정한 간격으로 부축벽을 설치하여 보강한 옹벽이다.

④ 옹벽에 설치하는 전단키(Shear Key)는 벽체의 전단파괴를 방지하는 역할을 한다.

⑤ 옹벽은 전도(Overturning)에 대한 안정성이 있어야 한다.

철골구조

📖 **연계학습** 기본서 p.480~513

┌ 단·원·열·기 ┐

보통 2문제 정도 출제된다. 예외적으로 제2회에서 4문제가 출제되었지만 제26회에서 2문제 출제되어 일시적인 것으로 생각된다. 철골 규격 등 기초적인 내용과 접합방식에서 용접 관련 내용, 보 관련 내용, 내화피복을 먼저 정리하고, 나머지 고력볼트 등 기타 내용에 대해서 정리할 필요가 있다.

대표문제 상**중**하

> **철골구조에 관한 설명으로 옳지 않은 것은?** 제24회
>
> ① 단면에 비하여 부재의 길이가 길고 두께가 얇아 좌굴되기 쉽다.
> ② 접합부의 시공과 품질관리가 어렵기 때문에 신중한 설계가 필요하다.
> ③ 강재의 취성파괴는 고온에서 인장할 때 또는 갑작스런 하중의 집중으로 생기기 쉽다.
> ④ 담금질은 강을 가열한 후 급랭하여 강도와 경도를 향상시키는 열처리 작업이다.
> ⑤ 고장력볼트접합은 철골부재간의 마찰력에 의해 응력을 전달하는 형식이다.
>
> **해설** ┄┄┄┄┄┄┄┄┄┄┄┄┄┄┄┄┄┄┄┄┄┄┄┄┄┄┄┄┄┄┄┄┄┄┄
> ③ 강재의 취성파괴는 부재의 응력이 탄성한계 내에서 충격하중에 의하여 부재가 갑자기 파괴되는 현상으로 주위 온도의 저하로 인한 부재의 인성이 감소되어 에너지 흡수능력이 저하되거나, 하중의 갑작스러운 집중 등에 의해 발생할 수 있다.
>
> ✔ 정답 ③

01 상**중**하

철근콘크리트구조와 비교하여 철골구조에 대한 설명으로 옳은 것은? 제11회

① 강재는 단면에 비해 부재가 세장하므로 좌굴을 일으키기가 쉽다.
② 철거시 폐기물 발생량이 많고 재료의 재사용이 불가능하다.
③ 고열에 강도가 저하되고 변형하기 쉽지만 진동이 잘 전달되지 않는다.
④ 강재는 재질이 균등하지만 연성이 작아서 큰 변위가 발생하는 부재에는 적당하지 않다.
⑤ 철골은 콘크리트보다 강도가 커서 부재 단면을 작게 할 수 있으나 비중이 커서 건물 전체의 중량이 무겁다.

02 구조용강재의 재질표시로 옳지 않은 것은? 제25회

상중하

① 일반구조용 압연강재: SS
② 용접구조용 압연강재: SM
③ 용접구조용 내후성 열간압연강재: SMA
④ 건축구조용 압연강재: SSC
⑤ 건축구조용 열간압연 H형강: SHN

03 철골공사 용어에 관한 설명으로 옳지 않은 것은? 제26회

상중하

① 커버플레이트(Cover Plate): 휨모멘트 저항
② 스티프너(Stiffener): 웨브(Web) 좌굴방지
③ 스터드 볼트(Stud Bolt): 휨 연결 철물
④ 플랜지(Flange): 휨모먼트 저항
⑤ 크레이터(Crater): 용접결함

04 철골구조에서 접합방법을 병용했을 때의 다음 기술 중 옳지 못한 것은?

상중하

① 고력볼트와 리벳을 병용하는 경우 각각의 허용응력에 따라 응력을 분담시킨다.
② 리벳과 볼트를 병용하는 경우 전응력을 리벳이 부담한다.
③ 리벳과 용접을 병용하는 경우 전응력을 용접이 부담한다.
④ 고력볼트와 용접을 병용하는 경우 각각의 허용응력에 따라 응력을 분담시킨다.
⑤ 용접과 리벳, 볼트를 병용하는 경우 전응력을 용접이 부담한다.

05 철골구조의 고장력볼트접합에 관한 설명으로 옳지 않은 것은?

상중하

① 고장력볼트 세트의 구성은 고장력볼트 1개, 너트 1개 및 와셔 2개로 구성한다.
② 모든 볼트머리와 너트 밑에 각각 와셔 1개씩 끼우고, 너트를 회전시켜서 조인다. 다만, 토크 - 전단형(T/S) 볼트는 너트 측에만 1개의 와셔를 사용한다.
③ 볼트의 조임 및 검사에 사용되는 기기 중 토크렌치와 축력계의 정밀도는 ±3% 오차 범위 이내가 되도록 충분히 정비된 것을 이용한다.
④ 볼트의 1차조임에서 본조임의 작업은 다음 날 이루어지는 것을 원칙으로 한다.
⑤ 볼트의 조임은 1차조임과 금매김, 본조임으로 나누어서 시행한다.

대표문제 상 중 하

철골구조에 관한 설명으로 옳은 것을 모두 고른 것은? 제25회

㉠ 고장력볼트를 먼저 시공한 후 용접을 한 경우, 응력은 용접이 모두 부담한다.
㉡ H형강 보의 플랜지(Flange)는 휨모멘트에 저항하고, 웨브(Web)는 전단력에 저항한다.
㉢ 볼트접합은 구조 안전성, 시공성 모두 우수하기 때문에 구조내력상 주요 부분 접합에 널리 적용된다.
㉣ 철골 보와 콘크리트슬래브 연결부에는 쉬어커넥터(Shear Connector)가 사용된다.

① ㉠, ㉢   ② ㉠, ㉣   ③ ㉡, ㉢
④ ㉡, ㉣   ⑤ ㉢, ㉣

해설

㉠ 고장력볼트를 먼저 시공한 후 용접을 한 경우, 응력은 각각 부담한다. 용접을 먼저 한 후 고장력볼트를 시공하면 전 응력을 용접이 부담한다.
㉢ 일반볼트접합은 가설건축물 등에 제한적으로 사용되며, 높은 강성이 요구되는 주요 구조부분에는 사용하지 않는다.

● 정답 ④

06 철골구조접합에 관한 설명으로 옳지 않은 것은? 제22회

상 중 하

① 일반볼트접합은 가설건축물 등에 제한적으로 사용되며, 높은 강성이 요구되는 주요 구조부분에는 사용하지 않는다.
② 언더 컷은 약한 전류로 인해 생기는 용접 결함의 하나이다.
③ 용접봉의 피복제 역할을 하는 분말상의 재료를 플럭스라 한다.
④ 고장력볼트접합은 응력집중이 적으므로 반복응력에 강하다.
⑤ 고장력볼트 마찰접합부의 마찰면은 녹막이칠을 하지 않는다.

07 다음 철골구조에 대한 설명으로 잘못된 것은?

상중하

① 강재는 재질이 균등하지만 인성이 커서 고층빌딩과 같이 큰 변위가 발생하는 부재에 적당하다.

② H형강 보에서 스티프너(Stiffener)는 전단 보강, 덧판(Cover Plate)는 휨 보강에 사용된다.

③ 하이브리드 빔(Hybrid Beam)은 플랜지와 웨브의 재질을 다르게 하여 조립시켜 휨성능을 높인 조립 보이다.

④ 인장재 결합부에 볼트를 사용하는 경우 볼트 구멍의 단면결손은 무시할 수 있다.

⑤ 고장력볼트접합은 접합부 강성이 높아 변형이 거의 없다.

대표문제 상중하

철골구조의 접합에 관한 설명으로 옳은 것을 모두 고른 것은?   제23회

㉠ 볼트접합은 주요 구조부재의 접합에 주로 사용된다.
㉡ 용접금속과 모재가 융합되지 않고 겹치는 용접결함을 언더 컷이라고 한다.
㉢ 볼트접합에서 게이지 라인상의 볼트 중심 간 간격을 피치라고 한다.
㉣ 용접을 먼저 시공하고 고력볼트를 시공하면 용접이 전체하중을 부담한다.

① ㉠, ㉡   ② ㉠, ㉣   ③ ㉢, ㉣
④ ㉠, ㉡, ㉢   ⑤ ㉡, ㉢, ㉣

해설
㉠ 볼트접합은 볼트의 전단력과 볼트와 접합재와의 지압에 의해 응력을 전달하는 접합방법으로 가설 건축물 등에 제한적으로 사용되며, 높은 강성이 요구되는 주요 구조부분에는 사용하지 않는다.
㉡ 용접금속과 모재가 융합되지 않고 겹치는 용접결함을 오버랩이라고 한다.

✓ 정답 ③

---

08 철골구조에 관한 설명으로 옳지 않은 것은?

상중하

① 가우징은 용접 중에 용접봉에서 튀어나오는 용접금속찌꺼기이다.
② H형강 보에서 스티프너(Stiffener)는 전단 보강, 덧판(Cover Plate)는 휨 보강에 사용된다.
③ 볼트의 지압파괴는 전단접합에서 발생하는 파괴의 일종이다.
④ 철골구조물에서 시어커넥터(Shear Connector)가 사용되는 부분은 철근콘크리트바닥판과 철골 보이다.
⑤ 일반볼트접합은 가설건축물 등에 제한적으로 사용되며, 높은 강성이 요구되는 주요 구조부분에는 사용하지 않는다.

09 철골구조에 관한 설명으로 옳지 않은 것은?   제12회

상중하

① 고장력볼트 죄임(조임)기구에는 임팩트 렌치, 토크 렌치 등이 있다.
② 고장력볼트접합은 부재간의 마찰력에 의하여 힘을 전달하는 마찰접합이 가능하다.
③ 얇은 강판에 적당한 간격으로 골을 내어 요철 가공한 것을 데크 플레이트라 하며 주로 바닥판 공사에 사용된다.
④ 시어커넥터(Shear Connector)는 철골 보에서 웨브의 좌굴을 방지하기 위해 사용된다.
⑤ 허니콤 보의 웨브는 설비의 배관 통로로 이용될 수 있다.

10 철골구조 접합에 관한 설명으로 옳지 않은 것은?

상중하

① 볼트의 지압파괴는 전단접합에서 발생하는 용접 결함의 하나이다.
② 언더 컷은 용접시 약한 전류로 인한 용접결함이다.
③ 볼트의 지압파괴는 전단접합에서 발생하는 파괴의 일종이다.
④ 볼트접합에서 게이지라인상의 볼트 중심 간 간격을 피치라고 한다.
⑤ 하이브리드 빔(Hybrid Beam)은 플랜지와 웨브의 재질을 다르게 하여 조립시켜 휨성능을 높인 조립보이다.

11 철골구조공사에 관한 설명으로 옳지 않은 것은?
상중하
① 게이지(Gauge)란 게이지라인과 게이지라인 사이의 거리를 말한다.
② 보통볼트접합은 볼트의 전단력과 볼트와 접합재의 지압응력에 의해 힘을 전달하는 방식이다.
③ H형강 보에서 플랜지의 휨 모멘트에 대한 보강으로 커버플레이트(Cover Plate)를 사용한다.
④ 아크용접을 할 때 비드(Bead) 끝에 오목하게 패인 결함을 언더 컷(Under Cut)이라 한다.
⑤ 그루브는 용접에서 두 부재 간 사이를 트이게 한 홈으로 용착금속을 채워넣는 부분이다.

대표문제 상중하

철골구조 용접접합에서 두 접합재의 면을 가공하지 않고 직각으로 맞추어 겹쳐지는 모서리 부분을 용접하는 방식은?   제25회

① 그루브(Groove)용접   ② 필릿(Fillet)용접
③ 플러그(Plug)용접   ④ 슬롯(Slot)용접
⑤ 스터드(Stud)용접

해설
② 필릿(Fillet)용접은 모재를 가공하지 않고 일정한 각도로 접합한 후 삼각형 모양으로 접합부를 용접하는 방법이다.

                                                    ✓ 정답 ②

---

12 철골공사에서 용접금속이 모재에 완전히 붙지 않고 겹쳐 있는 용접 결함은?
상중하
                                                    제20회
① 크랙(Crack)   ② 공기구멍(Blow Hole)
③ 오버랩(Overlap)   ④ 크레이터(Crater)
⑤ 언더컷(Under Cut)

PART

02

대표문제 상중하

철골구조의 일반적인 접합에 관한 설명으로 옳지 않은 것은?

① 큰 보와 작은 보의 접합은 단순지지의 경우가 많으므로 클립앵글 등을 사용하여 웨브(Web)만을 상호접합한다.
② 고장력볼트를 이용한 접합은 접합재 상호 간 생긴 마찰력으로 힘을 전달한다.
③ 접합부는 부재에 발생하는 응력이 완전히 전달되도록 하고 이음은 가능한 응력이 작게 되도록 한다.
④ 용접접합과 볼트접합을 병용할 경우에는 볼트를 조인 후 용접을 실시한다.
⑤ 압축재 결합부에 볼트를 사용하는 경우 볼트 구멍의 단면결손은 무시할 수 있다.

해설

④ 부재이음에는 용접과 볼트를 원칙적으로 병용해서는 안 되지만 불가피하게 병용할 경우에는 용접 후에 볼트를 조이는 것을 원칙으로 한다.

✔ 정답 ④

13 상중하 **건축공사표준시방서에서의 철골구조의 용접에 관한 설명으로 틀린 것은?**

① 용접부에서 수축에 대응하는 과도한 구속은 피하고 용접작업은 조립하는 날에 용접을 완료하여 도중에 중지하는 일이 없도록 해야 한다.
② 웨브를 고장력볼트접합, 플랜지를 현장용접하는 등의 볼트와 용접을 혼용하는 혼용접합을 사용하는 경우에는 원칙적으로 용접 후에 고장력볼트를 체결하도록 한다.
③ 모든 용접부는 육안검사를 실시한다.
④ 균열검사는 육안으로 하되, 특히 의심이 있을 때에는 자분탐상법 또는 침투탐상법으로 실시해야 한다.
⑤ 오버랩이 있어서는 안 된다.

14 건축공사표준시방서에서의 철골구조의 도장에 관한 설명으로 틀린 것은?
상중하
① 용접부는 일반 부위에 비해 도막결함이 발생하기 쉽고, 조기에 발청하기 쉬운 부분이므로 표면처리를 실시한 후 도장하여야 한다. 도막의 성능 및 내구력을 높이기 위해서 하도를 1회 추가 도장하여 보완하는 것이 좋다.

② 처음 1회째의 방청도장은 가공장에서 조립 전에 도장함을 원칙으로 하고, 화학처리를 하지 않은 것은 표면처리 직후에 도장한다.

③ 볼트는 형상에 요철이 많고 부식이 쉬우므로 도장하기 전에 방식 대책을 철저하게 수립하여야 한다.

④ 건조시간은 온도 약 20℃, 습도 약 75%일 때, 다음 공정까지의 최소 시간이고, 온도 및 습도의 조건이 크게 차이날 경우에는 담당원의 승인을 받아 건조시간(도막양생시간)을 결정한다.

⑤ 도료의 배합비율 및 시너의 희석비율은 용적비로 표시한다.

15 다음 용접 접합과 도장작업에 관하여 잘못 설명한 것은?
상중하
① 도료의 품질에 이상이 있는 경우에는 그것과 동일한 제조번호의 도료는 사용을 금한다.

② 용접부에서 수축에 대응하는 과도한 구속은 피하고 용접작업은 조립하는 날에 용접을 완료하여 도중에 중지하는 일이 없도록 해야 한다.

③ 접합부는 부재에 발생하는 응력이 완전히 전달되도록 하고 이음은 가능한 응력이 작게 되도록 한다.

④ 사용 중 가사시간이 경과한 경우는 사용을 중지하고 혼합된 잔여물은 폐기한다.

⑤ 부재를 고장력볼트로 접합하는 연결판 부위는 볼트를 조임하기 전 연결판 및 볼트를 표면처리한 다음 도장하여야 한다.

16 철골구조에 대하여 잘못 설명한 것은?
상중하
① 데크 플레이트는 강판에 적당한 간격으로 골 등을 낸 것으로 슬래브에 사용된다.

② 베이스 플레이트는 기둥으로부터 전달되는 힘을 기초에 전달하는 역할을 한다.

③ 게이지 라인이란 리벳, 볼트, 고력볼트의 중심선을 연결한 선이다.

④ 인장재는 반드시 좌굴을 생각할 필요가 있다.

⑤ 고력볼트접합은 고장력의 볼트를 사용하여 접합할 강재를 강하게 조이는 힘에 의해 생기는 마찰력에 의해 접합하는 형식이다.

대표문제 상중하

철골구조에 관한 설명으로 옳지 않은 것은? 제20회

① H형강 보의 플랜지는 전단력, 웨브는 휨모멘트에 저항한다.
② H형강 보에서 스티프너(Stiffener)는 전단 보강, 덧판(Cover Plate)는 휨 보강에 사용된다.
③ 볼트의 지압파괴는 전단접합에서 발생하는 파괴의 일종이다.
④ 절점 간은 대각선으로 연결하는 부재인 가새는 수평력에 저항하는 역할을 한다.
⑤ 압축재 결합부에 볼트를 사용하는 경우 볼트 구멍의 단면결손은 무시할 수 있다.

해설

① H형강 보의 플랜지는 휨모멘트, 웨브는 전단력에 저항한다.

✔ 정답 ①

---

17 상중하

강구조 보에서 중간 스티프너를 사용하는 목적 중에서 가장 적당한 것은?

① 커버 플레이트의 휨좌굴 방지
② 플랜지의 횡좌굴 방지
③ 웨브 플레이트의 좌굴 방지
④ 보의 비틀림 좌굴 방지
⑤ 플랜지의 전단 보강

18 상중하

철골구조공사에 관한 설명으로 옳지 않은 것은?

① 용접봉의 피복제 역할을 하는 분말상의 재료를 플럭스라 한다.
② H형강 보에서 플랜지의 국부좌굴 방지를 위해 스티프너를 사용한다.
③ 아크용접을 할 때 비드(Bead) 끝에 오목하게 패인 결함을 크레이터(Crater)라 한다.
④ 밀시트(Mill Sheet)는 강재의 품질보증서로 제조번호, 강재번호, 화학성분, 기계적 성질 등이 기록되어 있다.
⑤ 언더 컷(Under Cut)은 모재가 녹아 용착금속이 채워지지 않고 홈으로 남는 결함이다.

19 전단 열결재(Shear Connector)는 어느 부재에 사용되는가?

① 기둥과 보의 전단 접합 ② 기둥과 기초의 연결

③ 플레이트 거더 ④ 합성 보

⑤ 기둥과 기둥의 연결

20 철골구조와 관련된 용어의 설명으로 옳지 않은 것은?

① 고력볼트접합은 접합재 상호 간에 생긴 마찰력으로 힘을 전달하는 접합방법이다.

② 하이브리드 빔(Hybrid Beam)은 플랜지와 웨브의 재질을 다르게 하여 조립시켜 휨성능을 높인 조립 보이다.

③ 커버플레이트는 전단력에 의한 웨브의 좌굴을 방지하기 위해 사용된다.

④ 베이스 플레이트는 기둥으로부터 전달되는 힘을 기초에 전달하는 역할을 한다.

⑤ 데크 플레이트는 강판에 적당한 간격으로 골 등을 낸 것으로 슬래브에 사용된다.

21 철골구조의 일반적인 접합에 관한 설명으로 옳지 않은 것은? 제19회

① 큰 보와 작은 보의 접합은 단순지지의 경우가 많으므로 클립앵글 등을 사용하여 웨브(Web)만을 상호접합한다.

② 철골부재의 접합방법에는 볼트접합, 고력볼트접합, 용접접합 등이 있다.

③ 접합부는 부재에 발생하는 응력이 완전히 전달되도록 하고 이음은 가능한 응력이 작게 되도록 한다.

④ 용접접합과 볼트접합을 병용할 경우에는 볼트를 조인 후 용접을 실시한다.

⑤ 볼트조임 후 검사방법에는 토크관리법, 너트회전법, 조합법 등이 있다.

22 철골공사의 용접부 비파괴검사 방법인 초음파 탐상법의 특징으로 옳지 않은 것은? 제19회

① 복잡한 형상의 검사가 어렵다.

② 장치가 가볍고 기동성이 좋다.

③ T형 이음의 검사가 가능하다.

④ 소모품이 적게 든다.

⑤ 주로 표면결함 검출을 위해 사용한다.

23 철골구조의 내화피복공법에 관한 설명으로 옳지 않은 것은? 제24회

① 12/50[최고층수/최고높이(m)]를 초과하는 주거시설의 보·기둥은 2시간 이상의 내화구조 성능기준을 만족해야 한다.

② 뿜칠공법은 작업성능이 우수하고 시공가격이 저렴하지만 피복두께 및 밀도의 관리가 어렵다.

③ 합성공법은 이종재료의 적층이나 이질재료의 접합으로 일체화하여 내화성능을 발휘하는 공법이다.

④ 도장공법의 내화도료는 화재시 강재의 표면 도막이 발포·팽창하여 단열층을 형성한다.

⑤ 건식공법은 내화 및 단열성이 좋은 경량 성형판을 연결철물 또는 접착제를 이용하여 부착하는 공법이다.

24 철골조 내화피복공법에 관한 설명으로 옳지 않은 것은? 제26회

① 화재발생시 지정된 시간 동안 철골 부재의 내력을 유지하기 위하여 내화피복을 실시한다.

② 성형판 붙임공법은 작업능률이 우수하나, 재료 파손의 우려가 있다.

③ 뿜칠공법은 복잡한 형상에도 시공이 가능하며 균일한 피복두께의 확보가 용이하다.

④ 타설공법은 거푸집을 설치하여 철골부재에 콘크리트 등을 타설하는 공법이다.

⑤ 미장공법은 시공면적 $5m^2$당 1개소 단위로 핀 등을 이용하여 두께를 확인한다.

조적식구조

▢ **연계학습** 기본서 p.514~548

┌ 단·원·열·기 ┐

보통 2문제가 출제되는데 주로 벽돌구조 관련 내용에서 출제되었다. 따라서 이 부분에 대한 전반적인 정리가 필요하고, 블록구조와 돌구조는 부분적으로 정리해야 한다.

대표문제 상⦁중⦁하

조적구조에 관한 설명으로 옳지 않은 것은?　　　　　　제14회

① 내화벽돌은 흙 및 먼지 등을 청소하고 물축이기는 하지 않고 사용한다.

② 치장줄눈을 바를 경우에는 줄눈 모르타르가 굳기 전에 줄눈파기를 한다.

③ 테두리 보는 벽체의 일체화, 하중의 분산, 벽체의 균열방지 등의 목적으로 벽체 상부에 설치한다.

④ 영식쌓기는 한 켜는 길이쌓기로, 다음 켜는 마구리쌓기로 하며 모서리나 벽 끝에는 칠오토막을 쓴다.

⑤ 아치쌓기는 그 축선에 따라 미리 벽돌나누기를 하고 아치의 어깨에서부터 좌우 대칭형으로 균등하게 쌓는다.

해설

④ 영식쌓기는 한 켜는 길이쌓기, 다음 켜는 마구리쌓기로 하여 통줄눈이 발생하지 않도록 한 쌓기로 마구리켜의 모서리에 반절 또는 이오토막을 사용하여 구조적으로 가장 튼튼한 쌓기방식으로 내력벽에 주로 사용한다.

✔ 정답 ④

---

01 벽돌구조에 관한 설명으로 옳지 않은 것은?

상⦁중⦁하

① 내력벽으로 둘러싸인 바닥면적이 $60m^2$를 넘는 2층 건물인 경우에 1층 내력벽의 두께는 190mm 이상이어야 한다.

② 조적조 내력벽의 길이는 10m 이하로 한다

③ 내력벽으로 둘러싸인 부분의 바닥면적은 $80m^2$를 넘을 수 없다.

④ 2층 건물에서 2층 내력벽의 높이는 4m를 넘을 수 없다.

⑤ 벽돌벽체의 강도에 영향을 미치는 요소에는 벽돌자체의 강도, 쌓기방법, 쌓기작업의 정밀도 등이 있다.

02 벽돌쌓기에 관한 설명으로 옳지 않은 것은?
제14회

① 벽돌벽이 콘크리트 기둥(벽)이나 슬래브 하부면과 만날 때는 그 사이에 모르타르를 충전한다.
② 벽돌쌓기는 도면 또는 공사시방서에서 정한 바가 없을 때에는 미식쌓기로 한다.
③ 연속되는 벽면의 일부를 트이게 하여 나중쌓기로 할 때에는 그 부분을 층단 들여쌓기로 한다.
④ 벽돌벽이 블록벽과 서로 직각으로 만날 때에는 연결 철물을 만들어 블록 3단마다 보강하여 쌓는다.
⑤ 벽돌 내쌓기는 벽돌을 벽면에서 내밀어 쌓는 방법으로 벽돌 벽면 중간에서 1켜씩 내쌓기를 할 때에는 1/8B 내쌓기로 한다.

대표문제 상중하

벽돌구조의 쌓기방식에 관한 설명으로 옳지 않은 것은?
제25회

① 엇모쌓기는 벽돌을 45° 각도로 모서리가 면에 나오도록 쌓는 방식이다.
② 영롱쌓기는 벽돌벽에 구멍을 내어 쌓는 방식이다.
③ 공간쌓기는 벽돌벽의 중간에 공간을 두어 쌓는 방식이다.
④ 내쌓기는 장선 및 마루 등을 받치기 위해 벽돌을 벽면에서 내밀어 쌓는 방식이다.
⑤ 아치쌓기는 상부하중을 아치의 축선을 따라 인장력으로 하부에 전달되게 쌓는 방식이다.

해설
⑤ 아치쌓기는 상부하중을 아치의 축선을 따라 압축력으로 하부에 전달되게 쌓는 방식이다.

✔ 정답 ⑤

03 벽돌쌓기에 관한 설명으로 옳지 않은 것은?
제17회

① 하루의 쌓기 높이는 1.2m를 표준으로 하고, 최대 1.5m 이하로 한다.
② 가로 및 세로줄눈의 너비는 공사시방서에서 정한 바가 없을 때에는 10mm를 표준으로 한다.
③ 쌓기 직전에 붉은 벽돌은 물축임을 하지 않고, 시멘트 벽돌은 물축임을 한다.
④ 연속되는 벽면의 일부를 트이게 하여 나중쌓기로 할 때에는 그 부분을 층단 들여쌓기로 한다.
⑤ 벽돌쌓기는 공사시방서에서 정한 바가 없을 때에는 영식(영국식)쌓기 또는 화란식(네덜란드식)쌓기로 한다.

04 벽돌공사에 관한 설명으로 옳은 것은? 　　　　　　　　　　　　　제26회

상중하

① 벽량이란 내력벽 길이의 합을 그 층의 바닥면적으로 나눈 값으로 150mm/m² 미만이어야 한다.

② 공간쌓기에서 주 벽체는 정한 바가 없을 경우 안벽으로 한다.

③ 점토 및 콘크리트 벽돌은 압축강도, 흡수율, 소성도의 품질기준을 모두 만족하여야 한다.

④ 거친 아치쌓기란 벽돌을 쐐기 모양으로 다듬어 만든 아치로 줄눈은 아치에 중심에 모이게 하여야 한다.

⑤ 미식쌓기는 다섯 켜 길이쌓기 후 그 위 한 켜 마구리쌓기를 하는 방식이다.

대표문제 상중하

조적공사에 관한 설명으로 옳은 것은?

① 벽돌의 하루 쌓기높이는 1.2m(18켜 정도)를 표준으로 하고 최대 1.8m(27켜 정도) 이내로 한다.

② 치장줄눈의 깊이는 80mm를 표준으로 한다.

③ 공간쌓기의 목적은 방습, 방음, 단열, 방한, 방서이며 공간폭은 0.5B 이내로 하며, 보통 50~70mm, 단열재 두께 +10mm로 한다.

④ 인방 보는 좌우측 기둥이나 벽체에 100mm 이상 서로 물리도록 설치한다.

⑤ 창대벽돌의 윗면은 30° 정도의 경사로 옆세워 쌓는다.

> **해설**
> ① 벽돌의 하루 쌓기높이는 1.2m(18켜 정도)를 표준으로 하고 최대 1.5m(27켜 정도) 이내로 한다.
> ② 치장줄눈의 깊이는 6mm를 표준으로 한다
> ④ 인방 보는 양 끝을 벽체의 블록에 200mm 이상 걸치고, 또한 위에서 오는 하중을 전달할 충분한 길이로 한다.
> ⑤ 창대벽돌의 윗면은 15° 정도의 경사로 옆세워 쌓는다.
>
> 　　　　　　　　　　　　　　　　　　　　　　　　　　　　　　　✔ 정답 ③

05 조적식구조에 대한 다음 설명 중 틀린 것은?

① 벽돌은 소성이 잘된 벽돌을 사용하고 압축강도는 크고 흡수율이 적은 벽돌이 좋다.

② 벽돌에 붙은 먼지, 흙 등은 청소하고 잘 건조시킨 뒤에 모르타르로 쌓는다.

③ 모르타르의 강도부족은 벽돌벽체의 균열을 일으키는 시공상 원인에 해당한다.

④ 백화현상 제거방법으로는 물리적인 방법(브러시 등을 이용)으로 어렵다.

⑤ 아치쌓기는 결국 조적식구조의 취약점인 인장력을 없애주기 위해서 하는 방법이다.

06 다음 아치에 관한 기술 중 틀린 것은?

① 아치의 각 부분에는 인장력이 생기지 않게 한 구조이다.

② 벽돌조에서 환기 구멍 등의 작은 문꼴일지라도 그 상부에는 아치를 트는 것이 원칙이다.

③ 창문의 너비가 1.8m 정도일 때 수평아치로 할 수 있다.

④ 아치의 줄눈은 중심 방향을 향하여야 한다.

⑤ 아치쌓기 모르타르 배합비는 1 : 2로 하고 개구부 폭이 넓을 때는 인방 보 등으로 보강해야 한다.

07 벽돌공사에 관한 설명으로 옳지 않은 것은?

① 한중시공시 쌓을 때의 조적체는 건조 상태이어야 한다.

② 콘크리트(시멘트)벽돌 쌓기시 하루의 쌓기 높이는 1.2m를 표준으로 하고, 최대 1.5m 이하로 한다.

③ 기초쌓기에서 기초벽돌 맨 밑의 너비는 벽두께의 1.5배로 한다.

④ 벽돌의 치장줄눈 깊이는 6mm로 한다.

⑤ 보강 벽돌쌓기에서 1일 쌓기 높이는 1.5m 이하로 한다.

08 벽돌공사에 관한 설명으로 옳지 않은 것은?

상중하

① 한중시공시에는 조적조의 층에 눈이나 얼음이 생겼을 경우, 조적조의 상단이 건조하게 될 때까지 열을 조심스럽게 가해서 녹여야 한다.
② 한중시공시 쌓을 때의 조적체는 반드시 건조상태이어야 한다.
③ 인방보는 양 끝을 벽체의 블록에 400mm 이상 걸치고, 또한 위에서 오는 하중을 전달할 충분한 길이로 한다.
④ 경화되기 시작한 모르타르나 그라우트를 사용해서는 안 된다.
⑤ 어떤 경우에도 처음 물을 넣고 비빈 후 두 시간이 지난 모르타르나 한 시간이 지난 그라우트를 사용해서는 안 된다.

대표문제 상중하

조적공사에 관한 설명으로 옳지 않은 것은?   제23회

① 창대벽돌의 위끝은 창대 밑에 15mm 정도 들어가 물리게 한다.
② 창문틀 사이는 모르타르로 빈틈없이 채우고 방수 모르타르, 코킹 등으로 방수처리를 한다.
③ 창대벽돌의 윗면은 15° 정도의 경사로 옆세워 쌓는다.
④ 인방보는 좌우측 기둥이나 벽체에 50mm 이상 서로 물리도록 설치한다.
⑤ 인방보는 좌우의 벽체가 공간쌓기일 때에는 콘크리트가 그 공간에 떨어지지 않도록 벽돌 또는 철판 등으로 막고 설치한다.

해설
④ 인방보는 양 끝을 벽체의 블록에 200mm 이상 걸치고, 또한 위에서 오는 하중을 전달할 충분한 길이로 한다.

◐ 정답 ④

09 다음 조적공사에 대하여 잘못된 것은?

① 블록은 하루 쌓기 높이는 1.5m 이내를 표준으로 하며, 블록은 살 두께가 두꺼운 쪽이 위로 가게 쌓는다.

② 한중공사시 쌓을 때의 조적체는 반드시 건조상태이어야 한다. 젖었거나 얼어붙은 조적체를 쌓아서는 안 된다.

③ 연속되는 벽면의 일부를 트이게 하여 나중쌓기로 할 때에는 그 부분을 켜걸음들여쌓기로 한다.

④ 벽돌벽이 콘크리트 기둥(벽)이나 슬래브 하부면과 만날 때는 그 사이에 모르타르를 충전한다.

⑤ 벽돌벽이 블록벽과 서로 직각으로 만날 때에는 연결 철물을 만들어 블록 3단마다 보강하여 쌓는다.

10 건축공사표준시방서에서 벽돌공사에 관한 설명으로 잘못된 것은?

① 내화벽돌은 흙 및 먼지 등을 청소하고 물축이기는 하지 않고 사용한다.

② 벽돌공사에서 인방보는 양 끝을 벽체의 블록에 200mm 이상 걸치고, 또한 위에서 오는 하중을 전달할 충분한 길이로 한다.

③ 쌓은 후 12시간 동안은 하중을 받지 않도록 하고 3일 동안은 집중하중을 받지 않도록 하되, 모르타르가 완전히 경화될 때까지 유쾌한 진동, 충격 및 횡력 등의 하중을 주지 않도록 한다.

④ 지반에 접촉되는 부분의 벽체에는 지반 위, 마루 밑의 적당한 위치에 방습층을 수평줄눈의 위치에 설치한다.

⑤ 벽돌벽이 콘크리트 기둥(벽)과 슬래브 하부면과 만날 때는 그 사이에 신축줄눈을 설치한다.

11 벽돌조에 설치되는 신축줄눈의 위치에 관한 설명으로 옳지 않은 것은? 제13회

① 벽 높이가 변하는 곳에 설치한다.

② 개구부의 가장자리에 설치한다.

③ 응력이 집중되는 곳에 설치한다.

④ 벽 두께가 일정한 곳에 설치한다.

⑤ L, T, U형 건물에서는 벽 교차부 근처에 설치한다.

12 조적공사에서 백화현상을 방지하기 위한 대책으로 옳지 않은 것은? 제24회

상중하

① 조립률이 큰 모래를 사용
② 분말도가 작은 시멘트를 사용
③ 물·시멘트(W/C)비를 감소시킴
④ 벽면에 차양, 돌림띠 등을 설치
⑤ 흡수율이 작고 소성이 잘된 벽돌을 사용

13 블록공사에 관한 설명으로 옳지 않은 것은?

상중하

① 단순조적 블록쌓기의 세로줄눈은 도면 또는 공사시방서에서 정한 바가 없을 때에는 막힌 줄눈으로 한다.
② 인방블록은 가설틀을 설치하고, 그 위에 쌓는다. 인방블록면은 수평이 되게 하고, 턱지지 않게 한다.
③ 인방블록은 창문틀의 좌우 옆 턱에 200mm 이상 물리고, 도면 또는 공사시방서에서 정한 바가 없을 때에는 400mm 정도로 한다.
④ 보강블록공사에서 콘크리트용 블록은 물축임하지 않는다.
⑤ 보강블록조와 라멘구조가 접하는 부분은 라멘구조를 먼저 쌓고 보강블록조를 나중에 시공한다.

14 ALC블록공사에 관한 설명으로 옳지 않은 것은?

상중하

① 블록의 저장은 원칙적으로 옥내에 하고, 옥외에 저장할 때는 덮개를 덮어 보호한다.
② 지표면 이하에는 블록을 사용하지 않는 것을 원칙으로 하며, 부득이하게 흙에 접하거나 부분적으로 지표면 이하로 매설될 경우에는 반드시 표면처리제 등으로 방수되도록 마감하여야 한다.
③ 쌓기 모르타르는 교반기를 사용하여 배합하며, 1시간 이내에 사용해야 한다.
④ 가로 및 세로 줄눈의 두께는 1mm~3mm 정도로 한다.
⑤ 블록은 각 부분을 균등한 높이로 쌓아가며, 하루 쌓기 높이는 1.2m를 표준으로 하고, 최대 1.5m 이내로 한다.

PART

02

조적공사에 관한 설명으로 옳지 않은 것은? 제21회

① 벽돌의 하루 쌓기높이는 1.2m(18켜 정도)를 표준으로 하고 최대 1.8m(27켜 정도) 이내로 한다.

② 벽돌의 치장줄눈 깊이는 6mm로 한다.

③ 블록쌓기 줄눈너비는 가로 및 세로 각각 10mm를 표준으로 한다.

④ ALC블록의 하루 쌓기 높이는 1.8m를 표준으로 하고 최대 2.4m 이내로 한다.

⑤ 블록은 살두께가 큰 편이 위로 가게 쌓는다.

해설

① 벽돌의 하루 쌓기높이는 1.2m(18켜 정도)를 표준으로 하고 최대 1.5m(27켜 정도) 이내로 한다.

✔ 정답 ①

15 상중하 **돌공사에 대한 설명으로 틀린 것은?** 제10회

① 버너마감은 석재표면을 화염으로 가열하여 조면마감을 하는 방법이다.

② 대리석 판재는 내구성, 내산성이 우수하여 공동주택 저층부의 외벽마감재로 적합하다.

③ 앵커긴결공법으로 시공할 경우, 상부 석재의 하중이 하부 석재에 전달되지 않는다.

④ 습식공법은 연결철물과 모르타르를 사용하여 석재를 구조체에 일체화시키는 공법이다.

⑤ 석재는 재료의 특성상 장대재를 얻기 어렵고, 화재시 균열이 생기거나 파괴되어 재사용이 곤란하다.

16 다음 중 석재의 재료에 관한 설명 중 잘못된 것은?

① 화강암은 경도, 강도, 내마모성, 색채광택이 우수하므로 구조용과 장식용에 사용하며 열에 강하다.

② 안산암은 외관이 나쁘고 흡수율은 크며 화강암에 비해 강도는 1/2정도이고 내열성은 강하다.

③ 대리석은 장식용 석재 중에서 가장 고급이며 산에 약하고 고열에 분쇄되기 쉬우며 강재는 화강암보다 약간 떨어지는 정도이나 풍화작용이 빨라 외부용은 적당치 않다.

④ 응회암은 화산회나 모래와 자갈이 섞여서 굳어져 있는 다공질의 것이 많아 경량 연질이며 가공하기 쉽고 내화성은 크나 강도가 작고 흡수성이 크고 내구성이 작다. 구조재로는 부적당하고 특수 장식재나 경량골재, 내화재 등으로 사용된다.

⑤ 사암은 석영질의 모래가 퇴적되어 내화성은 크나 흡수성이 많고 마모가 많고 오염되기 쉽다.

17 앵커긴결 돌붙임공법에서 긴결재(Fastner)의 시공시 주의사항에 대한 설명으로 틀린 것은?   제10회

① 꽂임촉 둘레의 파단에 주의하여 석재의 두께 및 크기를 결정한다.

② 갈라지기 쉬운 석재는 꽂임촉 주위에 합성수지를 주입한다.

③ 긴결철물은 합금재를 사용하거나 녹막이 방청처리를 한다.

④ 석재 하부의 것은 고정용, 상부의 것은 지지용으로 사용한다.

⑤ 줄눈의 크기는 조정판 두께보다 2mm 이상 크게 한다.

CHAPTER 06 지붕공사

📖 **연계학습** 기본서 p.550~561

단·원·열·기

주로 1문제가 출제되며 최근 지붕의 종류와 기울기 관련 문제가 많아졌으며, 홈통공사에 대한 대비도 필요하다. 지붕 종류에 대한 그림도 훑어볼 필요가 있고, 기울기 관련 숫자도 암기할 필요가 있다. 홈통공사 부분 시방서의 중요 부분 정리도 필요하다.

대표문제 (상)(중)(하)

지붕공사에 관한 설명으로 옳지 않은 것은?   제19회

① 기와에는 한식기와, 일식기와, 금속기와 등이 있다.
② 아스팔트 싱글은 다른 지붕잇기 재료와 비교하여 유연성이 있으며 복잡한 형성에서도 적용할 수 있다.
③ 금속기와는 점토기와보다 가벼워 운반에 따른 물류비를 절감할 수 있다.
④ 금속기와 잇기는 평판잇기, 절판잇기 등이 있다.
⑤ 박공지붕은 지붕마루에서 네 방향으로 경사진 지붕이다.

해설

⑤ 모임지붕은 지붕마루에서 네 방향으로 경사진 지붕이며 박공지붕은 두 방향으로 경사진 지붕이다.

✔ 정답 ⑤

---

01 (상)(중)(하)
모임지붕 물매의 상하를 다르게 한 지붕으로 천장 속을 높게 이용할 수 있고, 비교적 큰 실내구성에 용이한 지붕은?   제25회

① 합각지붕   ② 솟을지붕   ③ 꺾임지붕
④ 맨사드(Mansard)지붕   ⑤ 부섭지붕

02 (상)(중)(하)
지붕구조의 물매에 관한 설명으로 옳지 않은 것은?

① 지붕면적이 클수록 물매는 크게 한다.
② 지붕재료의 크기가 작을수록 비가 새기 쉬우므로 물매를 크게 한다.
③ 강우량과 적설량이 많은 지방에서는 물매를 크게 한다.
④ 수평거리와 수직거리가 같은 물매를 된물매라고 한다.
⑤ 지붕면적이 클수록 기울기를 가파르게 한다.

대표문제 상중하

지붕 물매기준으로 옳지 않은 것은?   제21회

① 설계도면에 별도로 지정하지 않은 경우: 1/50 이상
② 금속기와 지붕: 1/2 이상
③ 아스팔트 싱글 지붕(강풍 이외 지역): 1/3 이상
④ 일반적인 금속판 및 금속패널 지붕: 1/4 이상
⑤ 합성고분자 시트 지붕: 1/50 이상

해설
② 평잇기 금속지붕: 1/2 이상
🏠 금속기와 지붕: 1/4 이상

✅ 정답 ②

---

03 지붕 및 홈통공사에 관한 설명으로 옳은 것은?   제22회
상중하
① 지붕의 물매가 1/6보다 큰 지붕을 평지붕이라고 한다.
② 평잇기 금속지붕의 물매는 1/4 이상이어야 한다.
③ 지붕 하부 데크의 처짐은 경사가 1/50 이하의 경우에 별도로 지정하지 않는
한 1/120 이내이어야 한다.
④ 처마홈통의 이음부는 겹침 부분이 최소 25mm 이상 겹치도록 제작하고 연
결철물은 최대 60mm 이하의 간격으로 설치, 고정한다.
⑤ 선홈통은 최장 길이 3,000mm 이하로 제작·설치한다.

---

04 지붕 물매기준으로 옳지 않은 것은?
상중하
① 설계도면에 별도로 지정하지 않은 경우: 1/50 이상
② 금속기와 지붕: 1/2 이상
③ 아스팔트 싱글 지붕(강풍 이외 지역): 1/3 이상
④ 반물매는 평물매의 1/2 물매이다.
⑤ 급경사지붕은 경사가 3/4 이상의 지붕이다.

05 지붕의 형태와 명칭의 연결이 옳지 않은 것은? 제23회

①
외쪽지붕

②
박공지붕

③
합각지붕

④
눈썹지붕

⑤
평지붕

06 다음 금속기와 공사에 대한 표준시방서의 내용을 잘못 설명한 것은?

① 금속기와는 기와의 오염, 휨 또는 기타 표면에 손상이 없도록 보관한다. 금속기와는 양생되지 않은 콘크리트 및 조적 부위와 이격하여 보관한다.

② 금속기와는 직사일광 및 높은 습도에 노출되는 것으로부터 보호하기 위해 벗겨낼 수 있는 덮개로 보호한다.

③ 목재 기와걸이(Batterns)는 가압 방부 처리된 방부 목재를 사용하며, 지정이 없는 한 40mm 각재를 표준으로 한다.

④ 녹막이 도료는 바탕구조의 방청 도장과 같은 것으로 하며 용융 아연도금 부위에는 에폭시 징크리치 페인트 등 용융 아연도금용 도료로 한다.

⑤ 금속기와가 지붕 전체에 균일한 모양이 되도록 용마루에서 처마 방향으로 맞물림 및 겹침방식으로 설치한다.

대표문제 상 중 하

> **홈통에 관한 설명으로 옳지 않은 것은?** 제12회
>
> ① 처마홈통과 선홈통을 연결하는 경사홈통을 깔대기홈통이라 한다.
> ② 처마 끝에 수평으로 설치하여 빗물을 받는 홈통을 처마홈통이라 한다.
> ③ 처마홈통에서 내려오는 빗물을 지상으로 유도하는 수직홈통을 선홈통이라 한다.
> ④ 위(상부)층 선홈통의 빗물을 받아 아래(하부)층 지붕의 처마홈통이나 선홈통에 넘겨주는 홈통을 누인홈통이라 한다.
> ⑤ 두 개의 지붕면이 만나는 자리 또는 지붕면과 벽면이 만나는 수평지붕골에 쓰이는 홈통을 장식홈통이라 한다.
>
> **해설**
> ⑤ 지붕 골 홈통은 지붕면과 다른 지붕면과 생기는 골에 설치된 홈통을 말한다.
> ④ 누인홈통은 흘러내림 홈통이라고도 한다.
>
> ◉ 정답 ⑤

07 상 중 하

홈통공사에 관한 설명으로 옳지 않은 것은? 제19회

① 처마홈통의 물매는 1/400 이상으로 한다.
② 처마홈통은 안홈통과 밖홈통이 있다.
③ 깔대기홈통은 처마홈통에서 선홈통까지 연결한 것이다.
④ 장식홈통은 선홈통 상부에 설치되어 우수방향을 돌리며, 장식적인 역할을 한다.
⑤ 선홈통 하부는 건물의 외부방향으로 물이 배출되도록 바깥으로 꺾어 마감하는 것이 통상적이다.

08 상 중 하

다음 지붕공사에 대하여 잘못 설명한 것은?

① 선홈통의 고정은 벽면에 고정철물을 이용 밀착시켜 고정한다.
② 강우량과 적설량이 많은 지방에서는 물매를 크게 한다.
③ 평잇기 금속 지붕의 물매는 1/2 이상으로 한다.
④ 처마홈통의 외단부의 높이는 처마 쪽 처마홈통의 높이보다 최소 25mm 또는 처마홈통 최대 폭의 1/12 중 큰 치수 이상으로 높이가 낮게 제작한다.
⑤ 처마홈통의 신축이음은 매 15m 간격으로 설치하고 연속적인 외관을 위하여 신축이음 사이의 공간은 처마홈통과 동일한 재료를 사용하여 밀봉한다.

09 지붕 홈통공사에 관하여 잘못 설명한 것은 어느 것인가?

① 선홈통의 하단부 배수구는 45도 경사로 건물 바깥쪽을 향하게 설치한다.

② 선홈통 걸이의 설치는 상단과 하단에서 거리 200mm 정도 되는 위치에 설치하고 그 중간에는 1,500mm 정도의 간격으로 등거리가 유지되도록 설치한다.

③ 처마홈통의 양단 및 신축 이음 간의 최장 길이는 15m 이내로 제작한다.

④ 처마홈통의 외단부의 높이는 처마 쪽 처마홈통의 높이보다 최소 25mm 또는 처마홈통 최대 폭의 1/12 중 큰 치수 이상으로 높이가 높게 제작한다.

⑤ 처마홈통의 폭은 최소 100mm 이상으로 제작하고 폭(최대 폭)과 깊이의 비례는 최소 4(폭) : 3(깊이)의 비례로 제작한다.

10 다음 지붕공사에 대한 설명으로 옳지 않은 것은?

① 금속판지붕은 다른 재료에 비해 무겁고, 시공이 까다롭다.

② 처마홈통의 외단부의 높이는 처마 쪽 처마홈통의 높이보다 최소 25mm 또는 처마홈통 최대 폭의 1/12 중 큰 치수 이상으로 높이가 낮게 제작한다.

③ 강우량과 적설량이 많은 지방에서는 물매를 크게 한다.

④ 금속기와가 지붕 전체에 균일한 모양이 되도록 처마에서 용마루 방향으로 맞물림 및 겹침방식으로 설치한다.

⑤ 기와지붕 및 아스팔트 싱글공사는 1/3 이상으로 한다. 단, 강풍 지역인 경우에는 1/3 미만으로 할 수 있다.

📖 **연계학습** 기본서 p.562~584

┌ 단·원·열·기 ┐

최근에 2문제 정도 출제되었으며 방습공사 외에 다른 부분에서 깊게 출제되는 경우가 적었다. 방수와 관련한 기본적인 내용을 정리해 둘 필요가 있다.

대표문제 상⑧하

방수공사에 관한 설명으로 옳은 것은?   제26회

① 기상조건은 방수층의 품질 및 성능에 큰 영향을 미치지 않는다.
② 안방수 공법은 수압이 크고 깊은 지하실 방수공사에 적합하다.
③ 도막방수 공법은 이음매가 있어 일체성이 좋지 않다.
④ 아스팔트 프라이머는 방수층과 바탕면의 부착력을 증대시키는 역할을 한다.
⑤ 아스팔트방수는 보호누름이 필요하지 않는다.

┌ 해설 ┐
① 기상조건은 방수층의 품질 및 성능에 큰 영향을 미친다.
② 바깥방수 공법은 수압이 크고 깊은 지하실 방수공사에 적합하다.
③ 시트 방수공법은 이음매가 있어 일체성이 좋지 않다.
⑤ 아스팔트방수는 보호누름이 필요하다.

✅ 정답 ④

---

01 방수층의 종류에 속하지 않는 것은?   제18회
상⑧하
① 아스팔트 방수층   ② 개량 아스팔트 시트 방수층
③ 합성 고분자 시트 방수층   ④ 도막 방수층
⑤ 오일 스테인 방수층

02 아스팔트방수 공법에 관한 설명으로 옳지 않은 것은?   제24회
상⑧하
① 아스팔트 용융공정이 필요하다.
② 멤브레인방수의 일종이다.
③ 작업 공정이 복잡하다.
④ 결함부 발견이 용이하다.
⑤ 보호누름층이 필요하다.

03 아스팔트방수 공사에서 루핑 붙임에 관한 설명으로 옳지 않은 것은? 제17회

① 일반 평면부의 루핑 붙임은 흘려 붙임으로 한다.
② 루핑의 겹침 폭은 길이 및 폭 방향 100mm 정도로 한다.
③ 볼록, 오목 모서리 부분은 일반 평면부의 루핑을 붙이기 전에 폭 300mm 정도의 스트레치 루핑을 사용 하며 균등하게 덧붙임한다.
④ 루핑은 원칙적으로 물흐름을 고려하여 물매의 위쪽에서부터 아래쪽을 향해 붙인다.
⑤ 치켜올림부의 루핑은 각층 루핑의 끝이 같은 위치에 오도록 하여 붙인 후, 방수층의 상단 끝부분을 누름 철물로 고정하고 고무 아스팔트계 실링재로 처리한다.

04 옥상방수층 누름콘크리트 부위에 설치하는 신축줄눈에 대한 설명으로 틀린 것은? 제10회

① 온도에 의한 콘크리트의 수축 및 팽창에 대비하여 일정간격으로 설치한다.
② 일반적으로 3~5cm 간격으로 줄눈을 설치한다.
③ 방수층 누름콘크리트가 분리되도록 설치한다.
④ 줄눈재 고정을 위해 부배합의 시멘트 모르타르를 사용한다.
⑤ 누름콘크리트의 거동에 의한 방수층 손상방지를 위해 절연필름을 설치한다.

05 아스팔트방수 공사에 관한 다음 설명 중 틀린 것은?

① 아스팔트를 끓이는 솥은 가능한 시공장소에서 가까운 곳에 설치하는 것이 좋다.
② 지붕방수에는 침입도가 작고, 연화점이 높은 것을 사용한다.
③ 아스팔트는 200℃ 이하가 되지 않도록 하고, 기온이 0℃ 이하이거나 비가 올 때는 시공하지 않아야 한다.
④ 한랭지에서 사용될 아스팔트는 침입도가 큰 것이 좋고, 바탕 모르타르가 건조된 후 아스팔트 프라이머를 뿌리고 시공한다.
⑤ 아스팔트 루핑류를 칠 때는 빈틈, 기포 및 주름 등이 없도록 충분히 바닥에 밀착시킨다.

06 개량 아스팔트시트방수 공사에 관한 설명으로 옳지 않은 것은?　　제15회

① 개량 아스팔트시트의 상호 겹침폭은 길이 방향으로 200mm, 너비 방향으로 100mm 이상으로 한다.

② 개량 아스팔트시트의 치켜올림 끝부분은 누름철물을 이용하여 고정하고 실링재로 처리한다.

③ 개량 아스팔트시트 붙이기는 용융 아스팔트를 시트의 뒷면과 바탕에 균일하게 도포하여 밀착시킨다.

④ 오목 및 볼록 모서리 부분은 일반 평면부에서의 개량 아스팔트시트 붙이기에 앞서 폭 200mm 정도의 덧붙임용 시트로 처리한다.

⑤ 지하외벽의 개량 아스팔트시트 붙이기는 미리 개량 아스팔트시트를 2m 정도로 재단하여 시공하고, 높이가 2m 이상인 벽은 같은 작업을 반복한다.

07 시멘트 모르타르계 방수공사에 관한 설명으로 옳지 않은 것은?　　제14회

① 지붕 슬래브, 실내 바닥 등의 방수바탕은 1/100∼1/50의 물매로 한다.

② 양생시 재령 초기에는 충격 및 진동 등의 영향을 주지 않도록 한다.

③ 바탕처리에 있어서 오목모서리는 직각으로 면처리하고, 볼록모서리는 완만하게 면처리한다.

④ 물은 청정하고 유해 함유량의 염분, 철분, 이온 및 유기물 등이 포함되지 않은 깨끗한 물을 사용한다.

⑤ 곰보, 콜드 조인트, 이음 타설부, 균열 등의 부위는 방수층 시공 후에 실링재 등으로 방수처리를 한다.

08 아스팔트방수와 비교한 시멘트 액체방수의 특성에 관한 설명으로 옳지 않은 것은?　　제26회

① 방수층의 신축성이 작다.

② 결함부의 발견이 어렵다.

③ 공사비가 비교적 저렴하다.

④ 시공에 소요되는 시간이 짧다.

⑤ 균열의 발생빈도가 높다.

09 방수공법에 관한 설명으로 옳지 않은 것은?

① 도막방수란 액상형 방수 재료를 콘크리트 바탕에 바르거나 뿜칠하여 방수층을 형성하는 공법이다.

② 시멘트액체방수는 시공이 용이하며 경제적이며 방수층 자체에 균열이 생기기 어렵기 때문에 건조수축이 심한 노출환경에 적당하다.

③ 아스팔트 옥상방수에는 지하실 방수보다 연화점이 높은 아스팔트를 사용한다.

④ 아스팔트방수는 보호누름이 필요하다.

⑤ 시트 도막 복합방수란 기존 시트 또는 도막을 이용한 단층 방수공법의 단점을 보완한 복층 방수공법이다.

10 방수공사에 관한 설명으로 옳지 않은 것은?

① 보행용 시트방수는 상부 보호층이 필요하다.

② 벤토나이트방수는 지하외벽방수 등에 사용된다.

③ 아스팔트방수는 결함부 발견이 어렵고, 작업시 악취가 발생한다.

④ 시멘트액체방수는 모재 콘크리트의 균열 발생시에도 방수성능이 우수하다.

⑤ 폴리머 방수제는 시멘트 경화체와 골재를 견고하게 결합시킨다.

11 다음 방수공사에 대한 설명으로 틀린 것은?

① S-RuTF에서 T는 단열재 삽입을 뜻하며, F는 전면접착을 뜻한다.

② 시트방수는 바탕균열에 대한 저항성이 크며, 여러 겹으로 시공한다.

③ 복합(화)방수란 시트계와 도막계를 복합적으로 사용하여 단일 방수계가 지닌 취약점을 상호 보완함으로써 방수성능을 향상시킨다.

④ 지붕방수는 일사 및 외부 기후 환경의 영향을 크게 받으므로 내열성 및 부재 신축에 충분히 대응할 수 있는 공법을 선택해야 한다.

⑤ 도막방수에서 도막두께는 원칙적으로 사용량을 중심으로 관리한다.

대표문제 (상)(중)(하)

다음 방수공사에 대하여 잘못 설명한 것은?

① 무기질 탄성도막방수는 시멘트계 바탕면과의 접착성이 좋고 통기성이 있다.

② 침투방수는 모체의 양호함이 방수성능 확보의 핵심 사항이므로 방수 전 결함부의 확실한 보수를 반드시 실시한다.

③ 2액형 도막방수제는 시공 중 혼합 후 점도조절을 목적으로 용제를 첨가해서 사용한다.

④ 도막방수에서 보강포 붙이기는 치켜올림부 · 오목모서리 · 볼록모서리 · 드레인 주변 및 돌출부 주위에서부터 시작한다.

⑤ 방수재는 핀홀(Pin Hole)이 생기지 않도록 솔 · 고무주걱 · 뿜칠기구 등으로 균일하게 치켜올림부와 평면부의 순서로 도포한다.

해설

③ 2액형 도막방수제는 시공 중 혼합 후 점도조절을 목적으로 용제를 첨가해서는 안 된다.

✔ 정답 ③

12 (상)(중)(하) **다음 방수공사에 대한 설명으로 잘못된 것은?**

① 시멘트액체방수는 시공이 용이하며 경제적이고 방수층 자체강도가 우수하며, 균열의 염려가 적어 옥상과 같은 외부 노출환경에 많이 사용한다.

② 시멘트 모르타르계 방수공사에서 지붕 슬래브, 실내 바닥 등의 방수바탕은 1/100~1/50의 물매로 한다.

③ 복합(화)방수란 시트계와 아스팔트계를 복합적으로 사용하여 단일 방수계가 지닌 취약점을 상호 보완함으로써 방수성능을 향상시킨다.

④ 워킹 조인트의 경우에는 줄눈바닥에 접착시키지 않는 2면 접착의 줄눈구조로, 논워킹 조인트의 경우 3면접착의 줄눈구조로 한다.

⑤ 폴리머 시멘트 모르타르방수에서 방수층 시공 전 곰보, 콜드 조인트, 이음타설부, 균열, 콘크리트에 관통하는 거푸집 고정재에 의한 구멍, 볼트, 철골, 배관 주위 등 부위는 실링재 또는 폴리머 시멘트 모르타르 등으로 바탕처리를 하여 둔다.

13 지하실 바깥방수 공법과 비교하여 안방수 공법에 관한 설명으로 옳지 않은 것은?
_{상중하}

제24회

① 수압이 크고 깊은 지하실에 적합하다.
② 공사시기가 자유롭다.
③ 공사비가 저렴하다.
④ 시공성이 용이하다.
⑤ 보호누름이 필요하다.

14 실링방수 공사에서 시공을 중지해야 하는 경우에 해당하지 않는 것은?
_{상중하}

제14회

① 기온이 2℃인 경우
② 기온이 33℃인 경우
③ 습도가 80%인 경우
④ 구성부재의 표면온도가 55℃인 경우
⑤ 강우 후 피착체가 아직 건조되지 않은 경우

15 실링공사의 재료에 관한 기술 중 옳지 않은 것은?
_{상중하}

① 가스켓은 콘크리트의 균열 부위를 충전하기 위하여 사용하는 정형 재료이다.
② 백업재는 접착면과 실링재와의 접착성을 좋게 하기 위하여 도포하는 바탕
   처리 재료이다.
③ 본드 브레이커는 실링재를 접착시키지 않기 위하여 줄눈 바닥에 붙이는 테
   이프형의 재료이다.
④ 마스킹 테이프는 시공 중에 실링재 충전개소 이외의 오염 방지와 줄눈선을
   깨끗이 마무리하기 위한 보호 테이프이다.
⑤ 이음부의 움직임이 작은 논워킹 조인트는 3면 접착한다.

대표문제 상중하

방수공법에 관한 설명으로 옳지 않은 것은? 제25회

① 시멘트액체방수는 모체에 균열이 발생하여도 방수층 손상이 효과적으로 방지된다.
② 아스팔트방수는 방수층 보호를 위해 보호누름 처리가 필요하다.
③ 도막방수는 도료상의 방수재를 여러 번 발라 방수막을 형성하는 방식이다.
④ 바깥방수는 수압이 강하고 깊은 지하실 방수에 사용된다.
⑤ 실링방수는 접합부, 줄눈, 균열부위 등에 적용하는 방식이다.

해설
① 시멘트액체방수는 모체에 균열이 발생하면 방수층의 손상이 불가피하기 때문에 확실한 바탕처리가 필요하다.

✔ 정답 ①

---

16 상중하 건축물의 방수공법에 관한 설명으로 옳지 않은 것은? 제19회

① 시멘트 모르타르방수는 가격이 저렴하고 습윤 바탕에 시공이 가능하다.
② 아스팔트 방수는 여러 층의 방수재를 적층시공하여 하자를 감소시킬 수 있다.
③ 시트방수는 바탕의 균열에 대한 저항성이 약하다.
④ 도막방수는 복잡한 형상에서 시공이 용이하다.
⑤ 복합방수는 시트재와 도막재를 복합적으로 시공하여 단일방수재의 단점을 보완한 공법이다.

---

17 상중하 다음 방수법에 대한 기술 중 틀린 것은?

① 폴리머 시멘트 모르타르방수는 시멘트, 모래, 폴리머액(물포함)의 배합으로 구성된다.
② 폴리머 시멘트 모르타르방수는 시멘트액체방수와는 달리 탄성을 가진 유기질의 고분자 성분을 포함하고 있기 때문에 건조수축 등의 영향을 크게 받지 않으며, 자체 강도가 높다.
③ 폴리머 시멘트 모르타르방수는 시멘트액체방수에 비해 공장이 복잡하며 시공품질 관리가 곤란하다.
④ 침투방수를 적용하기 위해서는 밀실한 콘크리트 구조체가 필수적이다.
⑤ 복합(화)방수란 시트계와 도막계를 복합적으로 사용하여 단일 방수계가 지닌 취약점을 상호 보완함으로써 방수성능을 향상시킨다.

18 방습공사에 사용되는 박판시트계 방습자재가 아닌 것은?

상중하

① 폴리에틸렌 방습층
② 종이 적층 방습자재
③ 펠트, 아스팔트 필름 방습층
④ 금속박과 종이로 된 방습자재
⑤ 플라스틱 금속박 방습자재

19 방수공사에 관한 설명으로 옳지 않은 것은?

상중하

① 아스팔트방수는 시멘트액체방수보다 방수층의 신축성이 크다.
② 아스팔트 옥상방수에는 지하실방수보다 연화점이 높은 아스팔트를 사용한다.
③ 방습공사에서 방습도포는 첫 번째 도포층을 24시간 동안 양생한 후에 반복해야 한다.
④ 워킹 조인트의 경우에는 줄눈바닥에 접착시키지 않는 3면 접착의 줄눈구조로, 논워킹 조인트의 경우 2면접착의 줄눈구조로 한다.
⑤ 도막 방수재는 핀홀(Pin Hole)이 생기지 않도록 솔·고무주걱·뿜칠기구 등으로 균일하게 치켜올림부와 평면부의 순서로 도포한다.

CHAPTER

08

창호 및 유리공사

📖 **연계학습** 기본서 p.586~605

단·원·열·기

창호와 유리 부분에서 각각 1문제 정도 출제되며, 창호 관련 암기 내용을 정리할 필요가 있다. 창호의 종류와 부속 철물, 그리고 유리의 종류 등 관련 내용을 파악하고 정리할 필요가 있다.

대표문제 상 중 하

창호에 관한 설명으로 옳지 않은 것은?

① 플러시문은 자유경첩이 달려 있어 안팎으로 자유롭게 열리고 저절로 닫힌다.
② 무테문은 울거미 없이 강화 판유리 등을 접착제나 볼트로 설치한 문이다.
③ 홀딩도어(Holding Door)는 실의 크기 조절이 필요한 경우에 칸막이 기능을 하기 위해 만든 병풍 모양의 문으로 신축이 자유롭다.
④ 루버는 일광과 시선을 차단하고 통풍을 목적으로 설치하는 문으로 비늘살문이라고도 한다.
⑤ 주름문은 문을 닫았을 때 창살처럼 되고 도난방지를 위해 사용하는 문이다.

해설

① 플러시문은 울거미를 짜고 합판 등으로 양면을 덮은 문이고 여닫는 방식에 따라 자재문에 자유경첩이 달린다.

✅ 정답 ①

01
상 중 하

창호공사에 관한 설명으로 옳지 않은 것은?   제26회

① 피봇 힌지(Pivot Hinge)는 문을 자동으로 닫히게 하는 경첩으로 중량의 자재문에 사용한다.
② 알루미늄 창호는 콘크리트나 모르타르에 직접적인 접촉을 피하는 것이 좋다.
③ 도어스톱(Door Stop)은 벽 또는 문을 파손으로부터 보호하기 위하여 사용한다.
④ 크레센트(Crescent)는 미서기창과 오르내리창의 잠금장치이다.
⑤ 도어체크(Door Check)는 문짝과 문 위틀에 설치하여 자동으로 문을 닫히게 하는 장치이다.

---

02 다음 창호공사에 관하여 잘못 설명한 것은?

① 목재는 수심이 없어야 하며 목재의 건조 정도에 따른 함수율은 공사시방서에 정한 바가 없는 경우에는 함수율 18% 이하로 한다.

② 플러시문의 울거미재는 라왕류, 소나무류, 삼나무류, 낙엽송류 및 잣나무류 등으로 한다.

③ 알루미늄 표면에 부식을 일으키는 다른 금속과 직접 접촉하는 것은 피한다.

④ 알루미늄재가 모르타르 등 알칼리성 재료와 접하는 곳에는 내알칼리성 도장을 한다.

⑤ 강제창호에서 부품이나 제품에 모르타르 등이 부착된 경우는 녹막이 바탕이 손상되지 않도록 주의하여 알칼리성 용제나 연마제를 사용하여 제거·청소하여야 한다.

대표문제 상⦿하

창호 철물에 관한 설명으로 옳지 않은 것은?   제13회

① 도어 클로저는 여닫이문이 저절로 닫히게 하는 철물이다.

② 도어 체인은 여닫이문이 일정 한도 이상 열리지 않도록 하는 철물이다.

③ 자유경첩은 문이 저절로 닫혀도 15cm 정도 열려 사용자가 없음을 알리는 철물이다.

④ 나이트 래치는 외부에서는 열쇠를 쓰고, 내부에서는 작은 손잡이를 틀어서 열고 잠그는 철물이다.

⑤ 크레센트는 오르내리창의 여밈대나 미서기창의 마중대에 달아 돌려서 잠그는 철물이다.

해설

③의 설명은 레버토리 힌지에 관한 설명이고, 자유경첩(Spring Hinge)은 사람의 출입이 많은 장소에 사용되는 안팎으로 여닫히는 자재문에 사용되는 철물이다.

✔ 정답 ③

03 여닫이 창호에 사용하는 창호철물이 아닌 것은?

① 크레센트(Crescent)   ② 피봇힌지(Pivot Hinge)

③ 도어 스톱(Door Stop)   ④ 도어 클로저(Door Closer)

⑤ 함자물쇠

04 문 위틀과 문짝에 설치하여 문을 열면 자동적으로 조용히 닫히게 하는 장치로 피스
톤 장치가 있어 개폐 속도를 조절할 수 있는 창호 철물은? 제22회
① 도어 체크 ② 플로어 힌지
③ 레버토리 힌지 ④ 도어 스톱
⑤ 크레센트

05 창호 철물에 관한 설명 중 맞는 것은?
① 크레센트는 여닫이문을 잠글 때 사용한다.
② 창문의 유리홈은 위보다 밑틀을 깊게 판다.
③ 레버토리는 자재문에 사용된다.
④ 도어 스톱은 오르내리는 창을 걸어 잠그는 데 쓰인다.
⑤ 문지도리는 중량의 여닫이문에 사용한다.

06 문의 구조에 관한 기술 중 틀린 것은?
① 피봇 힌지는 문이 자동적으로 닫히는 작용을 위하여 사용하는 철물이다.
② 도어 체크는 여닫이문에서 문이 저절로 닫히게 하는 장치이다.
③ 플로어 힌지가 사용될 수 있는 적당한 장소는 현관출입문이다.
④ 회전문을 사용하면 실내외 공기유출의 방지효과를 얻는다.
⑤ 비늘살문은 차양과 통풍을 목적으로 설치한 문으로, 루버라고도 한다.

07 다음 창호공사에 대하여 옳지 않은 것은?
① 도어 체크는 여닫이문의 문 위틀과 문짝에 설치하여 자동으로 문이 닫히게
하는 장치이다.
② 도어 스톱은 여닫이문을 걸어 잠그는 데 쓰인다.
③ 창 면적이 클 때 스틸 바만으로는 약하므로 이것을 보강하고 외관을 꾸미기
위하여 사용하는 것은 멀리온이다.
④ 미닫이창호는 창호받이재에 홈을 한 줄 파거나 레일을 붙여 문을 이중벽 속
등에 밀어 넣는 것이다.
⑤ 플러시문은 울거미를 짜고 중간살로 보강한 후 합판 등으로 양면을 덮은 문
이다.

08 창호공사에 관한 설명으로 옳은 것을 모두 고른 것은?　　　　　　제24회

상중하

> ㉠ 알루미늄 창호는 알칼리에 약하므로 모르타르와의 직접 접촉을 피한다.
> ㉡ 여닫이 창호철물에는 플로어 힌지, 피벗 힌지, 도어 클로저, 도어 행거 등이 있다.
> ㉢ 멀리온은 창 면적이 클 때, 스틸바(Steel Bar)만으로는 부족하여 이를 보강하기 위해 강판을 중공형으로 접어 가로 또는 세로로 대는 것이다.
> ㉣ 레버토리 힌지는 자유정첩(경첩)의 일종으로 저절로 닫히지만 10~15cm 정도 열려 있도록 만든 철물이다.

① ㉠, ㉡　　　　　　② ㉠, ㉢　　　　　　③ ㉡, ㉣
④ ㉢, ㉣　　　　　　⑤ ㉠, ㉢, ㉣

대표문제 상중하

창호철물에서 경첩(Hinge)에 관한 설명으로 옳지 않은 것은?　　　　　　제25회

① 경첩은 문짝을 문틀에 달 때, 여닫는 축이 되는 역할을 한다.
② 경첩의 축이 되는 것은 핀(Pin)이고, 핀을 보호하기 위해 둘러감은 것이 행거(Hanger)이다.
③ 자유경첩(Spring Hinge)은 경첩에 스프링을 장치하여 안팎으로 자유롭게 여닫게 해주는 철물이다.
④ 플로어 힌지(Floor Hinge)는 바닥에 설치하여 한쪽에서 열고나면 저절로 닫혀지는 철물로 중량이 큰 자재문에 사용된다.
⑤ 피봇 힌지(Pivot Hibge)는 암수 돌쩌귀를 서로 끼워 회전으로 여닫게 해주는 철물이다.

해설
② 경첩의 축이 되는 것은 핀(Pin)이고, 핀을 보호하기 위해 둘러감은 것이 너클(Knuckle)이다. 경첩(Hinge)의 부분별 명칭은 Pin, Knuckle, Bearing, Leaf, Hall, Tip이 있다.

✔ 정답 ②

09 창호 및 유리공사와 관련된 재료의 설명으로 옳지 않은 것은?

상중하

① 플러시문은 울거미를 짜고 합판 등으로 양면을 덮은 문이다.

② 루버는 일광과 시선을 차단하고 통풍을 목적으로 설치하는 문으로 비늘살 문이라고도 한다.

③ 구조가스켓(Gasket)은 염화비닐 등으로 압출성형에 의해 제조된 유리끼움 용 가스켓이다.

④ Low-E유리는 일반유리에 얇은 금속막을 코팅하여 열의 이동을 극소화시켜 에너지의 절약을 도모한 것이다.

⑤ 열선반사유리는 판유리 한쪽 면에 열선반사를 위한 얇은 금속산화물 코팅 막을 형성시켜 반사성능을 높인 것이다.

10 창호 및 유리공사와 관련된 재료의 설명으로 옳지 않은 것은? 제15회

상중하

① 접합유리는 2장 이상의 판유리 사이에 접합필름을 삽입하여 가열 압착한 것 이다.

② 백업재는 실링 시공시 부재와 유리면 사이에 충전하여 유리고정 등을 하는 자재이다.

③ 구조가스켓(Gasket)은 건(Gun)형태의 도구로 유리 사이에 시공하는 자재이 며, 정형과 부정형으로 나뉜다.

④ Low-E유리는 일반유리에 얇은 금속막을 코팅하여 열의 이동을 극소화시켜 에너지의 절약을 도모한 것이다.

⑤ 열선반사유리는 판유리 한쪽 면에 열선반사를 위한 얇은 금속산화물 코팅 막을 형성시켜 반사성능을 높인 것이다.

11 유리에 관한 설명으로 옳지 않은 것은? 제26회

상중하

① 강화유리는 판유리를 연화점 이상으로 열처리 한 후 급랭한 것이다.

② 복층유리는 단열, 보온, 방음, 결로 방지 효과가 우수하다.

③ 로이(Low-E)유리는 열적외선을 반사하는 은소재 도막을 코팅하여 단열효 과를 극대화한 것이다.

④ 접합유리는 유리사이에 접합필름을 삽입하여 파손시 유리 파편의 비산을 방지한다.

⑤ 열선반사유리는 소량의 금속산화물을 첨가하여 적외선이 잘 투과되지 않는 성질을 갖는다.

12 유리공사에 관한 설명으로 옳은 것은? 제19회

① 알루미늄 간봉은 단열에 우수하다.
② 로이유리는 열적외선을 반사하는 은(Silver) 소재로 코팅하여 가시광선 투과율을 낮춘 유리이다.
③ 동일한 두께일 때, 강화유리 강도는 판유리의 10배 이상이다.
④ 강화유리는 일반적으로 현장에서 절단이 가능하다.
⑤ 세팅블록은 새시 하단부에 유리끼움용 부재로써 유리의 자중을 지지하는 고임재이다.

13 유리가 파괴되어도 중간막(합성수지)에 의해 파편이 비산되지 않도록 한 안전유리는?
제20회

① 강화유리 ② 배강도유리 ③ 복층유리
④ 접합유리 ⑤ 망입유리

대표문제 상 중 하

유리공사에 관한 설명으로 옳은 것은? 제24회

① 방탄유리는 접합유리의 일종이다.
② 가스켓은 유리의 간격을 유지하며 흡습제의 용기가 되는 재료를 말한다.
③ 로이(Low-E)유리는 특수금속 코팅막을 실외측 유리의 외부면에 두어 단열효과를 극대화한 것이다
④ 강화유리는 판유리를 연화점 이하의 온도에서 열처리한 후 급랭시켜 유리 표면에 강한 압축응력 층을 만든 것이다.
⑤ 배강도유리는 판유리를 연화점 이상의 온도에서 열처리한 후 서냉하여 유리 표면에 압축응력 층을 만든 것으로 내풍압이 우수하다.

해설
② 간봉은 유리의 간격을 유지하며 흡습제의 용기가 되는 재료를 말한다.
③ 로이(Low-E)유리는 특수금속 코팅막을 실외측 유리의 내부면에 두어 단열효과를 극대화한 것이다.
④ 강화유리는 판유리를 연화점 이상의 온도에서 열처리한 후 급랭시켜 유리 표면에 강한 압축응력 층을 만든 것이다.
⑤ 배강도유리는 판유리를 연화점 이하의 온도에서 열처리한 후 서냉하여 유리 표면에 압축응력 층을 만든 것으로 내풍압이 우수하다.

● 정답 ①

14 유리공사와 관련된 용어의 설명으로 옳지 않은 것은? 제21회
상중하

① 구조 가스켓: 클로로프렌 고무 등으로 압출성형에 의해 제조되어 유리의 보호 및 지지기능과 수밀기능을 지닌 가스켓

② 그레이징 가스켓: 염화비닐 등으로 압출성형에 의해 제조된 유리끼움용 가스켓

③ 로이유리(Low-e Glass): 은소재 도막으로 코팅하여 방사율과 열관류율을 낮추고, 가시광선 투과율을 높인 유리

④ 핀홀(Pin Hole): 유리를 프레임에 고정하기 위해 유리와 프레임에 설치하는 작은 구멍

⑤ 클린 컷: 유리의 절단면에 구멍 흠집, 단면결손, 경사단면 등이 없도록 절단된 상태

15 다음 유리공사에 관하여 잘못 설명한 것은?
상중하

① 복층유리는 미리 공장에서 제작 생산되므로 제작 후의 절단 및 가공은 불가능하다.

② 복층유리 시공에서 접착부가 장시간 물에 잠겨 있으면 노화가 촉진되므로 설치는 부정형 실링재 공법으로 하고 그레이징 가스켓 공법은 피한다.

③ 복층유리 시공에서 부정형 실링재 공법의 경우도 새시의 하부에 배수기구를 만든다.

④ 복층유리의 단부 클리어런스는 변위에 대응하기 위한 필요 치수 외에 표면장력에 의해 유리접착부에 물이 접촉하지 않도록 작게 설정한다.

⑤ 백업재는 3면 접착을 방지하고 일정한 시공면을 얻기 위해 사용되며, 변형 줄눈을 조정하고 줄눈깊이 조정을 위해 충전한다.

16 다음 중 안전유리가 아닌 것은?
상중하

① 겹친유리   ② 강화유리

③ 망입유리   ④ 형판유리

⑤ 배강도유리

17 일반유리를 연화점 이하의 온도에서 가열하고 찬 공기를 약하기 불어주어 냉각하여 만든 유리로 내풍압 강도가 우수하여 건축물의 외벽, 개구부 등에 사용되는 유리는 무엇인가? 제22회
상충하

① 배강도유리
② 강화유리
③ 망입유리
④ 접합유리
⑤ 로이유리

18 다음 유리에 관한 설명 중 옳지 않은 것은?
상충하

① 강화유리와 복층유리는 현장에서 절단할 수 없다.
② 배강도유리는 고층건물의 창에 설치하며 현장에서 절단할 수 있다.
③ 부정형 실링재 고정법에는 탄성 실링재 고정법이 있다.
④ 샌드 블라스터(Sand Blaster) 가공이란 유리면에 기계적으로 모래를 뿌려 미세한 흠집을 만들어 빛을 산란시키기 위한 목적으로 가공하는 것이다.
⑤ 에칭(Etching)은 화학약품에 의한 부식현상을 응용한 가공으로서 유리에는 주로 산(酸)을 사용하는 경우가 많다.

19 다음과 같은 유리는 다음 중 어느 것인가?
상충하

- 판유리를 특수 열처리하여 내부 인장응력에 견디는 압축응력을 유리표면에 만들어 파괴강도를 증가시킨 유리
- 일반 서냉유리를 연화점 이상으로 재가열한 후 찬공기로 급속히 냉각하여 제조 한다.

① 강화유리
② 배강도유리
③ 접합유리
④ 망입유리
⑤ 로이유리

대표문제 상**중**하

( )에 들어갈 유리명칭으로 옳은 것은? 제25회

- (㉠)유리는 판유리에 소량의 금속산화물을 첨가하여 제작한 유리로서, 적외선이 잘 투과되지 않는 성질을 갖는다.
- (㉡)유리는 판유리 표면에 금속산화물의 얇은 막을 코팅하여 입힌 유리로서, 경면효과가 발생하는 성질을 갖는다.
- (㉢)유리는 판유리의 한쪽 면에 세라믹질 도료를 코팅하여 불투명하게 제작한 유리이다.

① ㉠: 열선흡수, ㉡: 열선반사, ㉢: 스팬드럴
② ㉠: 열선흡수, ㉡: 스팬드럴, ㉢: 복층유리
③ ㉠: 스팬드럴, ㉡: 열선흡수, ㉢: 복층유리
④ ㉠: 스팬드럴, ㉡: 열선반사, ㉢: 열선흡수
⑤ ㉠: 복층유리, ㉡: 열선흡수, ㉢: 스팬드럴

해설

㉠ 열선흡수유리 : 태양광의 적외선 성분 및 가시광선 일부가 흡수되도록 하기 위해 원료의 투입과정에서 금속산화물이 배합된 원료를 첨가하여 착색한 판유리이다.

㉡ 열선반사유리 : 판유리의 한쪽 면에 금속·금속산화물인 열선 반사막을 표면 코팅하여 얇은 막을 형성함으로써 태양열의 반사 성능을 높인 유리이다.

㉢ 스팬드럴유리 : 세라믹질 도료를 코팅하여 불투명 배강도유리로 온도변화에 강하여 단열 기능을 높이기 위한 단열재 사용이 가능하며 건물 외벽 각 층간이나 천장의 빈 공간, 기둥이나 칸막이 등 자재나 건물 구성 요소들이 밖에서 보이지 않게 만든다.

✅ 정답 ①

20 유리공사에 관하여 잘못 설명한 것은?

① 구조 가스켓은 클로로프렌 고무 등으로 압출성형에 의해 제조되어 유리의 보호 및 지지기능과 수밀기능을 지닌 가스켓으로서 지퍼 가스켓이라고도 불린다.

② 그레이징 가스켓은 염화비닐 등으로 압출성형에 의해 제조된 유리끼움용 부자재로서 U형 그레이징 채널과 J형 그레이징 비드가 있다.

③ 망입유리는 화재시에 가열로 인해 파괴되어도 유리 파편이 금속망에 그대로 붙어 있어 떨어지지 않으므로 화염이나 불꽃을 차단하는 방화성이 우수하며, 현장에서 절단할 수 없다.

④ 열선반사유리는 판유리의 한쪽 면에 금속·금속산화물인 열선 반사막을 표면 코팅하여 얇은 막을 형성함으로써 태양열의 반사 성능을 높인 유리이다.

⑤ 로이유리는 열적외선(Infrared)을 반사하는 은소재 도막으로 코팅하여 방사율과 열관류율을 낮추고 가시광선 투과율을 높인 유리로서 일반적으로 복층 유리로 제조하여 사용한다.

CHAPTER 09

수장공사

📖 **연계학습** 기본서 p.606~617

단·원·열·기

잘 출제되지 않지만 제25회에서는 계단의 명칭 관련 문제가 출제되었다. 출제가 된다면 1문제 정도 예상되니 각 부분별 주요 내용을 정리하면 된다.

대표문제 상중하

다음의 용어에 관한 설명 중 옳지 않은 것은?   제14회

① 코너비드 : 기둥과 벽의 모서리 등을 보호하기 위해 설치하는 것
② 코펜하겐리브 : 음향조절을 하기 위해 오림목을 특수한 형태로 다듬어 벽에 붙여 대는 것
③ 걸레받이 : 바닥과 접한 벽체 하부의 보호 및 오염방지를 위하여 높이 10~20cm 정도로 설치하는 것
④ 고막이 : 벽면 상부와 천장이 접하는 곳에 설치하는 수평가로재로, 경계를 구획하고 디자인이나 장식을 목적으로 하는 것
⑤ 멀리온(Mullion) : 창의 면적이 클 경우 창의 개폐시 진동으로 유리가 파손될 우려가 있으므로 창의 면적을 분할하기 위하여 설치하는 것

해설

④ 고막이는 외벽 하부 지면에 닿는 부분을 약 1~3cm 정도 내밀고, 지면에서 높이 약 50cm 정도의 폭으로 처리한 것으로 의장적인 안정감을 주기 위해 설치하는 것으로 문제의 문항은 반자돌림대에 대한 설명이다.

✔ 정답 ④

01
상중하

건축벽체의 단열보온재에 관한 기술 중 부적당한 것은?

① 단열 보온재료는 밀도(kg/m^3)가 작고 어느 것이나 많은 기포와 공극을 가지고 있다.
② 보통물질 중에서 공기가 가장 열의 불량도체이다.
③ 단열효과는 기포와 공극이 작고 조밀할수록 유리하다.
④ 단열·보온재가 수분을 포함하면 단열 기능이 저하된다.
⑤ 단열·보온재료의 열전도율이 높을수록 열전도저항이 크다.

02 다음 음향재료에 관한 설명 중 틀린 것은?

① 흡음이란 재료 표면에 입사하는 음에너지의 일부를 흡수하여 반사음을 감소시키는 재료의 특성이다.

② 차음이란 음원에서 발생된 음이 수음점(受音點)으로 전달되는 것을 방해하는 성질을 말한다.

③ 벽의 투과손실이 크면 클수록 차음량은 작다.

④ 판상 흡음재의 특성은 저음부분에서 흡음성능이 좋지만 중음·고음 부분에서는 흡음성능이 많이 떨어진다.

⑤ 차음재료는 재질이 단단하고 무거우며 정밀한 데 비하여 흡음재료는 다공질 또는 섬유질이다.

03 다음 중 흡음재에 대한 설명으로 옳지 않은 것은?

① 바닥 또는 벽체가 경질일 경우 흡음재는 일정공간을 띄우고 붙이는 것이 좋다.

② 흡음재를 사용하는 주목적은 외벽의 소음을 차단하는 목적이다.

③ 코펜하겐 리브는 의장용으로 벽, 천장 등에 많이 쓰인다.

④ 글라스 울, 텍스 등은 흡음재로 많이 쓰인다.

⑤ 경질 섬유판에 작은 구멍을 뚫은 널로 만든다.

04 수장과 도배공사에 대한 내용에 관하여 가장 잘못된 것은?

① 도배지의 보관 장소의 온도는 항상 5℃ 이상으로 유지되도록 하여야 한다.

② 흡수가 심하거나 건조한 바탕일 경우는 미리 물을 뿜어 축여 두거나 또는 바탕면에 묽은 풀칠을 한 후 초배지 바름을 한다.

③ 창호지의 풀칠은 일정하게 평행방향으로 봉투바름을 원칙으로 한다.

④ 프리 액세스 플로어는 바닥이 이중구조로 되어 공간에 각종 전기 및 통신배선 등을 자유롭게 시공할 수 있어서 사무실 공간을 유연하게 운용할 수 있다.

⑤ 경량철골반자틀 설치순서는 행거볼트 설치 ⇨ 등라인 설치 ⇨ 캐링 채널 설치 ⇨ 마이너 채널 설치 ⇨ 재형 클립바 설치 ⇨ 마감판 설치 및 커튼박스 설치 순이다.

05 경량철골 천장틀이나 배관 등을 매달기 위하여 콘크리트에 미리 묻어 넣은 철물은?

제23회

① 익스팬션 볼트(Expansion Bolt)
② 코펜하겐 리브(Copenhagen Rib)
③ 드라이브 핀(Drive Pin)
④ 멀리온(Mullion)
⑤ 인서트(Insert)

06 계단의 구성요소에 해당되지 않는 것은?

제12회

① 디딤판   ② 챌판
③ 징두리   ④ 엄지기둥
⑤ 난간두겁(대)

07 계단 각부에 관한 명칭으로 옳은 것을 모두 고른 것은?

제25회

㉠ 디딤판	㉡ 챌판	㉢ 논슬립
㉣ 코너비드	㉤ 엔드탭	

① ㉠, ㉡, ㉢   ② ㉠, ㉡, ㉤
③ ㉠, ㉢, ㉣   ④ ㉡, ㉣, ㉤
⑤ ㉢, ㉣, ㉤

CHAPTER 10

미장 및 타일공사

📖 **연계학습** 기본서 p.618~649

단·원·열·기

미장과 타일 각 부분별 1문제씩 출제되며, 기본적인 개요와 시방서 내용이 부분적으로 출제되므로 전반적으로 정리할 필요가 있다.

대표문제 상중하

다음 중 수경성 미장재료로 옳은 것을 모두 고른 것은? 제20회

ㄱ 돌로마이트 플라스터   ㄴ 순석고 플라스터
ㄷ 경석고 플라스터   ㄹ 소석회
ㅁ 시멘트 모르타르

① ㄱ, ㄴ, ㄷ   ② ㄱ, ㄴ, ㄹ
③ ㄱ, ㄴ, ㅁ   ④ ㄴ, ㄷ, ㅁ
⑤ ㄷ, ㄹ, ㅁ

해설

④ 수경성 재료는 시멘트 모르타르, 순석고 플라스터, 경석고 플라스터 등이 있고, 기경성 재료에는 돌라마이트 플라스터, 회반죽(소석회) 바름 등이 있다.

✔ 정답 ④

01 미장공사에 관한 설명으로 옳지 않은 것은? 제26회
상중하

① 미장재료에는 진흙질이나 석회질의 기경성 재료와 석고질과 시멘트질의 수경성 재료가 있다.
② 석고플라스터는 시멘트, 소석회, 돌로마이트플라스터 등과 혼합하여 사용하면 안 된다.
③ 스터코(Stucco) 바름이란 소석회에 대리석 가루 등을 섞어 흙손 바름 성형이 가능한 외벽용 미장마감이다.
④ 덧먹임이란 작업면의 종석이 빠져나간 자리를 메우기 위해 반죽한 것을 작업면에 발라 채우는 작업이다.
⑤ 단열 모르타르는 외단열이 내단열보다 효과적이다.

02 다음 미장공사에 관하여 잘못 설명한 것은?

상중하

① 미장공사 후 균열이 생기는 원인은 구조체의 변형, 배합비 불량, 바탕면 처리 불량, 불균형한 바름두께 등이 있다.

② 석고플라스터 시공 중에는 될 수 있는 한 통풍을 피하고 경화 후에는 적당한 통풍을 시켜야 한다.

③ 돌로마이트 플라스터는 기경성으로 경화가 늦고 건조수축이 크며 균열이 가장 크게 나타난다.

④ 미장공사에서 균열을 방지하기 위해서는 급격한 건조를 피하고, 1회의 바름두께는 가급적 얇게 하며, 모르타르는 빈배합보다 부배합으로 한 미장공사가 균열이 많이 발생한다.

⑤ 통풍이 잘 안되는 지하실 또는 밀폐된 방의 미장공사로서 부적당한 것은 회반죽 바름 같은 수경성 재료이다.

03 미장공사의 품질 요구조건으로 옳지 않은 것은? 제22회

상중하

① 마감면이 편평도를 유지해야 한다.

② 필요한 부착강도를 유지해야 한다.

③ 편리한 유지관리성이 보장되어야 한다.

④ 주름이 생기지 않아야 한다.

⑤ 균열의 폭과 간격을 일정하게 유지해야 한다.

04 다음은 미장공사에 관한 것이다. 부적당한 것은 어느 것인가?

상중하

① 실내미장은 천장 − 벽 − 바닥의 순서로 하고 실외미장은 옥상난간 − 지상층의 순서로 한다.

② 급격한 건조는 피하는 것이 좋고 벽・기둥 등의 모서리를 보호하기 위하여 보호용 철물인 코너비드를 사용한다.

③ 바탕바르기는 2주 이상 양생시키고, 마감바르기면은 평활해야 한다.

④ 시멘트모르타르바름에서 천장, 채양은 15mm 이하, 기타는 15mm 이상으로 한다.

⑤ 회반죽 바름 공사시 바름작업 중에는 적당히 환기하고, 초벌바름, 고름질 후 특히 정벌바름 후 될 수 있는 대로 통풍을 피하는 것이 좋다.

05 다음 미장공사에 관한 설명으로 옳지 않은 것은?

① 고름질은 바름두께 또는 마감두께가 두꺼울 때 혹은 요철이 심할 때 초벌바름 위에 발라 붙여주는 것 또는 그 바름층을 말한다.

② 마감두께는 각 미장층별 발라 붙인 면적의 평균 바름두께를 말한다.

③ 바탕처리는 요철 또는 변형이 심한 개소를 고르게 손질바름하여 마감 두께가 균등하게 되도록 조정하고 균열 등을 보수하는 것을 말한다.

④ 시멘트, 석고 플라스터 등과 같이 습기에 약한 재료는 지면보다 최소 30cm 이상 높게 만든 마룻바닥이 있는 창고 등에 건조상태로 보관하고 겹쳐 쌓기는 13포대 이하로 한다.

⑤ 재료의 배합은 마무리의 종류, 바름층 등에 따라 다르고, 각 절의 배합 따라 다르지만 원칙적으로 바탕에 가까운 바름층일수록 부배합, 정벌바름에 가까울수록 빈배합으로 한다.

06 다음 미장공사에 관한 설명으로 옳지 않은 것은?

① 재료의 배합은 마무리의 종류, 바름층 등에 따라 다르고, 각절의 배합 따라 다르지만 원칙적으로 바탕에 가까운 바름층일수록 부배합, 정벌바름에 가까울수록 빈배합으로 한다.

② 결합재와 골재 및 혼화재의 배합은 중량비로, 혼화제, 안료, 해초풀 및 짚 등의 사용량은 결합재에 대한 용적비로 표시하는 것을 원칙으로 한다.

③ 결합재, 골재, 혼합재료 등을 미리 공장에서 배합한 기배합재료를 사용할 때는 제조업자가 지정한 폴리머 분산제 및 물 이외의 다른 재료를 혼합해서는 안된다.

④ 미장바름 주변의 온도가 5℃ 이하일 때는 원칙적으로 공사를 중단하거나 난방하여 5℃ 이상으로 유지한다.

⑤ 외부 미장공사를 여름에 시공하는 경우는 바름층의 급격한 건조를 방지하기 위하여 거적덮기 또는 폴리에틸렌 필름덮기를 한 다음 살수 등의 조치를 강구한다.

07
상중하

다음 미장공사에 대하여 잘못 설명한 것은?

① 바탕에 가까운 바름층일수록 빈배합, 정벌바름에 가까울수록 부배합으로 한다.

② 물기가 많은 바탕면은 통풍, 기계적 건조 등에 의해 물기를 조정한 후 바름 작업을 시작한다.

③ 압송뿜칠기계로 바름하는 두께가 20mm를 넘는 경우는 초벌, 재벌, 정벌 3회 로 나누어 뿜칠바름을 한다.

④ 미장바름 주변의 온도가 5℃ 이하일 때는 원칙적으로 공사를 중단하거나 난 방하여 5℃ 이상으로 유지한다.

⑤ 마무리두께는 공사시방서에 따른다. 다만, 천장, 차양은 15mm 이하, 기타는 15mm 이상으로 한다. 바름두께는 바탕의 표면부터 측정하는 것으로서, 라 스 먹임의 바름두께를 포함하지 않는다.

대표문제 상중하

미장공사에 관한 설명으로 옳지 않은 것을 모두 고른 것은?　　　제21회

㉠ 미장두께는 각 미장층별 발라 붙인 면적의 평균 바름두께를 말한다.
㉡ 라스 또는 졸대바탕의 마감두께는 바탕먹임을 포함한 바름층 전체의 두께를 말한다.
㉢ 콘크리트바탕 등의 표면 경화 불량은 두께가 2mm 이하의 경우 와이어 브러시 등으로 불량부분을 제거한다.
㉣ 외벽의 콘크리트 바탕 등 날짜가 오래되어 먼지가 붙어 있는 경우에는 초벌 바 름작업 전날 물로 청소한다.

① ㉠　　　　　　　　② ㉡　　　　　　　　③ ㉠, ㉣
④ ㉡, ㉢　　　　　　⑤ ㉢, ㉣

해설
㉡ 라스 또는 졸대바탕의 마감두께는 바탕먹임을 제외한 바름층 전체의 두께를 말한다.

✔ 정답 ②

08 다음 미장공사에 관하여 잘못 설명한 것은?

① 개구부의 모서리나 콘크리트 패널 접합부 등, 균열이 발생하기 쉬운 곳은 시멘트 모르타르 바름일 때는 메탈 라스 붙여대기 등을 한다.

② 바름두께는 균일하게 하고, 너무 두꺼운 바름은 피한다.

③ 미장재료의 마감면에 대해서는 미장재료가 건조수축함에 따라 발생하는 균열의 발생 부위를 조절하기 위하여 균열유발줄눈을 설치한다.

④ 압송뿜칠기계로 바름하는 두께가 20mm를 넘는 경우는 초벌, 재벌, 정벌 3회로 나누어 뿜칠바름을 한다.

⑤ 바름두께 20mm 이하에서는 정벌뿜칠만을 밑바름, 윗바름으로 나누어 계속해서 바른다.

09 미장공사에서 콘크리트, 콘크리트블록 바탕에 초벌바름하기 전 마감두께를 균등하게 할 목적으로 모르타르 등으로 미리 요철을 조정하는 것은? 제24회

① 고름질 ② 라스먹임

③ 규준바름 ④ 손질바름

⑤ 실러바름

10 미장공사에 관한 설명으로 옳은 것을 모두 고른 것은?

> ㉠ 바탕에 가까운 바름층일수록 부배합, 정벌바름에 가까울수록 빈배합으로 한다.
> ㉡ 시멘트 모르타르 바름에서 1회 비빔량은 3시간 이내 사용할 수 있는 양으로 한다.
> ㉢ 비드는 미장면이 넓어 균열이 예상되는 위치에 설치하여 미장면의 시공을 정밀하게 하고 하자 발생을 줄이기 위해 설치한다.
> ㉣ 바탕면은 잘 건조시키고, 면을 거칠게 해둔다.

① ㉠, ㉡, ㉢, ㉣ ② ㉠, ㉡, ㉢

③ ㉡, ㉢, ㉣ ④ ㉠, ㉢

⑤ ㉢, ㉣

11 다음 시멘트 모르타르 바름과 미장에 대한 설명으로 옳은 것을 모두 고른 것은?
상중하

> ㉠ 비빔은 기계비빔을 원칙으로 하고 1회 비빔량은 3시간 이내 사용할 수 있는 양으로 한다.
> ㉡ 초벌바름 또는 라스먹임은 2주일 이상 방치하여 바름면 또는 라스의 겹침 부분에서 생길 수 있는 균열이나 처짐 등 흠을 충분히 발생시키고, 심한 틈새가 생기면 다음 층바름 전 덧먹임을 한다.
> ㉢ 재벌바름을 한 다음에는 쇠갈퀴 등으로 전면을 거칠게 긁어 놓은 후 재벌바름과 같은 방치기간을 둔다.
> ㉣ 모르타르의 수축에 따른 흠, 균열을 고려하여 적당한 바름 면적에 따라 줄눈을 설치한다.
> ㉤ 시공 전 바름면의 오염방지 외에 조기건조를 방지하기 위해 통풍이나 일조를 피할 수 있도록 한다.
> ㉥ 시공 후 조기에 건조될 우려가 있는 경우에는 통풍, 일사를 피하도록 시트 등으로 가려서 보양한다.

① ㉠, ㉡
② ㉠, ㉣, ㉤, ㉥
③ ㉢, ㉤
④ ㉠, ㉡, ㉢, ㉣
⑤ ㉡, ㉣, ㉤, ㉥

12 미장공사에서 단열 모르타르 바름에 관한 설명으로 옳지 않은 것은?   제18회
상중하
① 보강재로 사용되는 유리섬유는 내알칼리 처리된 제품이어야 한다.
② 초벌바름은 10mm 이하의 두께로, 기포가 생기지 않도록 바른다.
③ 보양기간은 별도의 지정이 없는 경우는 7일 이상 자연건조 되도록 한다.
④ 재료의 저장은 바닥에서 150mm 이상 띄워서 수분에 젖지 않도록 보관한다.
⑤ 지붕에 바탕단열층으로 초벌바름한 경우에는 신축줄눈을 설치하지 않는다.

13 미장공사에서 바름면의 박락(剝落) 및 균열원인이 아닌 것은?   제19회
상중하
① 구조체의 수축 및 변형
② 재료의 불량 및 수축
③ 바름 모르타르에 감수제의 혼입 사용
④ 바탕면 처리불량
⑤ 바름두께 초과 및 미달

대표문제 상 중 하

타일공사에 관한 설명으로 옳지 않은 것은?   제25회

① 클링커 타일은 바닥용으로 적합하다.
② 붙임용 모르타르에 접착력 향상을 위해 시멘트 가루를 뿌린다.
③ 흡수성이 있는 타일의 경우 물을 축여 사용한다.
④ 벽타일 붙임공법에서 접착제 붙임공법은 내장공사에 주로 적용한다.
⑤ 벽타일 붙임공법에서 개량압착 붙임공법은 바탕면과 타일 뒷면에 붙임 모르타르를 발라 붙이는 공법이다.

해설

② 타일을 붙이는 모르타르에 시멘트 가루를 뿌리면 시멘트의 수축이 크기 때문에 타일이 떨어지기 쉽고 백화가 생기기 쉬우므로 뿌리지 않아야 한다.

✔ 정답 ②

14 상 중 하

표면이 거친 석기질 타일로 주로 외부 바닥이나 옥상 등에 사용되는 것은?
제20회

① 테라코타(Terra Cotta) 타일   ② 클링커(Clinker) 타일
③ 모자이크(Mosaic) 타일   ④ 폴리싱(Polishing) 타일
⑤ 파스텔(Pastel) 타일

15 상 중 하

타일에 관한 설명으로 옳지 않은 것은?

① 자기질 타일은 용도상 내·외장 및 바닥용으로 사용되며 소성온도는 1,300~1,400℃이다.
② 석기질 타일은 현대건축의 벽화타일이나 이미지 타일로서 폭넓게 활용되고 있다.
③ 도기질 타일은 내구성·내수성이 강하여 옥외나 물기가 있는 곳에 주로 사용된다.
④ 티타늄 타일은 500℃ 전후의 고온에서도 그 성질이 변하지 않으며 내식성도 우수하다.
⑤ 폴리싱 타일은 자기질 무유타일을 연마하여 대리석 질감과 흡사하게 만든 타일이다.

16 다음 타일공사에 대한 설명으로 옳지 않은 것은?
상중하
① 모자이크타일 붙임은 바탕에 붙임 모르타르를 바르고 작은 타일이 여러 장 붙은 유닛 타일을 두드려 붙이는 공법이다.
② 내장타일 붙이기에는 떠붙이기, 접착제 붙이기, 낱장붙이기, 판형붙이기 등이 있다.
③ 바탕고르기 모르타르를 바를 때에는 타일의 두께와 붙임 모르타르의 두께를 고려하여 2회에 나누어서 바른다.
④ 오픈 타임이란 모르타르가 수화반응을 완료하기 위해 필요한 수분이 부족하여 완전 경화될 수 없는 상태를 말한다.
⑤ 신축줄눈과 조절줄눈, 시공줄눈, 그리고 분리용 줄눈을 포함하여 실링재를 충전시켜 만든 줄눈위치를 나타내도록 하여야 한다.

17 타일공사의 바탕만들기에 관한 설명으로 옳지 않은 것은?
상중하
① 바탕고르기 모르타르를 바를 때에는 타일의 두께와 붙임 모르타르의 두께를 고려하여 2회에 나누어서 바른다.
② 모르타르 바탕의 바름두께가 10mm 이상일 경우에는 1회에 10mm 이하로 하여 나무흙손으로 눌러 바른다.
③ 바닥면은 물고임이 없도록 구배를 유지하되, 1/100을 넘지 않도록 한다.
④ 여름에 외장타일을 붙일 경우에는 하루 전에 바탕면에 물을 충분히 적셔둔다.
⑤ 타일을 붙이는 모르타르에 시멘트 가루를 뿌리면 부착력이 상승되어 백화를 방지할 수 있다.

대표문제 상중하

벽체의 타일공사에 관한 설명으로 옳지 않은 것은?   제16회

① 하절기에 외장타일을 붙일 경우 하루 전에 바탕면에 물을 충분히 적셔둔다.
② 치장줄눈은 타일을 붙인 후 바로 줄눈파기를 실시하고, 줄눈 부분을 청소한다.
③ 타일의 치장줄눈은 세로줄눈을 먼저 시공하고, 가로줄눈은 위에서 아래로 마무리한다.
④ 창문선, 문선 등 개구부 둘레와 설비 기구류와의 마무리 줄눈 너비는 10mm 정도로 한다.
⑤ 타일은 충분한 뒷굽이 붙어 있는 것을 사용하고, 뒷면은 유약이 묻지 않고 거친 것을 사용한다.

해설

② 치장줄눈은 붙인 후 3시간 후 줄눈파기를 하고, 24시간 경과 후 치장줄눈을 실시한다.

◆ 정답 ②

18 상중하

타일공사에 관한 설명으로 옳지 않은 것은?   제26회

① 치장줄눈은 타일 부착 3시간 정도 경과 후 줄눈파기를 실시한다.
② 타일붙임용 모르타르의 배합비는 용적비로 계상한다.
③ 타일 제품의 흡수성이 높은 순서는 토기질, 도기질, 석기질, 자기질의 순이다.
④ 타일붙이기는 벽타일, 바닥타일의 순서로 실시한다.
⑤ 모르타르로 부착하는 타일공법의 붙임시간(Open Time)은 모두 동일하게 관리한다.

19 상중하

타일공사에 관한 설명으로 옳지 않은 것은?

① 내장타일 붙이기에는 떠 붙이기, 낱장 붙이기, 판형 붙이기, 접착제 붙이기가 있다.
② 외장타일 붙이기에는 떠붙이기, 압착붙이기, 개량압착 붙이기, 동시줄눈 붙이기, 판형붙이기 등이 있다.
③ 자기질 타일은 도기질 타일에 비하여 소성온도가 높으며, 압축강도가 크며, 흡수율이 낮아 동해에 강하다.
④ 내장용 타일은 도기질 또는 석기질 또는 자기질로 하고, 한랭지 및 이와 준하는 장소의 노출된 부위에는 석기질, 도기질로 한다.
⑤ 바닥용 타일은 유약을 바르지 않고, 재질은 자기질 또는 석기질로 한다.

20 타일공사에 대하여 잘못 설명한 것은 어느 것인가?

① 타일은 충분한 뒷굽이 붙어 있는 것을 사용하고, 뒷면은 유약이 묻지 않고 거친 것을 사용한다.

② 욕실바닥, 현관바닥, 세탁실 바닥, 발코니 바닥 등은 유색시유 도기질 타일을 사용하며, 욕실벽, 주방벽 등은 자기질 타일을 사용한다.

③ 외장용 타일은 자기질 또는 석기질로 하고, 내동해성이 우수한 것으로 한다.

④ 내장용 타일은 도기질 또는 석기질 또는 자기질로 하고, 한랭지 및 이와 준하는 장소의 노출된 부위에는 자기질, 석기질로 한다.

⑤ 바닥용 타일은 유약을 바르지 않고, 재질은 자기질 또는 석기질로 한다.

21 다음에서 설명하는 타일붙임 공법은?   제23회

> 전용 전동공구(Vibrator)를 사용해 타일을 눌러 붙여 면을 고르고, 줄눈 부분의 베어 나온 모르타르(Mortar)를 줄눈봉으로 눌러서 마감하는 공법

① 밀착공법   ② 떠붙임공법
③ 접착제공법   ④ 개량압착붙임공법
⑤ 개량떠붙임공법

22 타일공사에서 일반적인 벽타일붙임 공법이 아닌 것은?   제19회

① 떠붙임공법   ② 온통사춤공법
③ 압착공법   ④ 접착붙임공법
⑤ 동시줄눈붙임공법

23 타일공사에 관한 설명으로 옳지 않은 것은?

① 견본은 타일의 색상과 품질 확인을 할 수 있는 가로 및 세로 각각 300mm 이상 크기와 합판 또는 하드보드 등에 가가 색상의 실제 타일을 붙인 것으로 한다.
② 치수검사, 외관검사, 흡수율 시험 및 오토클레이브 시험이 특별히 지정되어 있을 때에는 KS L 1001의 규정에 따른다. 다만, 마모, 동결융해 및 내산시험 등 특수한 시험과 시험방법은 설계도서에 따른다.
③ 도면에 명기된 치수에 상관없이 징두리벽은 온장타일이 되도록 나누어야 한다.
④ 신축줄눈에 대하여 도면에 명시되어 있지 않을 때에는 이질바탕의 접합부분 등에는 담당원의 지시에 따라 신축줄눈을 약 3m 간격으로 설치하여야 한다.
⑤ 신축줄눈과 조절줄눈, 시공줄눈, 그리고 분리용 줄눈을 포함하여 실링재를 충전시켜 만든 줄눈위치를 나타내지 않도록 하여야 한다.

24 다음 타일공사에 관한 설명으로 모두 옳은 것은?

> ㉠ 바탕고르기 모르타르를 바를 때에는 타일의 두께와 붙임 모르타르의 두께를 고려하여 2회에 나누어서 바른다.
> ㉡ 타일붙임면의 바탕면은 평탄하게 하고, 바탕면의 평활도는 바닥의 경우 3m 당 ±3mm, 벽의 경우는 2.4m당 ±3mm로 한다.
> ㉢ 한중공사시에는 외기의 기온이 2℃ 이하일 때에는 타일작업장 내의 온도가 10℃ 이상이 되도록 임시로 가설 난방 보온 등에 의하여 시공부분을 보양하여야 한다.
> ㉣ 벽타일 개량압착 붙이기에서 바탕면 붙임 모르타르의 1회 바름 면적은 $1.5m^2$ 이하로 하고, 붙임 시간은 모르타르 배합 후 30분 이내로 하며, 벽면이 아래에서 위로 향해 붙여 나간다.

① ㉠, ㉡ 　　② ㉢, ㉣ 　　③ ㉡, ㉢
④ ㉡, ㉢, ㉣ 　　⑤ ㉠, ㉡, ㉢

25 타일의 동해를 방지하기 위한 기술 중 틀린 것은?

① 타일은 소성온도가 높은 것을 사용한다.
② 시공하기 전에 바탕면에 적당히 물주기를 고르게 한다.
③ 타일은 흡수성이 높은 것일수록 모르터가 잘 밀착이 되므로 동해방지에 효과가 크다.
④ 줄눈 누름을 충분히 하여 빗물의 침투를 방지하고 타일 바름 밑바탕의 시공을 잘한다.
⑤ 붙임용 모르터의 배합비를 좋게 한다.

대표문제 상 중 하

타일공사에 관한 설명으로 옳지 않은 것은?   제21회

① 치장줄눈파기는 타일을 붙이고 3시간이 경과한 후 실시한다.
② 타일의 접착력 시험결과 인장 부착강도는 0.39N/mm² 이상이어야 한다.
③ 바탕 모르타르 바닥면은 물고임이 없도록 기울기를 유지하되 1/100을 넘지 않도록 한다.
④ 타일의 탈락(박락)은 떠붙임 공법에서 가장 많이 발생하며 모르타르의 시간경과로 인한 강도저하가 주요 원인이다.
⑤ 내장타일의 크기가 대형화되면서 발생하는 타일의 옆면 파손은 벽체 모서리 등에 신축조정줄눈을 설치하여 방지할 수 있다.

해설

④ 타일의 탈락(박락)은 압착 공법에서 가장 많이 발생하며 모르타르의 시간경과로 인한 강도저하가 주요 원인이다.

● 정답 ④

26 상 중 하 타일 공사에 관하여 잘못 설명한 것은?

① 한중공사시에는 외기의 기온이 2℃ 이하일 때에는 타일작업장 내의 온도가 10℃ 이상이 되도록 임시로 가설 난방 보온 등에 의하여 시공부분을 보양하여야 한다.
② 접착제를 사용하여 타일을 붙였울 때에는 담당원의 지시에 따라 승인된 용제로 깨끗이 청소한다.
③ 하루 작업이 끝난 후 비계발판의 높이로 보아 눈높이 이하 되는 부분과 무릎 이상 부분의 타일을 임의로 떼어 뒷면에 붙임 모르타르가 충분히 채워졌는지 확인하여야 한다.
④ 붙임 모르타르의 경화 후 검사봉으로 전면적을 두들겨 검사한다.
⑤ 타일의 접착력 시험은 일반건축물의 경우 200m²당 한 장씩 시험한다. 시험위치는 담당원의 지시에 따른다.

27 타일의 줄눈너비로 옳지 않은 것은? (단, 도면 또는 공사시방서에 타일 줄눈너비에 대하여 정한 바가 없을 경우) 제24회

① 개구부 둘레와 설비 기구류와의 마무리 줄눈: 10mm

② 대형벽돌형(외부): 10mm

③ 대형(내부 일반): 6mm

④ 소형: 3mm

⑤ 모자이크: 2mm

28 타일공사에 관한 설명으로 옳은 것을 모두 고른 것은?

ⓐ 모르타르는 건비빔한 후 3시간 이내에 사용하며, 물을 부어 반죽한 후 1시간 이내에 사용한다. 1시간 이상 경과한 것은 사용하지 않는다.
ⓑ 창문선, 문선 등 개구부 둘레와 설비기구류와의 마무리 줄눈 너비는 10 mm 정도로 한다.
ⓒ 치장줄눈의 폭이 10 mm 이상일 때는 고무흙손으로 충분히 눌러 빈틈이 생기지 않게 시공한다.
ⓓ 압착 붙이기는 바탕면 붙임 모르타르의 1회 바름 면적은 1.5 m^2 이하로 하고, 붙임 시간은 모르타르 배합 후 30분 이내로 한다.
ⓔ 동시 줄눈 붙이기는 1회 붙임 면적은 1.5 m^2 이하로 하고 붙임 시간은 20분 이내로 한다.

① ㉠, ㉡

② ㉠, ㉡, ㉢

③ ㉠, ㉡, ㉤

④ ㉠, ㉡, ㉢, ㉤

⑤ ㉡, ㉢, ㉣, ㉤

29 미장 및 타일공사에 관하여 잘못 된 것은?

① 고름질은 요철이 심할 때 초벌바름 위에 발라 붙여주는 작업이다.

② 마감두께는 손질바름을 제외한 바름층 전체의 바름두께를 말한다.

③ 미장두께는 각 미장층별 발라 붙인 면적의 평균 바름두께를 말한다.

④ 하절기에 외장타일을 붙일 경우 하루 전에 바탕면에 물을 충분히 적셔둔다.

⑤ 치장줄눈은 타일을 붙인 후 바로 줄눈파기를 실시하고, 줄눈 부분을 청소한다.

30 타일공사에 대한 용어 설명과 붙임공법에 대하여 옳게 설명한 것은?

① 오픈 타임이란 모르타르가 수화반응을 완료하기 위해 필요한 수분이 부족하여 완전 경화될 수 없는 상태를 말한다.

② 드라이 아웃이란 타일공사에서는 붙임재료를 바탕에 바르고 나서 타일을 붙일 때까지의 시간을 말한다.

③ 개량압착공법은 벽면 하부에서 1단씩 타일을 붙여나가는 공법으로 바탕의 정도(精度)를 별로 필요로 하지 않는다.

④ 개량떠붙임공법은 붙임모르타르를 바탕과 타일 양측에 바르고 벽면에 눌러 붙이는 공법이다.

⑤ 밀착공법은 바탕면에 붙임모르타르를 바르고 타일용 진동공구로 타일을 모르타르 안에 매입되게 붙이며, 줄눈흙손으로 줄눈도 동시에 마무리하는 공법이다.

31 타일공사에서 박리의 가능성이 높은 부위를 나열하였다. 옳지 않은 것은?

① 탈락된 타일 부위　　　　　　② 이질재와 접하는 부위

③ 균열부의 양측　　　　　　　　④ 개구부 주위

⑤ 신축줄눈이 설치된 오목모서리 부위

32 타일공사에 관한 설명으로 옳은 것을 모두 고른 것은?

> ㉠ 압착 붙이기는 오픈타임(Open Time)이 길면 접착력의 저하로 인한 타일의 탈락이 발생한다.
>
> ㉡ 창문선, 문선 등 개구부 둘레와 설비기구류와의 마무리 줄눈 너비는 $10\,mm$ 정도로 한다.
>
> ㉢ 치장줄눈의 폭이 $10\,mm$ 이상일 때는 고무흙손으로 충분히 눌러 빈틈이 생기지 않게 시공한다.
>
> ㉣ 동시줄눈 붙이기는 압착공법에 비해 작업능률이 떨어지며, 바탕면 붙임 모르타르의 1회 바름 면적은 $1.5\,m^2$ 이하로 하고, 붙임 시간은 모르타르 배합 후 30분 이내로 한다.
>
> ㉤ 개량 압착 붙이기는 압착공법에 비해 가사시간의 영향이 작고, 외부 우수에 노출되는 부위에 사용시 백화발생의 예가 많다.

① ㉠, ㉡　　　　　　　　　　　② ㉠, ㉡, ㉢

③ ㉠, ㉡, ㉤　　　　　　　　　④ ㉠, ㉡, ㉢, ㉣

⑤ ㉡, ㉢, ㉣, ㉤

도장공사

☐ **연계학습** 기본서 p.650~658

단·원·열·기

1문제 정도 출제되며, 도장의 종류와 도장공법 관련 내용을 정리한다.

대표문제 상중하

도장공사에 관한 설명으로 옳지 않은 것은?   제14회

① 도료의 배합비율 및 시너의 희석비율은 용적비로 표시한다.

② 녹, 유해한 부착물 및 노화가 심한 기존의 도막은 완전히 제거한다.

③ 가연성 도료는 전용 창고에 보관하는 것을 원칙으로 하며, 적절한 보관온도를 유지하도록 한다.

④ 도료는 바탕면의 조밀, 흡수성 및 기온의 상승 등에 따라 배합 규정의 범위 내에서 도장하기에 적당하도록 조절한다.

⑤ 도금된 표면, 스테인리스강, 크롬판, 동, 주석 또는 이와 같은 금속으로 마감된 재료는 별도의 지시가 없으면 도장하지 않는다.

해설

① 도료의 배합비율 및 시너의 희석비율은 질량비로서 표시한다.

✔ 정답 ①

01 목재의 무늬나 바탕의 재질을 잘 보이게 하는 도장방법은?

상중하

① 유성 페인트 도장

② 에나멜 페인트 도장

③ 합성수지 페인트 도장

④ 래커 에나멜 페인트 도장

⑤ 클리어 래커 도장

02 도장공사에 관한 설명으로 옳지 않은 것은? 　　　　　　　　　　제21회

상 중 하
① 불투명한 도장일 때 하도, 중도, 상도의 색깔은 가능한 달리한다.
② 스프레이건은 뿜칠면에 직각으로 평행운행하며 뿜칠너비의 1/3 정도 겹치
도록 시공한다.
③ 롤러칠은 붓칠보다 속도가 빠르나 일정한 도막두께를 유지하기 어렵다.
④ 징크로메이트 도료는 철재 녹막이용으로 철재의 내구연한을 증대시킨다.
⑤ 처음 1회 방청도장은 가공장소에서 조립 전 도장을 원칙으로 한다.

03 가연성 도료의 보관 및 취급에 관한 설명으로 옳지 않은 것은? 　　　　제12회

상 중 하
① 사용하는 도료는 될 수 있는 대로 밀봉하여 새거나 엎지르지 않게 다루고,
샌 것 또는 엎지른 것은 발화의 위험이 없도록 닦아낸다.
② 건물 내의 일부를 도료의 저장장소로 이용할 때는 내화구조 또는 방화구조
로 된 구획된 장소를 선택한다.
③ 지붕과 천장은 불에 잘 타지 않는 난연재료로 한다.
④ 바닥에는 침투성이 없는 재료를 깐다.
⑤ 도료가 묻은 헝겊 등 자연발화의 우려가 있는 것을 도료보관 창고 안에 두
어서는 안 되며, 반드시 소각시켜야 한다.

04 도장공사에 관하여 잘못 설명한 것은?

상 중 하
① 처음 1회째의 녹막이도장은 가공장에서 조립 후에 도장함을 원칙으로 하고,
화학처리를 하지 않은 것은 녹제거 직후에 도장한다.
② 바탕재가 소나무, 삼송 등과 같이 흡수성이 고르지 못한 바탕재에 색올림을
할 때에는 흡수방지 도장을 한다.
③ 마감된 금속표면은 별도의 지시가 없으면 도금된 표면, 스테인리스강, 크롬
도금판, 동, 주석 또는 이와 같은 금속으로 마감된 재료는 도장하지 않는다.
④ 움직이는 품목 및 라벨의 움직이는 운전부품, 기계 및 전기부품으로 밸브,
댐퍼 동작기, 감지기 모터 및 송풍기 샤프트는 특별한 지시가 없으면 도장하
지 않는다. 단, 라벨에는 도장하지 않는다.
⑤ 불투명한 도장일 때에는 하도, 중도, 상도공정의 각 도막 층별로 색깔을 될
수 있는 한 달리하여 몇 번째의 도장도막인가를 판별할 수 있도록 한다.

05 다음 도료성분에 대한 설명 중 다른 것은?

상중하

① 안료는 무기안료와 유기안료로 나눠어진다.

② 착색안료는 도료의 색을 결정하고(착색력), 바탕을 은폐한다(은폐력).

③ 체질안료는 도막의 질감을 좋게 한다(작업성).

④ 수지는 안료와 안료를 연결하여 도막을 형성하는 주체가 되며, 도막의 특징을 내고, 광택과 견고함 등의 성질을 부여한다.

⑤ 경화제는 수지, 유류를 용해하고 유동성을 주어, 안료와 수지를 잘 섞이게 한다. 도막은 되지 않는다.

06 도장에 관한 기술 중에서 틀린 것은 어느 것인가?

상중하

① 에멀젼 페인트는 인화성이 있으므로 화기에 대한 주의가 필요하다.

② 에나멜 락카는 건조가 빠르므로 스프레이 도장이 좋다.

③ 유성 페인트는 건조가 늦으므로 드라이어를 사용할 때가 있다.

④ 모르타르 면을 도장할 경우 될 수 있는 한 오래 방치한 후 행한다.

⑤ 에나멜 페인트는 보통 페인트보다 부착이 강하고 피막이 견고하다.

대표문제　상중하

다음 도장공사에 관련된 용어의 정의가 잘못된 것은 어느 것인가?

① 가사시간 : 다액형 이상의 도료에서 사용하기 위해 혼합했을 때 겔화, 경화 등이 일어나지 않고 작업이 가능한 시간

② 퍼티 : 바탕의 파임·균열·구멍 등의 결함을 메워 바탕의 평편함을 향상시키기 위해 사용하는 살붙임용의 도료. 안료분을 많이 함유하고 대부분은 페이스트상이다.

③ 하도(프라이머) : 물체의 바탕에 직접 칠하는 것. 바탕의 빠른 흡수나 녹의 발생을 방지하고, 바탕에 대한 도막 층의 부착성을 증가시키기 위해서 사용하는 도료

④ 배합비율 : 도장재료를 도장작업에 적합한 점도로 희석하는 희석제나 물 등의 도장재료에 대한 용적비

⑤ 건조시간(도막양생시간) : 온도가 약 20℃, 습도가 약 75%일 때, 다음 공정까지의 최소 시간이고, 온도 및 습도의 조건이 많이 차이 날 경우에는 담당원의 승인을 받아 건조시간을 결정한다.

해설

④ 배합비율 : 도장재료를 도장작업에 적합한 점도로 희석하는 희석제나 물 등의 도장재료에 대한 질량비

● 정답 ④

07 다음 도장공사에 관한 설명으로 모두 옳은 것은?

> ㉠ 일반적으로 모르타르면, 콘크리트면의 내수성, 내알칼리성 또는 내후성이 요구되는 경우 수성 도료, 조합 도료 도장, 자연건조형 도료, 알루미늄 도료, 아크릴 도료, 에폭시계 도료, 폴리우레탄 도료, 불소수지 도료 등을 도장한다.
> ㉡ 도료의 배합비율 및 희석제의 배합비율은 용적비로서 표시한다.
> ㉢ 가사시간: 다액형 이상의 도료에서 사용하기 위해 혼합했을 때 겔화, 경화 등이 일어나지 않고 작업이 가능한 시간이다.
> ㉣ 상도: 물체의 바탕에 직접 칠하는 것. 바탕의 빠른 흡수나 녹의 발생을 방지하고, 바탕에 대한 도막 층의 부착성을 증가시키기 위해서 사용하는 도료이다.

① ㉠, ㉢　　　　② ㉡, ㉣　　　　③ ㉠, ㉡
④ ㉠, ㉡, ㉢　　　⑤ ㉣

08 스프레이 도장공법에 관한 설명으로 옳지 않은 것은?

① 스프레이 도장에는 도장용 스프레이건을 사용한다.
② 래커타입의 도료일 때에는 노즐구경 1.0~1.5mm, 스프레이의 공기압은 0.2~0.4N/mm^{2}를 표준으로 하고 사용재료의 묽기 정도에 따라 적절히 조절한다.
③ 도장거리는 스프레이 도장면에서 300mm를 표준으로 하고 압력에 따라 가감한다.
④ 항상 평행이동하면서 운행의 한 줄마다 스프레이 너비의 1/3 정도를 겹쳐 뿜는다.
⑤ 각 회의 스프레이 방향은 전회의 방향과 같이 평행으로 한다.

09 도장공사에 관한 설명으로 옳은 것은?　　　　　　　　　제22회

① 유성 페인트는 내화학성이 우수하여 콘크리트용 도료로 널리 사용된다.
② 철재면 바탕만들기는 일반적으로 가공장소에서 바탕재 조립 전에 한다.
③ 기온이 5℃ 미만이거나 상대습도가 80%를 초과할 때는 도장작업을 피한다.
④ 뿜칠 시공시 약 40cm 정도의 거리를 두고 뿜칠넓이의 1/4 정도가 겹치도록 한다.
⑤ 롤러도장은 붓도장보다 도장속도가 빠르며 일정한 도막두께를 유지할 수 있다.

10 도장공사에 대하여 잘못 설명한 것은?

상중하

① 도막형성 주요소란 건조·고화하여 광택이 있는 강인한 피막을 형성하는 요소로 유류(油類)와 수지(樹脂)가 있다.

② 도막형성 조요소란 도료를 구성하는 성분으로 형성된 도막의 일부가 되는 것으로 용제와 희석제가 있다.

③ 래커애나멜은 투명래커에 안료를 가한 것으로 실내용과 실외용이 있다.

④ 바탕재가 소나무, 삼송 등과 같이 흡수성이 고르지 못한 바탕재에 색올림을 할 때에는 흡수방지 도장을 한다.

⑤ 스프레이 도장시 각 회의 스프레이방향은 전회의 방향과 직각방향으로 한다.

11 도장공사에 관한 설명으로 옳지 않은 것은?
제23회

상중하

① 녹막이 도장의 첫 번째 녹막이칠은 공장에서 조립 후에 도장함을 원칙으로 한다.

② 뿜칠 공사에서 건(Spray Gun)은 도장면에서 300mm 정도 거리를 두어서 시공하고, 도장면과 평행 이동하여 뿜칠한다.

③ 롤러칠은 평활하고 큰 면을 칠할 때 사용한다.

④ 뿜칠은 압력이 낮으면 거칠고, 높으면 칠의 유실이 많다.

⑤ 솔질은 일반적으로 위에서 아래로, 왼쪽에서 오른쪽으로 칠한다.

12 도장공사의 하자가 아닌 것은?
제24회

상중하

① 은폐불량　　　② 백화　　　③ 기포

④ 핀홀　　　⑤ 피트

CHAPTER 12

적산(표준품셈)

📖 **연계학습** 기본서 p.660~678

단·원·열·기

2문제 정도 출제되며 적산 관련 이론과 할증률, 수량 산출을 위한 계산문제 중 2문제가 출제된다. 많지 않은 양이므로 잘 정리하고 대비할 필요가 있다.

대표문제 상중하

건축적산 및 견적에 관한 설명으로 옳지 않은 것은? 제25회

① 적산은 공사에 필요한 재료 및 품의 수량을 산출하는 것이다.
② 명세견적은 완성된 설계도서, 현장설명, 질의응답 등에 의해 정밀한 공사비를 산출하는 것이다.
③ 개산견적은 설계도서가 미비하거나 정밀한 적산을 할 수 없을 때 공사비를 산출하는 것이다.
④ 품셈은 단위공사량에 소요되는 재료, 인력 및 기계력 등을 단가로 표시한 것이다.
⑤ 일위대가는 재료비에 가공 및 설치비 등을 가산하여 단위단가로 작성한 것이다.

해설
④ 품셈은 어떤 물체를 인력이나 기계로 만드는 데 들어가는 단위당 노력 및 재료의 수량이다.

✔ 정답 ④

---

01 적산 및 견적과 관련된 용어의 설명으로 옳지 않은 것은? 제15회
상중하

① 일반관리비는 기업유지를 위한 관리활동 부문의 비용이다.
② 직접재료비는 당해 공사목적물의 실체를 형성하는 데 소요되는 재료비이다.
③ 재료의 정미량은 설계도서에 표시된 치수에 의해 산출된 수량이다.
④ 품셈은 어떤 물체를 인력이나 기계로 만드는데 들어가는 단위당 노력 및 재료의 수량이다.
⑤ 견적은 공사에 필요한 재료 및 품을 구하는 기술 활동이며, 적산은 공사량에 단가를 곱하여 공사비를 구하는 기술활동이다.

02 다음은 공사비 구성의 분류표이다. ( )에 들어갈 항목으로 옳은 것은? 제22회

총공사비	부가이윤				
	총원가	일반관리비부담금			
		공사원가	간접공사비		
			( )	재료비	
				노무비	
				외주비	
				경 비	

① 공통경비   ② 직접경비

③ 직접공사비   ④ 간접경비

⑤ 현장관리비

03 표준품셈의 적용에 관한 설명으로 옳지 않은 것은? 제12회

① 일일 작업시간은 8시간을 기준으로 한다.

② 건설공사의 예정가격 산정시 공사규모, 공사기간 및 현장조건 등을 감안하여 가장 합리적인 공법을 채택한다.

③ 볼트의 구멍은 구조물의 수량에서 공제한다.

④ 수량의 단위는 C.G.S 단위를 원칙으로 한다.

⑤ 철근콘크리트의 일반적인 추정 단위 중량은 $2.4ton/m^3$이다.

04 표준품셈의 적용에 관한 설명으로 옳지 않은 것은?

① 수량의 계산은 지정 소수위 이하 1단위까지 구하고, 끝수는 4사5입한다.

② 곱하거나 나눗셈에 있어서는 기재된 순서에 의해 계산하고, 분수는 약분법을 쓰지 않으며, 각 분수마다 그 값을 구한 다음 전부의 계산을 한다.

③ 콘크리트 체적 계산시 콘크리트에 배근된 철근의 체적은 제외한다.

④ 테라코타의 할증률은 3%이다.

⑤ 리벳, 수장용 합판, 시멘트 벽돌, 기와의 할증률은 5%이다.

05 공사비 구성에 관한 설명으로 옳지 않은 것은?

① 노무비는 직접노무비와 간접노무비로 구분한다.

② 소모재료비, 소모공구·기구·비품비는 직접재료비에 속한다.

③ 일반관리비는 본사경비로서 공사원가에 일정비율을 곱하여 산출한다.

④ 기술료, 품질관리비, 연구개발비는 경비에 속한다.

⑤ 일반적으로 공사의 예정가격은 공사 총원가에 부가가치세를 합한 것이다.

06 원가개념에 관한 설명으로 옳지 않은 것은?

① 일반관리비는 기업유지를 위한 관리활동 부문의 비용이다.

② 직접재료비는 당해 공사목적물의 실체를 형성하는 데 소요되는 재료비이다.

③ 재료의 정미량은 설계도서에 표시된 치수에 의해 산출된 수량이다.

④ 품셈은 어떤 물체를 인력이나 기계로 만드는 데 들어가는 단위당 노력 및 재료의 수량이다.

⑤ 개산견적은 입찰가격을 결정하는 데 기초가 되는 정밀견적으로 입찰견적이 라고도 한다.

07 예정가격에 의한 공사원가에 관한 설명으로 옳지 않은 것은?

① 공사원가는 공사시공과정에서 발생한 재료비, 노무비, 경비의 합계액을 말한다.

② 재료비는 직접재료비와 간접재료비가 있다.

③ 직접재료비에는 주요재료비와 부분품비로 구성된다.

④ 노무비에는 직접노무비와 간접노무비로 구성되어 있으며 현장감독자 등의 임금 등은 직접노무비에 포함된다.

⑤ 소모품비는 작업현장에서 발생되는 문방구, 장부대 등 소모용품 구입비용을 말하며, 보조재료로서 재료비에 계상되는 것은 제외한다.

08 다음 할증률에 대하여 옳지 않은 것은?

① 왕복시간 또는 이동시간이 1시간 이내의 경우는 특별한 경우를 제외하고 가 산하지 않을 수 있다.

② 작업장소의 협소, 진동, 소음 등과 같은 이유로 작업 능률 저하가 현저할 때 50%까지 가산할 수 있다.

③ 목재로서 판재의 할증률은 3% 각재의 할증률이 목재로서 판재의 할증률은 5%이다.

④ 일반용 합판의 할증률은 3%이다.

⑤ 도료의 할증률은 2%이다.

대표문제 상 중 하

소요수량 산출시 할증률이 가장 작은 재료는? 제23회

① 도료 ② 이형철근
③ 유리 ④ 일반용 합판
⑤ 석고보드

해설

③ 유리 : 1%
① 도료 : 2%
② 이형철근 : 3%
④ 일반용 합판 : 3%
⑤ 석고보드(본드붙임) : 8%, 석고보드(못붙임용) : 5%

◆ 정답 ③

09 상 중 하 **재료의 일반적인 추정 단위 중량(kg/m³)으로 옳지 않은 것은?** 제24회

① 철근콘크리트 : 2,400 ② 보통 콘크리트 : 2,200
③ 시멘트 모르타르 : 2,100 ④ 시멘트(자연상태) : 1,500
⑤ 물 : 1,000

10 상 중 하 **적산 및 견적에 관한 설명으로 옳지 않은 것은?** 제26회

① 할증률은 판재, 각재, 붉은 벽돌, 유리의 순으로 작아진다.
② 본사 및 현장의 여비, 교통비, 통신비는 일반관리비에 포함된다.
③ 이윤은 공사원가 중 노무비, 경비, 일반관리비 합계액의 15%를 초과 계상할 수 없다.
④ 10m² 이하의 소단위 건축공사에서는 최대 50%까지 품을 할증할 수 있다.
⑤ 품셈이란 공사의 기본단위에 소요되는 재료, 노무 등의 수량으로 단가와는 무관하다.

11 건축 표준품셈에 관한 설명으로 잘못된 것은?
상중하

① 재료구입 후 발생되는 부대비용은 재료비에 계상한다.

② 소음, 진동 등의 이유로 작업 능률저하가 현저할 때 50%까지 가산할 수 있다.

③ 원거리 작업시 집합 장소로부터 작업장소까지 도달하기 위하여 상당한 왕복 시간이 요하여 실작업시간이 현저하게 감소될 경우 50%까지 가산할 수 있다.

④ 재료 및 자재단가에 운반비가 포함되어 있지 않은 경우 구입 장소로부터 현장까지의 운반비를 계산할 수 있다.

⑤ 정상작업으로는 불가능하여 야간작업을 할 경우나 공사성질상 부득이 야간작업을 하여야 할 경우에는 품을 25%까지 가산한다.

대표문제 상중하

길이 15m, 높이 3m의 내벽을 바름두께 20mm 모르타르 미장을 할 때, 재료할증이 포함된 시멘트와 모래의 양은 약 얼마인가? (단, 모르타르 1m³당 재료의 양은 아래 표를 참조하며, 재료의 할증이 포함되어 있음)
제18회

시멘트(kg)	모래(m³)
510	1.1

① 시멘트 359kg, 모래 0.79m³   ② 시멘트 359kg, 모래 0.89m³

③ 시멘트 359kg, 모래 0.99m³   ④ 시멘트 459kg, 모래 0.89m³

⑤ 시멘트 459kg, 모래 0.99m³

해설

• 모르타르의 총체적 = 15 × 3 × 0.02 = 0.9(m³)

• 시멘트 소요량 = 510(kg/m³) × 0.9(m³) = 459kg

• 모래 소요량 = 1.1(m³/m³) × 0.9(m³) = 0.99(m³)

✔ 정답 ⑤

---

12 건축적산시 타일의 할증률로 옳지 않은 것은?
상중하
제15회

① 자기 타일 : 5%   ② 도기 타일 : 3%

③ 리놀륨 타일 : 5%   ④ 모자이크 타일 : 3%

⑤ 아스팔트 타일 : 5%

13 표준품셈에서 재료의 할증률로 옳은 것은? 제21회

① 이형 철근: 3%
② 시멘트 벽돌: 3%
③ 목재(각재): 3%
④ 고장력볼트: 5%
⑤ 유리: 5%

14 표준품셈에서 5% 할증률에 해당하는 재료는? 제17회

① 붉은 벽돌
② 콘크리트(시멘트) 벽돌
③ 내화 벽돌
④ 모자이크 타일
⑤ 자기 타일

15 타일공사에서 욕실 바닥 면적 1m²에 소요되는 모자이크 유니트형 타일의 정미량은? (단, 모자이크 유니트형 타일 1장의 크기는 300mm×300mm이다) 제13회

① 7.11장
② 8.11장
③ 9.11장
④ 10.11장
⑤ 11.11장

16 다음 조건으로 산출한 타일의 정미수량은? 제26회

• 바닥크기: 11.2m×6.4m	• 개소: 2개소
• 타일크기: 150mm×150mm	• 줄눈간격: 10mm

① 2,600매
② 2,800매
③ 5,200매
④ 5,600매
⑤ 6,800매

17 다음 중 할증률이 다른 것은?
상중하
① 이형 철근   ② 일반용 합판
③ 붉은 벽돌   ④ 자기 타일
⑤ 기와

18 다음 조건에서 벽면적 150m²에 소요되는 콘크리트(시멘트)벽돌의 정미량(매)은?
상중하 (단, 재료의 할증은 없으며, 소수점 첫째자리에서 반올림한다)   제19회

> 조건 : 표준형 벽돌(190 × 90 × 57mm), 벽 두께 1.0B, 줄눈 너비 10mm

① 11,250매   ② 11,813매
③ 22,350매   ④ 23,468매
⑤ 33,600매

19 벽돌 1.0B쌓기일 때 벽면 1m×1m를 쌓는 데 소요되는 벽돌량(정미량)은? (단, 벽
상중하 돌은 표준형이다)
① 119장   ② 125장
③ 149장   ④ 164장
⑤ 224장

20 벽두께 1.5B 벽면적 20m² 쌓기에 소요되는 표준형 적벽돌의 소요량은? (단, 줄눈
상중하 은 10mm로 한다)
① 2,240매   ② 3,360매
③ 4,480매   ④ 4,615매
⑤ 4,704매

PART

02

대표문제 상 중 하

벽돌 담장의 크기를 길이 8m, 높이 2.5m, 두께 2.0B[콘크리트(시멘트) 벽돌 1.5B · 붉은 벽돌 0.5B]로 할 때, 콘크리트(시멘트)벽돌과 붉은 벽돌의 정미량은? (단, 사용 벽돌은 모두 표준형 190×90×57mm로 하고, 줄눈은 10mm로 하며, 소수점 이하는 무조건 올림한다)

제25회

① 콘크리트(시멘트) 벽돌: 1,500매, 붉은 벽돌: 4,704매
② 콘크리트(시멘트) 벽돌: 1,545매, 붉은 벽돌: 4,480매
③ 콘크리트(시멘트) 벽돌: 4,480매, 붉은 벽돌: 1,500매
④ 콘크리트(시멘트) 벽돌: 4,480매, 붉은 벽돌: 1,545매
⑤ 콘크리트(시멘트) 벽돌: 4,704매, 붉은 벽돌: 1,545매

해설

1. 벽돌 담장의 면적 = 8(m) × 2.5(m) = 20(m²)
2. 면적 1m²당 벽체 두께가 0.5B일 때 75매, 1.5B일 때 224매이므로
   • 콘크리트(시멘트)벽돌의 정미량 = 20(m²) × 224(매/m²) = 4,480(매)
   • 붉은 벽돌의 정미량 = 20(m²) × 75(매/m²) = 1,500(매)

✔ 정답 ③

21 상 중 하
화단벽체를 조적으로 시공하고자 한다. 길이 12m, 높이 1m, 두께 1.5B(내부 콘크리트(시멘트) 벽돌 1.0B, 외부 붉은 벽돌 0.5B)로 쌓을 때 콘크리트(시멘트) 벽돌과 붉은 벽돌의 소요량은? [단, 벽돌의 크기는 표준형(190×90×57mm)으로 하고, 줄눈은 10mm로 하며, 소수점 이하는 무조건 올림으로 한다]

제22회

① 콘크리트(시멘트) 벽돌: 945매, 붉은 벽돌: 1,842매
② 콘크리트(시멘트) 벽돌: 1,842매, 붉은 벽돌: 927매
③ 콘크리트(시멘트) 벽돌: 1,842매, 붉은 벽돌: 945매
④ 콘크리트(시멘트) 벽돌: 1,878매, 붉은 벽돌: 927매
⑤ 콘크리트(시멘트) 벽돌: 1,878매, 붉은 벽돌: 945매

22 상 중 하
면적 100m²인 벽체를 콘크리트(시멘트) 벽돌(190×90×57mm)을 이용하여 0.5B 두께로 쌓을 때 콘크리트(시멘트) 벽돌의 소요량은? (단, 줄눈은 10mm로 한다)

제23회

① 6,685매　　　　② 6,825매　　　　③ 7,500매
④ 7,725매　　　　⑤ 7,875매

23 상중하 화장실의 벽길이가 한변은 2,000mm(대린벽의 두께는 각각 0.5B)와 1,500mm(대린벽의 두께는 각각 0.5B)일 때 타일의 수량을 산출하시오[단, 타일의 규격은 바닥타일은 75×75(mm), 줄눈은 3mm로 하고 타일의 할증률은 3%로 한다].

① 443매 　　　　　② 457매 　　　　　③ 559매
④ 710매 　　　　　⑤ 732매

24 상중하 가로(40cm)×세로(50cm)×높이(500cm)인 철근콘크리트 기둥이 20개일 때, 기둥의 전체 중량은?　　　　　　　　　　　　　　　　　　　　　　　제14회

① 320ton 　　　　　② 40ton 　　　　　③ 48ton
④ 56ton 　　　　　⑤ 60ton

25 상중하 길이 30m, 폭이 20m인 옥상 슬래브에 4겹 아스팔트 방수를 할 때의 방수면적을 산출하시오(단, 난간벽 부분 방수의 높이는 50cm이다).

① 650 　　　　　② 600 　　　　　③ 500
④ 550 　　　　　⑤ 50

박문각그룹

박문각은 공무원, 공인중개사, 주택관리사, 임용, 경찰, 전문자격 등 취업과 관련된 직업교육은 물론 출판, 기업체교육 등 다양한 분야에서 수준 높은 교육 서비스를 제공하는 교육전문 그룹입니다.

공무원

9급·7급 공무원 / 임용
소방 / 경찰 / 경찰승진

미디어·출판

출판 / 고시신문
온·오프라인 서점

전문자격

공인중개사 / 주택관리사
법무사 / 노무사 / 감평사 / 행정사
손해평가사 / 전기기사

취업자격

NCS / 사회복지사 / 기술사
문화재기술사 / 한국사능력검정

교육 서비스

기업교육 서비스
대학제휴 서비스

Since 1972

박문각은 1972년부터 52년간
수험생들의 합격을 이끌어온
대한민국 유일의 교육기업입니다.

박문각
주택관리사

합격예상문제 1차

공동주택시설개론

2023 고객선호브랜드지수 1위
교육(교육서비스)부문

2022 한국 브랜드 만족지수 1위
교육(교육서비스)부문 1위

2021 조선일보 국가브랜드 대상
에듀테크 부문 수상

2021 대한민국 소비자 선호도 1위
교육부문 1위

2020 한국 산업의 1등
브랜드 대상 수상

2019 한국 우수브랜드
평가대상 수상

2018 대한민국 교육산업 대상
교육서비스 부문 수상

박문각 주택관리사
온라인강의 www.pmg.co.kr

박문각 북스파
수험교재 및 교양서 전문
온라인 서점

박문각 www.pmg.co.kr

교재문의 02-6466-7202
동영상강의 문의 02-6466-7201

정가 29,000원

14320

9 791169 878210

ISBN 979-11-6987-821-0
ISBN 979-11-6987-819-7(1차 세트)

2024 제27회 시험대비 전면개정판

박문각
주택관리사

합격예상문제 **1차**

공동주택시설개론

정답 및 해설

김용규 외 박문각 주택관리연구소 편

브랜드만족
1위
박문각

수상내역
후면표기

동영상강의
www.pmg.co.kr

50년 시간이 만든 합격비결
합격 노하우가 다르다!

박문각

건축설비

01 급수설비

01 ② 표준대기압은 약 101.325kPa이다.

02 ① 배관 내를 흐르는 물과 배관 표면과의 마찰력은 물의 속도의 제곱에 비례한다.
② 표준대기압은 약 101.3kPa이다.
④ 유체의 점성이 커질수록 급수배관 내의 압력손실은 증가한다.
⑤ 경도가 높은 물을 보일러 용수로 사용하면 스케일이 생성되어 전열효율을 감소시킨다.

03 ④ 일정량의 기체의 체적은 그 기체의 절대온도에 비례하고, 압력에 반비례한다.

04 ① 관내에 흐르는 유속을 높이면 마찰손실이 증가한다.

05 ② 유속$(v) = \dfrac{Q(유량)}{A(단면적)} = \dfrac{Q}{\pi\left(\dfrac{d}{2}\right)^2} = \dfrac{3(m^3) \div 3{,}600}{3.14 \times \left[\dfrac{0.05(m)}{2}\right]^2} = 0.4246$

06 ⑤ 물의 경도는 물속에 녹아있는 칼슘, 마그네슘 등의 염류의 양을 탄산칼슘의 농도로 환산하여 나타낸 것이다.

07 ① 고가수조방식은 급수압이 일정하지만, 고가수조와 해당층과의 수두차에 의해 급수압이 결정되므로 건물 내 모든 층은 위생기구에서 수두차에 의한 급수압력이 동일하지 않아 감압밸브를 사용하는 등 조닝을 한다.

08 ② 중규모 이상인 건물의 급수주관이나 급수지관의 관경을 결정할 때는 순간최대유량을 구하고 관의 유량선도(마찰저항선도)에 의해 구하는 것이 일반적이다.

09 ③ 급수관의 총압력손실은 최소 이용 가능 압력보다 작아야 한다.

10 ④ 펌프의 캐비테이션을 방지하기 위하여 펌프의 설치 위치를 되도록 낮게 설치하는 것이 바람직하다.

11 ① 주택용 급수배관 내 유속은 2m/s 이내로 하는 것이 바람직하다.
② 수도직결방식은 건물 내 단수시 급수가 불가능하다.
④ 펌프직송방식은 기계실 내 저수조 설치가 필요하다.
⑤ 압력탱크방식은 해당 주택이 단수되었을 때 저수조 용량만큼 물 공급이 가능하다.

12 ⑤ 수도직결 계통의 수압시험의 최소 사용압력은 1MPa이고 고가수조 이하 연결배관의 수압시험은 사용압력의 1.5배로, 최소 0.75MPa로 한다.

13 ㉠ 절수기기란 물 사용량을 줄이기 위하여 수도꼭지나 변기에 추가로 장착하는 부속이나 기기, 절수형 샤워헤드를 포함한다. 절수설비란 별도의 부속이나 기기를 추가로 장착하지 아니하고도 일반 제품에 비하여 물을 적게 사용하도록 생산된 수도꼭지 및 변기를 말한다.
㉡ 절수형 수도꼭지는 공급수압 98kPa에서 1분당 6.0리터 이하인 것. 다만, 공중용 화장실에 설치하는 수도꼭지는 1분당 5리터 이하인 것이어야 한다.

14 ① 수조의 급수 유입구와 유출구 사이의 거리는 가능한 한 멀게 하여 정체에 의한 오염이 발생되지 않도록 한다.
🏠 **사수**(死水, Dead Water): 저수조나 고가수조에는 반드시 출입구가 있다. 물은 입구로부터 출구까지 최단 거리가 되도록 흐르려고 하기 때문에 만약 입구와 출구가 서로 근접해 있으면 탱크에 유입된 물은 곧 흘러 나가게 되고 탱크 내의 대부분의 물은 정체한 채로 있게 된다. 이와 같이 정체 상태의 물을 사수(死水, Dead Water)라 한다.

15 ④ 세정밸브식 변기 등은 토수구 공간을 두는 것이 물리적으로 불가능하기 때문에 이들 기구에는 공기를 유입시켜 부압을 완화, 소멸 시키는 기능을 갖는 버큠 브레이커(Vacuum Breaker, 진공방지기)를 수전, 밸브 부근의 배관에 설치하는 방법이다.

16 ① 수평주관의 물매는 상향식은 선상향(앞올림 물매)구배를 하고, 하향식은 선하향(앞내림 물매)구배를 한다. 그렇지만 각 층의 수평주관은 선상향(앞올림 물매)구배를 한다.

17 ① 펌프의 양수량은 펌프의 회전수에 비례한다.
② 동일 특성을 갖는 펌프를 직렬로 연결하면 양정은 2배로 증가한다.
④ 터보형 펌프에는 벌(볼)류트 펌프와 터빈 펌프가 있다.
⑤ 펌프의 회전수가 클수록 캐비테이션현상 방지에 불리하다.

18 ④ 수격작용을 줄이기 위해서는 직선배관을, 관경은 크고, 유속은 느리게, 수압은 작게 하는 것이 이상적이다.

19 ② 2대의 펌프를 직렬로 연결할 경우 체절점에서 2배의 양정이 된다.

20 ① 흡입양정을 작게 할수록 공동현상(cavitation) 방지에 유리하다.
　② 펌프의 전양정은 흡입양정, 토출양정, 배관 손실수두의 합이다.
　④ 펌프의 전양정은 펌프의 회전수의 제곱에 비례한다.
　⑤ 펌프의 회전수를 2배로 하면 펌프의 축동력은 3제곱에 비례하므로 8배가 된다.

21 ④ 수격작용을 방지하기 위해 기구 근처에 공기실(에어챔버)을 설치한다.

22 ⑤ 워터해머 현상은 급폐쇄형 밸브를 사용할 때 그 현상이 증가한다.

23 ⑤ 온수의 균등분배를 위해 역환수방식으로 배관을 한다.

24 ⑤ 50mm 이하의 배관에는 플랜지나 유니온을, 65mm 이상의 관은 플랜지나 그루브커플링 등을 사용한다.

25 ④ 음료수용 탱크 상부에는 음료수용 급수관 이외의 배관이 통과되지 않도록 한다.

26 ④ 펌프를 흡입수면보다 높게 설치하는 경우 반드시 푸트밸브를 설치한다.

27 ② 물탱크에 물이 오래 있으면 잔류염소가 감소하면서 오염 가능성이 커진다.

28 ② 실양정 = 흡입양정 + 토출양정

29 ③ 캐비테이션이란 배관 내의 어느 지점에서의 압력이 그 배관을 흐르는 액체의 포화증기압보다 낮아지게 되면, 그 액체는 국부적으로 증발을 일으켜 기포가 발생하게 되는 현상으로 펌프는 격심한 소음과 진동으로 양수가 불능상태에 이르는 현상을 말한다. 배관 내의 압력이 낮을수록, 배관 내를 흐르는 액체의 온도가 높을수록 캐비테이션은 발생하기 쉽다.

30 ① 용적형펌프는 펌프의 내용적을 변화시켜 압력의 변화를 이용한 펌프로 왕복펌프(피스톤펌프, 플런저펌프)와 회전펌프(기어펌프)가 있다.
　② 동일 특성을 갖는 펌프를 병렬로 연결하면 유량은 2배로 증가하고 직렬로 연결하면 양정이 2배로 증가한다.
　④ 펌프의 양수량은 펌프의 회전수에 비례한다.
　⑤ 공동현상을 방지하기 위해 흡입양정을 낮춘다.

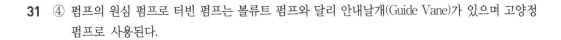

31 ④ 펌프의 원심 펌프로 터빈 펌프는 볼류트 펌프와 달리 안내날개(Guide Vane)가 있으며 고양정 펌프로 사용된다.

32 ④ 급수펌프를 1대에서 2대로 병렬연결하면 마찰손실을 무시했을 때 양정은 고정된 상태에서 유량은 2배로 증가하지만, 실제로는 유량과 양정이 모두 증가하나 증가폭은 배관계 저항조건에 따라 달라진다.

33 ② 펌프의 흡입 수평관은 될 수 있는 한 짧게 펌프를 향하여 적당한 상향기울기로 배관하며 필요에 따라서 마찰손실이 적은 게이트 밸브를 설치한다.

34 1. 펌프의 축마력 $= \dfrac{QH}{4,500E}$

　　 $Q = 800\,\ell/\text{min}$, $H = 54\text{m}$, $E = 80\% = 0.8$이다.

　　2. 그러므로 펌프의 축마력(HP) $= \dfrac{QH}{4,500E} = \dfrac{800 \times 54}{4,500 \times 0.8} = 12(\text{HP})$이다.

35 ④ 펌프의 공동현상(Cavitation)을 방지하기 위하여 펌프의 설치 위치를 수조의 수위보다 낮게 하는 것이 바람직하다.

36 ① 급수펌프의 회전수를 2배로 하면 양정은 4배가 된다.
　　② 펌프의 흡입양정이 작을수록 캐비테이션현상 방지에 유리하다.
　　③ 펌프직송방식은 정전이 될 경우 비상발전기가 없으면 일정량의 급수가 불가능하다.
　　④ 고층건물의 급수 조닝방법으로 감압밸브를 설치하는 것이 있다.

37 ① 동일한 양의 물이 배관 내를 흐를 때 배관의 단면적이 1/2배가 되면 물의 속도는 2배가 된다.
　　② 유체의 마찰은 물과 접촉된 고체 표면의 면적, 거친 정도, 속도의 제곱에 비례한다.
　　④ 정수두 하에 있는 작은 오리피스를 통한 이상유체 흐름의 평균유속(v)은 정수두(h)의 제곱근에 비례한다.
　　⑤ 공동현상에 관한 내용이며, 서징현상이란 산형(山形)특성의 양정곡선을 갖는 펌프의 산형 왼쪽 부분에서 유량과 양정이 주기적으로 변동하는 현상이다.

38 ④ 압력탱크방식은 최고·최저의 압력차가 크므로 급수압의 변동이 크다.

02 급탕설비

01 ④	02 ①	03 ②	04 ③	05 ③	06 ①	07 ②	08 ③	09 ⑤	10 ②
11 ①	12 ①	13 ①	14 ⑤						

01 ④ 배관거리가 30m 이상인 중앙급탕방식에서는 배관으로부터 열 손실을 보상하여, 일정한 급탕 온도를 유지할 수 있는 환탕배관과 급탕순환펌프를 설치한다.

02 ㉢ 간접가열방식은 증기 또는 온수를 열원으로 하여 열교환기를 통해 물을 가열하는 방식이다.
㉣ 직접가열식은 간접가열식보다 수처리를 더 많이 할 필요가 있다.

03 ① 팽창탱크는 밀폐식과 개방식이 있다.
③ 직접가열식 중앙급탕법은 스케일 부착이 심해 내부에 방식 처리가 필요하다.
④ 간접가열식의 가열 코일에 쓰는 증기는 건축물의 높이와 관계없이 저압이라도 충분하므로 고압용 보일러를 쓸 필요가 없다.
⑤ 순간식 온수기에는 팽창탱크가 필요하지 않다.

04 ③ 하향배관의 경우 급탕관은 하향구배, 반탕관은 상향구배로 한다.

05 최소 가스량 $= \dfrac{\text{질량} \times \text{비열} \times \text{온도차}}{\text{발열량} \times \text{효율}}$

$\qquad = \dfrac{3{,}000\text{kg} \times 4.2\text{kJ/kg} \cdot \text{K} \times (90\,℃ - 20\,℃)}{40{,}000\text{kJ/m}^3 \times 0.9} = 24.50\text{m}^3$

06 ① 급탕순환펌프의 양정은 순환유량이 각 순환관로에 배분된 경우 마찰손실수두가 가장 큰 순환 관로의 마찰손실수두로 한다.

07 ② 컨트롤 조인트: 조절줄눈 또는 균열유발줄눈으로 구조체에 신축균열이 임의로 발생하지 않고 특정 부위에 발생하도록 유도하는 줄눈이다.

08 ③ 신축곡관은 배관의 도중을 U자형 및 루프형으로 꺾어 놓고 그 부분의 휨에 의해 배관의 신축을 흡수한다.

09 ⑤ 온도강하 및 급탕수전에서의 온도 불균형이 없고 수시로 원하는 온도의 탕을 얻을 수 있도록 원칙적으로 복관식으로 한다.

10 ② 서모스탯(Thermostat) : 자동온도조절기라고도 하며, 온도를 일정하게 조절하는 장치로 저탕 탱크 등에 사용한다.

11 ① 급탕배관의 신축으로 배관이나 다른 기기가 손상될 수 있는 경우에는 신축이음를 설치한다.

12 ① 직접가열식이 간접가열식보다 열효율이 좋다.

13
① $\Delta V = (\dfrac{\rho_1}{\rho_2} - 1)V = (\dfrac{1}{0.9774} - 1)400 = 9.25$

14 ⑤ 급탕순환펌프의 양정은 급탕가열기를 출발하여 급탕과 환탕배관을 되돌아 오면서 발생되는 배관의 마찰손실을 계산하여 결정하면 된다.

03 배수 및 통기설비

Answer

01 ①	02 ⑤	03 ③	04 ②	05 ④	06 ⑤	07 ①	08 ①	09 ④	10 ②
11 ④	12 ⑤	13 ②	14 ③	15 ④	16 ⑤	17 ④	18 ②	19 ②	20 ②

01 ① 최소 관경은 32A 이상으로 한다.

02 ⑤ 배수관의 지름이 클수록 흐르는 수심이 낮아져서 운반능력이 감소된다.

03 ③ 배수지관 등이 합류하는 경우는 반드시 배관에 45도 이내의 예각으로 접속하고 수평 기울기로 합류시킨다.

04 ㉠ 개인용 세면기 : 1.0
ㅤ ㉢ 주택용 욕조 : 2.0
ㅤ ㉡ 공중용 대변기 : 8.0

05 ㉣ 배수수직관 내가 부압으로 되는 곳에 배수수평지관이 접속되어 있으면 배수수평지관 내의 공기는 수직관 쪽으로 유인되며, 따라서 봉수가 이동하여 손실되는 현상을 유도사이펀작용이라고 한다.

06 ⑤ 모든 트랩의 봉수에 250Pa 이상의 기압차가 생기지 않도록 배수관에 통기관을 설치한다.

07 ① 분출작용에 대한 설명이다.

08 ① 열동트랩은 증기방열기 출구 측에 설치하여 증기와 응축수를 분리하여 응축수만 환수관으로 보내는 증기난방에서 사용하는 부속품으로 방열기트랩이라고도 한다.

09 ④ 집을 오랫동안 비워둘 경우 증발현상에 의해 봉수가 파괴되며 벨트랩에서 발생하기 쉽다.

10 ② 분출작용에 대한 설명이다.

11 ④ 도피통기관에 대한 설명이다.

12 ⑤ 회로통기관을 배수횡지관에 접속할 때는 배수수평지관의 수직 또는 수직에서 45° 이내에 접속해야 한다.

13 ② 브랜치 간격의 수가 5개 이상인 모든 배수수직관에는 수직통기관을 설치한다.

14 ③ 각개통기관의 수직올림위치는 동수구배선보다 위에 위치시켜 흐름이 원활하도록 하여야 한다.

15 ④ 통기관의 끝은 외기까지 연장하고 그 개구부 끝이 막히거나 건물내부로 오염된 공기가 유입되지 않도록 조치하여야 한다.

16 ⑤ 기구배수관 이외의 기구배수관을 배수횡지관에 접속할 때는 수평에서 위쪽으로 45° 이내에 접속해야 한다.

17 ① 결합통기관의 지름은 통기수직관의 관경과 같아야 한다.
② 신정통기관은 배수수직관 상부를 연장하여 대기 중에 개방한 통기관이다.
③ 위생기구가 여러 개일 경우 환상통기관보다 각개통기관을 설치하는 것이 통기효과가 더 좋다.
⑤ 각개통기관이 배수관에 접속되는 지점은 기구의 최고 수면과 배수수평지관이 배수수직관에 접속되는 점을 연결한 동수구배선보다 위에 있도록 한다.

18 ② 급탕배관의 수압시험은 배관의 보온피복공사를 하기 전에 해야 한다.

19 ② 결합통기관은 고층건물에서 배수수직관과 통기수직관을 연결하여 설치한 것이다.

20 ② 브랜치 간격의 수가 5개 이상인 모든 배수수직관에는 통기수직관을 설치한다.

04 위생기구 및 배관용 재료

01 ④ 산·알칼리에 침식되지 않고 내구력이 있다.

02 ③ 세정탱크식 대변기에서 세정시 소음은 로우(Low)탱크식이 하이(High)탱크식보다 작다.

03 ② 버큠 브레이커(Vacuum Breaker)의 역할은 급수관 내의 부압의 형성에 의한 역사이펀작용에 의해 이미 사용한 물이 상수계통(급수관)으로 역류하는 것을 방지하기 위한 기구이다.

04 ③ 동관은 K, L, M타입이 있으며 K타입이 가장 두껍다.

05 ⑤ 강관은 기계적 성질이 우수하며 고온이나 저온에서도 강도가 크며, 스케줄번호가 클수록 배관 두께가 두껍다. 부식이 잘 되어 내용연수가 짧다.

06 ⑤ 경질염화비닐관은 내식성, 내화학성이 우수하며, 표면이 매끄러워 관내 마찰손실이 작다.
　　🏠 **경질염화비닐관의 특징**
　　1. 가격이 싸고 가볍다.
　　2. 내산, 내알칼리성이다.
　　3. 전기절연성이 우수하나, 충격과 열에 약하다.
　　4. 배관 가공이 용이하며, 관내 마찰손실이 작다.
　　5. 열팽창률이 크며, 강도가 약하다.

07 ④ 플레어이음은 동관이음에 많이 사용된다.

08 ⑤ 일반 PVC관은 두께에 따라 VG1, VG2로 나누어지는데, 일반적인 배수에는 VG2를 보편적으로 사용한다. VG1은 두꺼운 관, VG2는 얇은 관이다.

09 ④ 체크 밸브는 유체의 흐름을 한 방향으로 흐르게 하며, 수평·수직 배관에 모두 사용할 수 있는 스윙형과 수평배관에만 사용하는 리프트형이 있다.

10 ② 글로브 밸브에 대한 설명이다.

11 ⑤ 같은 지름의 관을 직선으로 연결할 때는 유니온, 플랜지, 니플, 커플링, 소켓이음 등이 있다.

12 ⑤ 온도조절 밸브

① 전자 밸브

② 전동 밸브

③ 감압 밸브

④ 다이아프램 밸브

13 ⑤ 전자 밸브에 대한 설명으로 전동 밸브는 콘덴서 모터를 구동하여 감속된 회전운동을 링크 기구에 의해 왕복운동으로 변환시켜 밸브를 개폐하여 유체의 온도·압력·유량 등의 자동제어 및 원격 조작 등에 사용된다.

14 ① 흡인 베인은 공조 관련 설비이다.

05 오수정화설비

Answer

| 01 ① | 02 ③ | 03 ④ | 04 ④ | 05 ③ | 06 ⑤ | 07 ② | 08 ⑤ | 09 ② | 10 ⑤ |

01 ① "하수"라 함은 사람의 생활이나 경제활동으로 인하여 액체성 또는 고체성의 물질이 섞이어 오염된 물(이하 "오수"라 한다)과 건물·도로 그 밖의 시설물의 부지로부터 하수도로 유입되는 빗물·지하수를 말한다. 다만, 농작물의 경작으로 인한 것을 제외한다.

02 ③ 지문의 내용은 DO(Dissolved Oxygen)이며, BOD는 생물학적 산소요구량으로 오수 중의 오염물질(유기물)이 미생물에 의하여 분해되고 안정된 물질(무기물, 물, 가스)로 변할 때 얼마만큼 오수 중의 산소량이 소비되는가를 나타내는 값이다. BOD는 그 값이 클수록 물이 오염되어 있는 것을 나타내고, 20℃에서 5일간에 소비된 산소를 나타낸다.

03 ⓒ BOD(Biochemical Oxygen Demand) : 생물화학적 산소요구량(수질)

ⓒ SS(Suspended Solid) : 부유물질(수질)

② PM(Particulate Matter) : 미세입자(공기질)

⊙ VOCs(Volatile Organic Compounds) : 휘발성 유기물질(공기질)

ⓜ DO(Dissolved Oxygen) : 용존산소량(수질)

04 ④ 화학적 산소요구량을 말한다.
　① 생물화학적 산소요구량
　③ 용존산소량
　⑤ 부유물질

05 ③ BOD와 더불어 주로 유기물질을 간접적으로 나타내는 지표(Indicator)로서 산화제를 이용, 배수 중의 피산화물을 산화하는데 요하는 산소량을 백만분율로 표시하는데 일반적으로 공장폐수 중 무기물을 함유하고 있어 BOD 측정이 불가능할 경우 COD를 측정한다. 또한, COD는 단시간에 측정이 가능한 이점이 있다.

06 ⑤ 중화는 화학적 처리방법에 속하며 pH 5.8~pH 8.5 내에 있도록 조정하는 것이다.

07 ② 살수여상형, 평면산화형, 지하 모래 여과형 방식은 호기성 처리방식이다.

08 ① 활성오니법 및 생물막법은 호기성 미생물을 이용하는 방식이다
　② 질소·인 제거를 위한 처리과정은 방류수 처리수준을 향상시키기 위한 것이다.
　③ 생물학적 처리는 미생물의 활동에 의한 유기물질의 제거를 목적으로 하고 있다.
　④ 장시간 폭기방식에 의한 오수정화조의 오수정화순서는 스크린 ⇨ 폭기조 ⇨ 침전조 ⇨ 소독조이다.

09
> **하수도법 시행규칙 제33조【개인하수처리시설의 관리기준】** ① 법 제39조 제2항에 따른 개인하수처리시설의 관리기준은 다음 각 호와 같다. 다만, 공공하수처리시설 또는 「물환경보전법」 제48조에 따른 공공폐수처리시설로 오수를 유입시켜 처리하는 지역에 설치된 개인하수처리시설에는 제1호와 제4호를 적용하지 아니하고, 해당 지역에 설치된 오수처리시설은 제3호에 따른 내부청소를 연 1회 이상 하여야 한다.
> 1. 다음 각 목의 구분에 따른 기간마다 그 시설로부터 배출되는 방류수의 수질을 자가측정하거나 「환경분야 시험·검사 등에 관한 법률」 제16조에 따른 측정대행업자가 측정하게 하고, 그 결과를 기록하여 3년 동안 보관할 것
>   가. 1일 처리용량이 200세제곱미터 이상인 오수처리시설과 1일 처리대상 인원이 2천명 이상인 정화조 : (㉠ 6개월마다 1)회 이상
>   나. 1일 처리용량이 50세제곱미터 이상 200세제곱미터 미만인 오수처리시설과 1일 처리대상 인원이 1천명 이상 2천명 미만인 정화조 : (㉡ 연 1)회 이상

10 ⑤ ㉠: 개인하수도, ㉡: 합류식하수관로, ㉢: 분류식하수관로

06 소방설비

Answer

01 ⑤	02 ⑤	03 ④	04 ③	05 ②	06 ③	07 ③	08 ①	09 ⑤	10 ①
11 ③	12 ④	13 ③	14 ⑤	15 ③	16 ③	17 ①	18 ①	19 ⑤	20 ①
21 ②	22 ②	23 ⑤	24 ④	25 ③	26 ⑤	27 ⑤	28 ①	29 ②	30 ⑤
31 ④									

01 ⑤ K급 화재란 주방에서 동식물유를 취급하는 조리기구에서 일어나는 화재를 말하며 소화기의 적응 화재별 표시는 'K'로 표시한다.

02 ① 소화설비
② 경보설비
③ 소화용수설비
④ 경보설비

03 ④ 주방용자동소화장치에 대한 설명이며 캐비넷형자동소화장치란 열, 연기 또는 불꽃 등을 감지하여 소화약제를 방사하여 소화하는 캐비넷형태의 소화장치를 말한다.

04 ③ 스프링클러헤드에 공급되는 물은 유수검지장치를 지나도록 할 것. 다만, 송수구를 통하여 공급되는 물은 그러하지 아니하다.

05 ② 옥내소화전 노즐선단에서의 방수압력은 0.17MPa 이상으로 한다.

구 분	옥내소화전	옥외소화전
소화범위(m)	25	40
방수압력(MPa)	0.17	0.25
방수량(ℓ/min)	130	350
저수량(m^3)	$2.6 \times N(1{\sim}2)$	$7 \times N(1{\sim}2)$

06 ③ 드렌처설비 : 워터커튼(수막)을 형성하여 인접건물 또는 창을 통한 상층부로의 화재 확대를 방지하기 위한 소방시설을 말한다.

07

> **옥내소화전설비의 화재안전기술기준**(NFTC 102)
>
> 2.3.2 2.3.1에도 불구하고 다음의 어느 하나에 해당하는 장소에는 소방청장이 정하여 고시한 「소방용합성수지배관의 성능인증 및 제품검사의 기술기준」에 적합한 소방용 합성수지배관으로 설치할 수 있다.
>
> 2.3.2.1 배관을 지하에 매설하는 경우
>
> 2.3.2.2 다른 부분과 내화구조로 구획된 덕트 또는 피트의 내부에 설치하는 경우
>
> 2.3.2.3 천장(상층이 있는 경우에는 상층바닥의 하단을 포함한다. 이하 같다)과 반자를 불연재료 또는 준불연 재료로 설치하고 소화배관 내부에 항상 소화수가 채워진 상태로 설치하는 경우

08 ① 가압수조란 가압원인 압축공기 또는 불연성 고압기체에 따라 소방용수를 가압시키는 수조를 말하며, 고가수조란 구조물 또는 지형지물 등에 설치하여 자연낙차의 압력으로 급수하는 수조를 말한다.

09 ⑤ 펌프의 성능은 체절운전시 정격토출압력의 140%를 초과하지 아니하고, 정격토출량의 150%로 운전시 정격토출압력의 65% 이상이 되어야 한다.

10 ① 체절운전시, 수온의 상승을 방지하기 위해 순환배관을 설치한다. 단, 충압펌프의 경우에는 그러하지 아니하다.

11 ⓛ 옥내소화전 송수구의 설치높이는 바닥으로부터의 높이가 0.5m 이상 1m 이하의 위치에 설치하여야 한다.
　　ⓒ 압력수조란 소화용수와 공기를 채우고 일정압력 이상으로 가압하여 그 압력으로 급수하는 수조를 말한다.

12 ④ 준비작동식은 1차측에 가압수, 2차측 배관에서 헤드까지는 대기압 상태로 되어 있다.

13 ③ 스프링클러는 소화설비에 해당한다. 연결송수관설비 등이 소화활동설비에 속하며 본격화재 집압용이다.

14 ⑤ 체절운전이란 펌프의 성능시험을 목적으로 펌프 토출측의 개폐밸브를 폐쇄한 상태에서 펌프를 운전하는 것을 말한다.

15 ③ 가압송수장치의 정격토출 압력은 하나의 헤드선단에 0.1MPa 이상, 1.2MPa 이하의 방수압력이 될 수 있게 하여야 한다.

16 ③ 감지기와 수동기동장치에 의해 작동되는 방식은 준비작동식과 일제살수식 스프링클러이다.

17 ① 정온식 감지기의 설명이다.

18 ① 일정온도 상승률에 따라 동작하는 감지기는 차동식이며 감지범위에 따라 스폿형(국소감지), 분포형(넓은 지역 감지)이 있다.

19 ⑤ 층수가 11층(공동주택의 경우에는 16층) 이상의 특정소방대상물은 다음의 기준에 따라 경보를 발할 수 있도록 하여야 한다.

> **자동화재탐지설비 및 시각경보장치의 화재안전기술기준(NFTC 203)**
> 2.5.1.2.1. 2층 이상의 층에서 발화한 때에는 발화층 및 그 직상 4개층에 경보를 발할 것
> 2.5.1.2.2. 1층에서 발화한 때에는 발화층·그 직상 4개층 및 지하층에 경보를 발할 것
> 2.5.1.2.3. 지하층에서 발화한 때에는 발화층·그 직상층 및 그 밖의 지하층에 경보를 발할 것

20 ① 하나의 경계구역의 면적은 $600m^2$ 이하로 하고 한변의 길이는 50m 이하로 할 것

21 ② 복도통로유도등은 바닥으로부터 높이 1m 이하의 위치에 설치해야 한다.

22 🏠 **통로유도등**
1. 복도에 설치할 것
2. 구부러진 모퉁이 및 보행거리 20m마다 설치할 것
3. 바닥으로부터 높이 1m 이하의 위치에 설치할 것
4. 조도 : 1lx 이상

23 ⑤ 유도등을 20분 이상 유효하게 작동시킬 수 있는 용량으로 할 것. 다만, 각 목의 특정소방대상물의 경우에는 그 부분에서 피난층에 이르는 부분의 유도등을 60분 이상 유효하게 작동시킬 수 있는 용량으로 하여야 한다.

> 비상전원
> 1. **자동화재 탐지설비**
>   비상전원의 축전지 용량은 최저 허용전압이 될 때까지 방전한 후 24시간 충전하고 그 후 충전하지 않고 1시간 감시상태를 계속한 직후에 자동화재탐지설비를 10분 이상 유효하게 작동
> 2. **유도등·비상조명등**
>   ① 60분 이상(지하상가 및 층수가 11층 이상인 소방대상물)
>   ② 20분 이상(지하상가 및 11층 이상인 소방대상물 외의 소방대상물에 설치하는 경우)
> 3. **무선통신보조설비**
>   30분 이상(증폭기)
> 4. **비상콘센트**
>   20분 이상(대부분 소방 관련 시설)

24 ④ 간이완강기란 사용자의 몸무게에 따라 자동적으로 내려올 수 있는 기구 중 사용자가 교대하여 연속적으로 사용할 수 없는 것을 말한다.

25 ③ ㉠: 완강기, ㉡: 구조대, ㉢: 다수인피난장비

📋 피난기구

1. 피난사다리	화재시 긴급대피를 위해 사용하는 사다리
2. 완강기	사용자의 몸무게에 따라 자동적으로 내려올 수 있는 기구 중 사용자가 교대하여 연속적으로 사용할 수 있는 것
3. 간이완강기	사용자의 몸무게에 따라 자동적으로 내려올 수 있는 기구 중 사용자가 연속적으로 사용할 수 없는 것
4. 구조대	포지 등을 사용하여 자루형태로 만든 것으로서 화재시 사용자가 그 내부에 들어가서 내려옴으로써 대피할 수 있는 것
5. 공기안전매트	화재 발생시 사람이 건축물 내에서 외부로 긴급히 뛰어 내릴 때 충격을 흡수하여 안전하게 지상에 도달할 수 있도록 포지에 공기 등을 주입하는 구조로 되어 있는 것
6. 다수인피난장비	화재시 2인 이상의 피난자가 동시에 해당층에서 지상 또는 피난층으로 하강하는 피난기구
7. 승강식 피난기	사용자의 몸무게에 의하여 자동으로 하강하고 내려서면 스스로 상승하여 연속적으로 사용할 수 있는 무동력 승강식피난기
8. 하향식 피난구용 내림식사다리	하향식 피난구 해치에 격납하여 보관하고 사용시에는 사다리 등이 소방대상물과 접촉되지 아니하는 내림식 사다리

26

비상콘센트설비의 화재안전기술기준(NFTC 504)

2.1.5.2. 비상콘센트의 배치는 바닥면적이 1,000m^2 미만인 층은 계단의 출입구(계단의 부속실을 포함하며 계단이 2 이상 있는 경우에는 그중 1개의 계단을 말한다)로부터 5m 이내에, 바닥면적 1,000m^2 이상인 층은 각 계단의 출입구 또는 계단부속실의 출입구(계단의 부속실을 포함하며 계단이 3 이상 있는 층의 경우에는 그중 2개의 계단을 말한다)로부터 5m 이내에 설치하되, 그 비상콘센트로부터 그 층의 각 부분까지의 거리가 다음의 기준을 초과하는 경우에는 그 기준 이하가 되도록 비상콘센트를 추가하여 설치할 것
2.1.5.2.1. 지하상가 또는 지하층의 바닥면적의 합계가 3,000m^2 이상인 것은 수평거리 25m
2.1.5.2.2. 2.1.5.2.1에 해당하지 아니하는 것은 수평거리 50m

27 ① 누전경보기는 경계전로의 정격전류가 60A를 초과하는 전로에 있어서 1급 누전경보기를, 60A 이하의 전로에 있어서는 1급 또는 2급 누전경보기를 설치한다.

② 소화기구는 소화기, 간이소화용구, 자동확산소화기가 포함되며 옥내소화전설비는 소화기구로 분류되지 않는다.

③ 유수검지장치를 실내에 설치하거나 보호용 철망 등으로 구획하여 바닥으로부터 0.8m 이상 1.5m 이하의 위치에 설치한다.

④ 다음 스프링클러설비의 배관은 입상배관 ⇨ 수평주행배관 ⇨ 교차배관 ⇨ 가지배관 순으로 시공한다.

28 ① 스프링클러설비의 수원은 스프링클러헤드의 기준개수에 $3.2m^3$를 곱한 양 이상이 되도록 하여야 한다. 다만, 50층 이상인 건축물의 경우에는 $4.8m^3$를 곱한 양 이상이 되도록 하여야 한다.

29 ② 스프링클러의 배관은 입상배관 - 수평주행배관 - 교차배관 - 가지배관 순으로 시공한다.

30 ⑤ 모두 정답

31 ④ 하나의 전용회로에 설치하는 비상콘센트는 10개 이하로 할 것

07 가스설비

Answer

01 ⑤   02 ①   03 ③   04 ③   05 ⑤   06 ④   07 ③   08 ①

01 ⑤ 강관은 매설할 수 없으며 노출배관이 원칙으로, 스테인리스강관과 보호관 또는 보호판으로 보호조치를 한 동관·가스용 금속플렉시블호스를 이음매 없이 설치하는 경우에는 매설할 수 있다.

02 ① 일반적으로 LNG의 발열량은 LPG의 발열량보다 작다.

03 ③ 건축물에서 가스를 사용하기 위한 저압의 배관으로서 스테인레스강관, 금속제의 보호관 또는 보호판으로 보호조치를 한 동관·가스용 금속플렉시블호스를 이음매 없이 설치하는 경우에는 매설할 수 있다.

04 1. 배관의 재료

① 지하매설배관 : 폴리에틸렌 피복강관(이음부 : 부식방지조치)

🏠 **최고사용압력이 0.4MPa 이하 배관 : 가스용 폴리에틸렌관**

② 배관의 표시 : 외부에 사용가스명, 최고사용압력, 가스의 흐름방향을 표시

🏠 **지하배관은 가스흐름방향을 생략 가능**

③ 가스배관의 표면 색상

㉠ 지상배관 : 황색(1m 높이에 폭 3cm의 황색띠를 2중으로 한 경우 황색 생략 가능)

㉡ 지하배관 : 저압(황색), 중압(적색)

2. 배관의 매설심도

① 폭 8m 이상 도로 : 1.2m 이상(저압배관에서 횡으로 분기하여 수요가에게 직접 연결되는 경우 1.0m 이상)

② 폭 4m 이상 8m 미만 도로 : 1.0m 이상(저압배관에서 횡으로 분기하여 수요가에게 직접 연결되는 경우 0.8m 이상)

③ 기타 도로 : 0.8m 이상(다만, 시·도지사 인정하는 경우 0.6m 이상)

05 ⑤ 초고층 건물의 상층부로 공기보다 무거운 가스를 공급할 경우, 압력이 떨어지는 것을 고려해야 한다.

06 ① 가스계량기와 화기 사이에 유지하여야 하는 거리는 2m 이상이어야 한다.

② 가스계량기와 전기계량기 및 전기개폐기와의 거리는 60cm 이상을 유지하여야 한다.

③ 초고층 건물의 상층부로 공기보다 무거운 가스를 공급할 경우, 압력이 떨어지는 것을 고려해야 한다.

⑤ 가스계량기의 설치 높이는 바닥으로부터 1.6m 이상 2m 이내에 수직·수평으로 설치하여야 한다.

07 ③ 가스계량기와의 이격거리는 전기계량기의 경우 60cm, 전기접속기 등과의 이격거리는 30cm 간격으로 한다.

08 ② 일반적으로 LNG의 발열량은 LPG의 발열량보다 작다.

③ 입상관의 밸브는 바닥으로부터 1.6m 이상 2m 이내에 설치하여야 한다.

④ 도시가스의 공급압력 분류에서 고압은 게이지압력으로 1MPa 이상인 경우를 말한다.

⑤ 가스미터기는 전기미터기와 60cm 이상 이격해야 한다.

08 냉 · 난방설비

01 ③ 온수난방은 현열을 이용한 난방이다.

02 ② 습공기의 엔탈피는 습공기의 현열량과 잠열량의 합이다.

03 ⑤ 공기 중의 수분을 제거하면 노점온도는 낮아진다.

04 ④ 건구온도가 일정할 때 상대습도가 낮을수록 습구온도는 낮아진다.

05 ① 열관류저항은 작아진다.
　　② 기밀성과 밀접한 관련이 있다.
　　④ 같은 종류의 보온재이면 비중은 단열성능과 관계가 있다. 일반적으로 비중이 작은 재료가 단열재이지만 같은 종류일 경우 기포의 크기가 작고 조밀할수록 단열성능이 우수하다.
　　⑤ 열전달에 대한 설명이며, 열관류율이란 벽체와 같은 고체를 통하여 공기층에서 공기층으로 열이 전하여지는 비율을 말한다.

06 ④ 실내 측 표면온도를 주변공기의 노점온도보다 낮으면 벽 표면에 결로가 발생하므로 표면온도를 노점온도보다 높인다.

07 ③ 열전도율의 단위는 W/m · K이다.

08 ⑤ 벽체의 두께를 증가시키면 열전도율은 일정하지만, 열관류율은 작아진다.

09
$$\text{가스소비량} = \frac{\text{급탕량} \times \text{비열} \times \text{온도차}}{\text{가스연료의 발열량} \times \text{보일러의 효율}}$$
$$= \frac{1{,}000 \times 4.2 \times (87 - 10)}{11{,}000 \times 4.2(\text{kJ/kcal}) \times 0.7} = 10(\text{m}^3)$$

10 ③ 상대습도는 공기를 가열하면 낮아지고 냉각하면 높아진다.

11 ㉠ 정격출력은 난방부하, 급탕부하, 배관손실부하, 예열부하의 합이다.
　　㉢ 저위발열량은 연소직전 상변화에 포함되는 증발잠열을 뺀 실제로 효용되는 연료의 발열량을
　　　 말한다.

12 ⑤ 보일러의 효율은 정격출력을 연료소모량과 발열량의 곱으로 나눈 값이다.

13 • 정미출력 = 난방부하 + 급탕부하
　　• 상용출력 = 난방부하 + 급탕부하 + 배관(손실)부하
　　• 정격출력 = 상용출력[난방부하 + 급탕부하 + 배관(손실)부하] + 예열부하

14 ① 바이패스 관로: 바이패스는 우회로를 뜻하며, 바이패스배관은 유지관리 및 안전용 등의 목적
　　　 으로 기존 배관의 감압밸브 등 교체 또는 수리를 할 때, 기존의 배관라인 옆으로 우회해서
　　　 유체가 이동할 수 있도록 만들어주는 배관이다.

15 ② 긴 관을 코일 모양으로 만든 가열관을 설치하고, 순환 펌프에 의해 관내를 흐르는 동안에 예
　　　 열, 증발부, 과열부의 순서로 관류하면서 빠르게 과열증기를 얻기 위한 것으로 드럼이 없다.

16 ③ 팽창 탱크는 온수난방이나 급탕설비에서 물의 온도상승에 따른 물의 팽창이 배관에 가해지는
　　　 압력을 흡수하기 위한 것으로 증기난방과는 관계가 없다.

17 ⑤ 동일 발열량에 대하여 바닥복사난방은 대류난방보다 상하 온도차가 작고 복사에 의한 난방으
　　　 로 개구부 개방할 때 등 손실열량이 적다.

18 ② 증기난방은 온수난방에 비해 열용량이 작아 예열시간이 짧고, 난방지속시간이 짧다. 또한 잠
　　　 열을 이용한 난방으로 열운반능력은 커서 배관경과 방열면적을 작게 할 수 있고 따라서 온수
　　　 난방보다 설비비가 낮다.

19 ② 열손실을 막기 위해 온수배관과 슬리브 사이에 단열층 설치가 필요하다.

20 ⑤ 바닥복사난방은 열용량이 크며 방열량 조절이 용이하지 않다.

21 ④ 실내의 상하 온도분포 차이가 작아서 대류난방방식보다 쾌적성이 좋지 않다.

22 ② 온수난방은 증기난방에 비해 소요방열면적이 커지고 배관이 굵어져 설비비가 증가한다.

23 ③ 배관길이를 다른 경우에 밸런싱 밸브로 유량을 조절한다.

24 ⑤ 버킷트랩은 증기와 응축수의 부력 차이를 이용하여 응축수를 배출하는 방식이다.

25 ① 온수난방이나 복사난방장치는 장치자체나 관내보유수량 등의 열용량이 증기난방에 비해 크므로 예열이나 방열량의 조정에 시간이 걸려 지속난방에 적당하다.

26 ⑤ 건물이 플랜트로부터 멀리 떨어질수록 열매 반송 동력이 증가한다.

27 ① 틈새바람, 환기, 인체 발생열 등 수증기를 수반하면 잠열부하를 포함하여 부하계산을 한다.

28 ② 상당외기온도 : 일사의 영향을 받은 벽체의 온도가 올라가면서 부하에 영향을 미치는 것으로, 냉방부하 산정시에 적용한다.

29 $\dfrac{1}{\kappa_a} = \dfrac{1}{\kappa_w} + \dfrac{d}{\lambda}$ 여기서, κ_a는 전체 열관류율, κ_w는 기존벽체의 열관류율, λ는 열전도율, d는 단열재의 두께

$\Rightarrow \dfrac{1}{0.16} = \dfrac{1}{0.25} + \dfrac{d}{0.04}$

$d = (\dfrac{1}{0.16} - \dfrac{1}{0.25}) \times 0.04 = 0.09(m) = 90mm$

30 송풍량$(m^3/h) = \dfrac{\text{현열부하(kW)}}{\text{밀도}(kg/m^3) \times \text{비열}(kJ/kg \cdot K) \times \text{온도차(K)}} \times 3,600s/h$

$= \dfrac{10.1 \times 3,600}{1.2 \times 1.01 \times (26 - 16)} = 3,000(m^3/h)$

31 ② 한 시간 동안 환기된 횟수이다.
③ 농도 자체보다는 각종 취기(냄새)때문이다.
④ 온도 20℃, 습도 50%가 쾌적하다.
⑤ 제2종 환기가 적당하다.

32 ⑤ 세대 간 배기통이 서로 연결되지 아니하고 직접 외기에 개방되도록 설치할 것

33 ③ 오염된 실내공기가 주변을 오염시키지 않도록 실내의 오염공기를 강제로 배출시키는 방식이다.

34
1. $n = \dfrac{Q}{V}$ (회/h)

   여기서 Q는 환기량(m^3/h), V는 실의 용적(m^3)

2. 필요환기량 $Q = \dfrac{k}{P_i - P_o}$ (m^3/h)

   유해가스 발생량(k), 허용농도(P_i), 외기가스농도(P_o)

3. 위 식에서 환기량 Q(m^3/h)를 구하고 단위환산을 하면 필요풍량(m^3/min)을 구할 수 있다.

   $Q(m^3/h) = n \times v = 1.5 \times 720 = 1,080(m^3/h)$

   ∴ 필요풍량(m^3/min) = 1,080/60 = 18(m^3/min)

35
1. 열관류율 $= \dfrac{1}{\text{열관류저항}} = \dfrac{1}{\text{열전달저항 + 열전도저항 + 열전달저항}}$

2. 열전도저항 $= \dfrac{\text{두께}}{\text{열전도율}} = \dfrac{0.04(m)}{0.04(W/m \cdot k)} = 1(m^2 \cdot K/W)$

   ⇨ 본문제에서는 열전달저항을 생략, 열관류저항으로 취급

   ∴ 열관류율 $= \dfrac{1}{\text{열관류저항 + 열전도저항}} = \dfrac{1}{3+1} = 0.25(W/m^2 \cdot K)$

36 ③ 벽체를 관통하는 배관은 구조체와 직접 접촉하지 않도록 완충재를 사용하여 전달소음을 저감
시키도록 한다.

09 전기설비

Answer

01 ②	02 ①	03 ②	04 ③	05 ①	06 ④	07 ②	08 ④	09 ①	10 ④
11 ④	12 ②	13 ④	14 ③	15 ④,⑤	16 ②	17 ③	18 ⑤	19 ③	20 ⑤
21 ⑤	22 ③	23 ④	24 ③	25 ⑤	26 ⑤	27 ④	28 ②	29 ③	30 ⑤
31 ③	32 ⑤	33 ④							

01 ② 과전류 차단기를 말한다.

02 ① 허용전류의 설명이다.

03 ② 부하율이 작을수록 공급전력을 제대로 사용하지 못하고 있고, 가동율이 떨어지고 있음을 나
타낸다.

04 ③ 교류의 경우 역률이 클수록 동일 전력을 보내는데 작은 전류가 필요로 하여 전력의 손실이 작다.

05 ① 부등율은 항상 1보다 크며, 부등률이 크다는 것은 공급설비의 이용률이 높다는 것을 뜻한다.

06 ④ 돌입전류 및 이상전압이 발생할 수 있어 직렬 리액터를 이용, 억제한다.

07 ② 전선의 저항은 전선의 단면적에 반비례한다.

08 ① 계기용 변성기 : 고압 회로에 계기 등을 설치할 경우 계기용 저전압이나 소전류로 변성해야
하는데 이를 위해 필요한 장치를 계기용 변성기 또는 변성기라고 한다.
② 피뢰기(LA) : 수변전실 입구에 설치하며, 낙뢰나 혼촉 사고 등에 의하여 이상 전압이 발생하였
을 때 선로 및 기기 등을 보호하기 위하여 설치한다. 지문내용은 계기용 변성기에 관한 것이다.
③ 보호계전기 : 전력 계통에서 단락과 지락 등의 이상전류와 전압이 발생한 경우, 영상변류기
등의 검출단이 이를 검출하면, 이 검출된 신호에 의해 작동하여 차단기를 개방시켜 지락사고
등에서 기기와 전로를 적절히 보호하며, 피해를 최소화 시키는 자동 스위치 역할을 하는 계기
의 총칭이다. 지문 내용은 전력 퓨즈에 관한 내용이다.
⑤ 차단기(CB) : 지락사고나 단락사고 발생시 선로를 차단하여 사고점으로부터 전력계통을 분리
하여 회로에 접속된 전기 기기, 전선류를 보호하고, 안전하게 유지하는 역할과 부하회로를 계
폐하는 역할을 수행한다.

09 ① 3상 4선식 전기방식은 전등용, 동력용을 동시에 공급할 수 있어 대규모의 건축물, 공장 등에서
많이 이용한다.

10 ④ 옥내 배선 결정을 위한 3요소는 도선에 안전하게 전류를 흐르게 할 수 있는 허용전류, 변압기
가 시설된 내선의 경우 3% 이하의 전압강하, 전선이 끊어지지 않고 유지할 수 있는 기계적
강도가 포함된다.

11 ④ 전선에 이상이 생겼을 때 교체가 용이하나, 증설은 곤란하다.

12 ② 케이블 래크는 케이블 부설에 쓰이며, 절연전선공사에는 사용되지 않는다.

13 ④ 가요전선관 공사는 굴곡장소가 많은 곳이나, 주로 기기 등이 다소 움직이거나 진동하는 장소
로 전동기에 이르는 공사, 엘리베이터의 공사 등에 사용하며, 철근콘크리트 건물의 매립배선
은 하지 않는다. 금속몰드 공사는 금속관 공사에서 증설 공사시 사용할 수 있다.

14 ③ 가요전선관 공사는 굴곡부나 진동이 많이 발생하는 전동기에 이르는 짧은 배선공사에 적당하
지만, 콘크리트 매립공사용으로 사용하지 않는다.

15 ④⑤ 광속발산도 : rlx(Radlux), asb(Apostilb)

16 1. NFUM = EA

2. 소요램프수 : $N = \dfrac{E \times A}{F \times U \times M}$ (개) $= \dfrac{480(\text{lx}) \times 100(\text{m}^2)}{4,000(\text{lm}) \times 0.5 \times 0.8} = \dfrac{480(\text{lx}) \times 100(\text{m}^2)}{4,000(\text{lm}) \times 0.6 \times 0.8} = 5$(개)

3. 여기서, N : 램프의 개수, F : 램프 1개당 광속(lm),

E : 평균 수평면 조도(lx), D : 감광보상률,

U : 조명률, M : 보수율(유지율),

감광보상률과 유지율과 관계 : D × M = 1

17 ③ 코브조명은 건축화 조명의 일종이며, 간접조명이므로 직접조명보다 조명률이 낮다.

18 ⑤ 그늘이 적고, 차분하고 균일한 조도와 안정된 분위기를 얻을 수 있는 조명은 간접조명 방식이다.

19 1. NFU = EAD

2. 개당 최소광속 : $F = \dfrac{E \times A}{N \times U \times M} = \dfrac{E \times A \times D}{N \times U}$ (lm)

$= \dfrac{400(\text{lx}) \times 100(\text{m})}{25(\text{개}) \times 0.5 \times 0.8} = 4,000(\text{lm})$

3. 여기서, N : 램프의 개수, F : 램프 1개당 광속(lm),

E : 평균수평면조도(lx), D : 감광보상률,

U : 조명률, M : 보수율(유지율),

감광보상률과 유지율과 관계 : D × M = 1

20 ⑤ 조명률 : 광원의 전 광속과 작업면에 대한 유효광속과의 비를 조명률(Efficiency Of Illumination)이라 한다.

🏠 **보수율** : 조명 시설 후의 방 및 기구의 오염, 램프 광속의 저하 등에 의하여 평균 조도는 저하된다. 소요 평균 조도를 유지하기 위한 조도 저하에 대응하는 계수를 보수율(Maintenance Factor)이라 하며, 기구의 모양이나 사용 장소에 따라 다르게 된다. 또, 보수율의 역수를 감광 보상율이라 하며, 기구의 모양이나 사용 장소에 따라 다르게 된다.

21 ⑤ 모두 포함된다.

22 ③ 천장에 작은 구멍을 뚫어 그 속에 기구를 매입한 것은 핀홀 라이트이다.

23 ④ 전기적 연속성이 보장되고 전기저항이 0.2Ω 이하인 경우 피뢰설비의 인하도선을 대신하여 철골조의 철골구조물과 철근콘크리트조의 철근구조체를 사용할 수 있다.

24 ③ 측면 낙뢰를 방지하기 위하여 높이가 60미터를 초과하는 건축물 등에는 지면에서 건축물 높이의 5분의 4가 되는 지점부터 최상단부분까지의 측면에 수뢰부를 설치하여야 하며, 지표레벨에서 최상단부의 높이가 150미터를 초과하는 건축물은 120미터 지점부터 최상단부분까지의 측면에 수뢰부를 설치할 것. 다만, 건축물의 외벽이 금속부재(部材)로 마감되고, 금속부재 상호간에 제4호 후단에 적합한 전기적 연속성이 보장되며 피뢰시스템레벨 등급에 적합하게 설치하여 인하도선에 연결한 경우에는 측면 수뢰부가 설치된 것으로 본다.

25 ⑤ 건축물에 설치하는 금속배관 및 금속재 설비는 전위가 균등하도록 전기적으로 접속할 것

26 ⑤ 측면 낙뢰를 방지하기 위하여 높이가 60미터를 초과하는 건축물 등에는 지면에서 건축물 높이의 5분의 4가 되는 지점부터 최상단부분까지의 측면에 수뢰부를 설치하여야 하며, 지표레벨에서 최상단부의 높이가 150미터를 초과하는 건축물은 120미터 지점부터 최상단부분까지의 측면에 수뢰부를 설치할 것. 다만, 건축물의 외벽이 금속부재(部材)로 마감되고, 금속부재 상호 간에 제4호 후단에 적합한 전기적 연속성이 보장되며 피뢰시스템레벨 등급에 적합하게 설치하여 인하도선에 연결한 경우에는 측면 수뢰부가 설치된 것으로 본다.

27 ④ 전기설비의 접지계통과 건축물의 피뢰설비 및 통신설비 등의 접지극을 공용하는 통합접지공사를 하는 경우에는 낙뢰 등으로 인한 과전압으로부터 전기설비 등을 보호하기 위하여 한국산업표준에 적합한 서지보호장치(SPD)를 설치할 것(설비기준)

28 ① 무인택배함의 설치수량은 소형주택의 경우 세대수의 약 10~15% 정도 설치할 것을 권장한다.
③ 홈네트워크 사용기기의 예비부품은 내구연한을 고려하고, 5% 이상 5년간 확보할 것을 권장한다.
④ 전자출입시스템의 접지단자는 프레임 내부에 설치하여야 한다.
⑤ 차수판 또는 차수막을 설치하지 아니한 경우, 통신배관실은 외부의 청소 등에 의한 먼지, 물 등이 들어오지 않도록 50mm 이상의 문턱을 설치하여야 한다.

29 ㉡ 홈게이트웨이, ㉤ 세대단말기는 홈네트워크 장비에 속한다.

홈네트워크 사용기기	원격제어기기	주택내부 및 외부에서 가스, 조명, 전기 및 난방, 출입 등을 원격으로 제어할 수 있는 기기
	원격검침시스템	주택내부 및 외부에서 전력, 가스, 난방, 온수, 수도 등의 사용량 정보를 원격으로 검침하는 시스켐
	감지기	화재, 가스누설, 주거침입 등 세대 내의 상황을 감지하는 데 필요한 기기
	전자출입시스템	비밀번호나 출입카드 등 전자매체를 활용하여 주동출입 및 지하주차장 출입을 관리하는 시스템
	차량출입시스템	단지에 출입하는 차량의 등록여부를 확인하고 출입을 관리하는 시스템
	무인택배시스템	물품배송자와 입주자간 직접대면 없이 택배화물, 등기우편물 등 배달물품을 주고받을 수 있는 시스템
	그 밖에 영상정보처리기기, 전자경비시스템 등 홈네트워크 망에 접속하여 설치되는 시스템 또는 장비	

30 ⑤ 원격제어기, 원격검침시스템, 감지기, 전자출입시스템, 차량출입시스템, 무인택배시스템, 영상 정보처리기기, 전자경비시스템 등으로 홈네트워크망에 접속하여 설치되는 홈네트워크 사용 기기가 있고, 홈네트워크 장비란 홈네트워크망을 통해 접속하는 장치로 홈게이트웨이, 세대단 말기, 단지네트워크장비, 단지서버 등이 포함된다.

31 ③ 단지네트워크장비는 홈게이트웨이와 단지서버 간 통신 및 보안을 수행할 수 있도록 설치하여 야 한다.

32 ⑤ 단지서버는 집중구내통신실 또는 방재실에 설치할 수 있다.

33 ④ 단지네트워크장비는 집중구내통신실 또는 통신배관실에 설치하여야 한다.

10 운송설비

01 ① 교류 엘리베이터에 비해 고가이다.
② 교류 엘리베이터에 비해 기동토크가 크다.
③ 속도제어를 할 경우 효율이 높다.
⑤ 종류에 따라서는 부하변동에 따른 속도변동이 적다.

02 ③ 엘리미네이터는 일반적으로 물의 비산을 방지하기 위해 공조설비의 냉각탑과 공조기의 냉각 코일 등에 설치한다.

03 ③ 10층 이상인 공동주택의 경우에는 승용승강기를 비상용승강기의 구조로 하여야 한다.

04 ① 벽 및 반자가 실내에 접하는 부분의 마감재료(마감을 위한 바탕을 포함한다)는 불연재료로 할 것

05 ④ 비상정지장치는 카의 하강속도가 정격속도를 초과(1.4배 이내)한 경우에 작동되어 카를 정지 시키는 것으로 카 부문에 설치되어 가이드레일을 붙잡는 방법으로 정지시킨다.

06 ① 과부하감지장치 : 정격 적자하중을 초과하여 적재(승차)시 경보가 울리고 문이 열림. 해소시 까지 문 열고 대기함
🏠 **전자 − 기계 브레이크** : 전자식으로 운전 중에는 항상 개방되어 있고, 정지시에 전원이 차단됨 과 동시에 작동함

07 ② 권상기의 부하를 줄이기 위하여 카의 반대쪽 로프에 장치하는 것은 균형추이다.

08 ⑤ 디딤판의 양측에 이동 손잡이를 설치하고 이동 손잡이의 상단부가 디딤판과 동일방향, 동일 속도로 연동하도록 할 것

> **에스컬레이터**
> 1. 경사도는 30°를 초과하지 않아야 한다. 다만, 높이가 6m 이하, 속도 30m/min 이하는 35°까지 가능하다.
> 2. 디딤판의 정격속도는 경사도가 30° 이하는 45m/min 이하이어야 하고, 30°초과 35° 이하는 30m/min 이하이어야 한다.
> 3. 사람 또는 화물이 끼거나 장해물에 충돌하지 않도록 할 것
> 4. 디딤판의 양측에 이동 손잡이를 설치하고 이동 손잡이의 상단부가 디딤판과 동일방향, 동일속도로 연동하도록 할 것
> 5. 디딤판에서 60cm의 높이에 있는 이동 손잡이의 거리(내측판 간의 거리)는 1.2m 이하로 할 것

09 ⑤ 과부하감지장치 : 정격 적자하중을 초과하여 적재(승차)시 경보가 울리고 문이 열림. 해소시까지 문 열고 대기함

🏠 **카문 도어스위치** : 카문 구동장치에 취부된 카문 안전장치로서 문이 완전히 닫혀야만 카를 출발시키는 장치

---

11 건축물 에너지절약설계기준 등

│Answer│

01 ⑤	02 ④	03 ④	04 ②	05 ②	06 ①	07 ②	08 ④

01 ⑤ "조도자동조절조명기구"라 함은 인체 또는 주위 밝기를 감지하여 자동으로 조명등을 점멸하거나 조도를 자동 조절할 수 있는 센서장치 또는 그 센서를 부착한 등기구로서 고효율인증제품 또는 동등 이상의 성능을 가진 것을 말하며, LED센서등을 포함한다. 단, 백열전구를 사용하는 조도자동조절조명기구는 제외한다.

02 ④ FMS(Facility Management System)를 말한다.

03 ④ DDC(Direct Digital Control) : 디지탈제어의 한 방식이다.

① SPD(Surge Protective Device) : 서지보호장치를 말한다.

② PID(Proportional Integral Differential) : (비례, 적분, 미분) 3가지 조합으로 제어하는 것으로 유연한 제어가 가능하다.

③ VAV(Variable Air Volume) : 가변풍량제어를 말한다.

⑤ VVVF(Variable Voltage Variavle Frequency) : 가변전압 가변주파수제어로 인버터방식이라고도 한다.

04 ② "에너지요구량"이란 건축물의 냉방, 난방, 급탕, 조명부문에서 표준 설정 조건을 유지하기 위하여 해당 건축물에서 필요한 에너지량을 말한다.

05 「신에너지 및 재생에너지 개발·이용·보급 촉진법」상 신에너지 및 재생에너지란 기존의 화석연료를 변환시켜 이용하거나 햇빛·물·지열·강수·생물 유기체 등을 포함하는 재생 가능한 에너지를 변환시켜 이용하는 에너지라고 정의하고 있다.

1. 신에너지는 수소·연료 전지 등과 같이 새롭게 등장한 에너지 수단으로 연료전지, 석탄 액화가스화 에너지, 수소에너지의 3개 분야로 지정된다.

2. 재생에너지는 태양·물·지열·바람 등과 같이 자연에 존재하는 에너지로 무한히 공급되는 특징으로 하며, 태양에너지, 태양광 발전, 바이오에너지, 풍력에너지, 수력에너지, 지열에너지, 해양에너지, 폐기물에너지 8개 분야로 지정 총 11개 분야를 신·재생 에너지로 지정하고 있다.

> **신에너지 및 재생에너지 개발·이용·보급 촉진법 제2조【정의】** 이 법에서 사용하는 용어의 뜻은 다음과 같다.
> 1. "신에너지"란 기존의 화석연료를 변환시켜 이용하거나 수소·산소 등의 화학 반응을 통하여 전기 또는 열을 이용하는 에너지로서 다음 각 목의 어느 하나에 해당하는 것을 말한다.
>   가. 수소에너지
>   나. 연료전지
>   다. 석탄을 액화·가스화한 에너지 및 중질잔사유(重質殘渣油)를 가스화한 에너지로서 대통령령으로 정하는 기준 및 범위에 해당하는 에너지
>   라. 그 밖에 석유·석탄·원자력 또는 천연가스가 아닌 에너지로서 대통령령으로 정하는 에너지
> 2. "재생에너지"란 햇빛·물·지열(地熱)·강수(降水)·생물유기체 등을 포함하는 재생 가능한 에너지를 변환시켜 이용하는 에너지로서 다음 각 목의 어느 하나에 해당하는 것을 말한다.
>   가. 태양에너지
>   나. 풍력
>   다. 수력
>   라. 해양에너지
>   마. 지열에너지
>   바. 생물자원을 변환시켜 이용하는 바이오에너지로서 대통령령으로 정하는 기준 및 범위에 해당하는 에너지
>   사. 폐기물에너지로서 대통령령으로 정하는 기준 및 범위에 해당하는 에너지
>   아. 그 밖에 석유·석탄·원자력 또는 천연가스가 아닌 에너지로서 대통령령으로 정하는 에너지

06 ㉠ : 210, ㉡ : 150, ㉢ : 49

07

> 가. 수도꼭지
>
> 　1) 공급수압 98kPa에서 최대토수유량이 1분당 6리터 이하인 것. 다만, 공중용 화장
> 　　실에 설치하는 수도꼭지는 1분당 5리터 이하인 것이어야 한다.
>
> 　2) 샤워용은 공급수압 98kPa에서 해당 수도꼭지에 샤워호스(Hose)를 부착한 상태
> 　　로 측정한 최대토수유량이 1분당 7.5리터 이하인 것

08 ④ 정원등에 사용하는 지중매설배선
　　① 천장은폐배선
　　② 노출배선 -----
　　③ 바닥은폐배선 — — — —
　　⑤ 노출배선 중 바닥면 노출배선을 구별하는 경우 사용하여도 좋다.

건축구조

01 구조총론

Answer

| 01 ④ | 02 ③ | 03 ③ | 04 ③ | 05 ② | 06 ③ | 07 ③ | 08 ② | 09 ⑤ | 10 ② |
| 11 ⑤ | 12 ④ | 13 ③ | 14 ② | 15 ⑤ | 16 ④ | 17 ⑤ | | | |

01 ④ 건축물의 구조부재는 사용에 지장이 되는 변형이나 진동이 생기지 아니하도록 필요한 강성을 확보하여야 하며, 순간적인 파괴현상이 생기지 아니하도록 인성의 확보를 고려하여야 한다.

02 ③ 조립식구조는 공장에서 생산되어 현장에서 조립, 접합하기 때문에 공기가 짧다.

03 ① 조적식구조 − 벽돌구조, 블록구조, 돌구조
② 습식구조 − 일체식구조(철근콘크리트구조, 철골철근콘크리트구조)
④ 가구식구조 − 철골구조, 목구조
⑤ 건식구조 − 철골구조, 목구조

04 ③ 트러스의 부재는 인장력과 압축력만 받도록 만들어져 있으며, 모든 부재가 휘지 않게 접합점을 힌지로 만든 삼각형의 구조물이다.

05 ② 조적구조는 벽돌, 석재, 블록, ALC 등과 같은 조적재를 결합재에 교착하여 쌓이는 구조이다.

06 ③ 현수구조는 기둥과 기둥사이를 강제 케이블로 연결한 다음, 지붕 또는 바닥판을 매단 구조로서 케이블에는 인장력이 발생한다.

07 ③ 현수구조는 케이블에 발생하는 인장력에 의해 구조물을 지탱하는 구조이다.

08 ② 지진하중은 고정하중과 적재하중의 합에 수평 진도를 곱해서 구한다.

09 ⑤ ㉡, ㉢, ㉣
🏠 구조물에 작용하는 하중(일반지역)으로는 다음과 같다.
1. 장기하중 : 고정하중, 적재하중
2. 단기하중 : 풍하중, 지진하중, 적설하중, 충격하중

10 ② 건축구조물은 등분포 활하중과 집중 활하중 중에서 구조부재별로 더 큰 하중효과를 발생시키는 하중에 대하여 설계하여야 한다.

11 ⑤ 지붕적설하중은 건축물의 규모, 지붕의 형상, 기온, 풍속, 풍향 등에 따라 다르다.

12 ④ 사무실 또는 유사한 용도의 건물에서 가동성 경량칸막이벽이 설치될 가능성이 있는 경우에는 칸막이벽 하중으로 최소한 $1kN/m^2$를 기본등분포활하중에 추가하여야 한다.

13 ③ 사무실 용도의 건물에서 가동성 경량 칸막이벽은 활하중이다.

14 ⓒ 고정하중과 활하중은 장기하중이다.
    ⓒ 사무실 용도의 건물에서 가동성 경량 칸막이벽은 활하중이다.

15 ⑤ 전단벽은 벽면에 평행한 횡력을 지지하도록 설계된 벽이다.

16 ㉠ 활하중은 점유·사용에 의하여 발생할 것으로 예상되는 최대하중이어야 한다.
    ⓒ 풍하중에서 설계속도압은 공기밀도에 비례하고 설계풍속의 제곱에 비례한다.

17 ⑤ 건축물은 취성적 성질을 갖는 건축물보다는 연성 또는 인성을 갖는 부재로 구성된 건축물이 지진 발생시 피해를 감소할 수 있다.

02 기초구조

Answer									
01 ⑤	02 ③	03 ②	04 ③	05 ⑤	06 ④	07 ②	08 ⑤	09 ③	10 ③
11 ②	12 ③	13 ②	14 ⑤	15 ⑤	16 ①	17 ⑤	18 ③	19 ③	20 ⑤
21 ⑤	22 ⑤	23 ⑤							

01 ① 모래지반에서 실시하는 것을 원칙으로 한다.
    ② N값은 로드를 지반에 30cm 관입시키는 타격 횟수이다.
    ③ N값이 30~50인 모래지반은 조밀한 상태이다.
    ④ 표준관입시험에 사용하는 추의 무게는 63.5kgf이다.

02 ① 사질토지반의 지중응력분포는 중앙부에서보다는 양단부가 더 적다.

② 말뚝박기시험은 말뚝의 지지력을 알아보는 시험이다.

④ 말뚝재하시험은 말뚝기초에서의 구조해석을 위한 지반의 수직반력 계수를 구하기 위함이다.

⑤ 베인테스트는 점토지반의 점착력을 측정하기 위한 시험이다.

03 ② 화성암 − 수성암 − 자갈 − 자갈과 모래의 혼합물 − 모래 섞인 점토 − 모래

⌂ 화성암은 마그마가 식어서 형성된 암석으로 생성시의 깊이에 따라서 화산암과 심성암으로 분류된다.

04 ③ 허용지지력 : 지반에 하중을 가한 경우, 지반의 전단파괴에 대하여 안전하고, 또 지반의 전단변형에 의한 침하량이 허용값 이하인 지반의 지지 내력으로, 극한지지력을 적당한 안전율로 나눈 것을 말한다.

⌂ **참 고**

1. 극한지지력 : 흙에서 전단파괴가 발생되는 기초의 단위면적당 하중(단위 : kN/m^2)
2. 허용지지력 : 침하 또는 부등침하와 같은 허용한도 내에서 지반의 극한지지력을 적정의 안전율로 나눈 값(단위 : kN/m^2)
3. 허용하중 : 극한지지력, 부마찰력, 말뚝간격, 기초 하부 지반의 전반적인 지지력 및 허용침하를 고려한 후 기초에 안전하게 적용할 수 있는 최대하중
4. 허용지내력 : 극한지지력과 허용침하량을 고려한 지반의 내적 안정성의 의미한다.
5. 허용침하량 : 구조물이 허용할 수 있는 침하량 혹은 부동침하량은 상부구조의 구조형식에 따라 다르다.

05 ⑤ 사질지반의 경우 수직하중을 가하면 접지압은 주변에서 최소이고 중앙에서 최대가 되며, 점토지반은 그 반대이다.

06 ④ 융기현상이란 연약한 점성토 지반에서 땅파기 외측의 흙의 중량으로 인하여 땅파기 된 저면이 부풀어 오르는 현상으로 히빙이라고도 한다.

07 1. 히빙현상 : 연약한 점성토 지반에서 땅파기 외측의 흙의 중량으로 인하여 땅파기된 저면이 부풀어 오르는 현상

2. 액상화현상(유동화현상) : 사질지반이 급속 하중에 의해 전단저항력을 상실하고 마치 액체와 같이 거동하는 현상

3. 보일링현상 : 흙막이 저면이 투수성이 좋은 사질 지반이고, 지하수가 지반의 가까운 곳에 있을 경우에 사질 지반이 부력을 받아 감당하지 못하여 지하수와 모래가 함께 솟아오르는 현상

08 ① RCD(Reverse Circulation Drill) 공법은 대구경 말뚝공법의 일종으로 깊은 심도까지 시공할 수 있다.

② 샌드 드레인(Sand Drain) 공법은 연약 점토질 지반을 압밀하여 물을 제거하는 지반 개량공법이다.

③ 오픈 컷(Open Cut) 공법은 흙막이를 설치하지 않고 흙의 안식각을 고려하여 기초파기 하는 공법이다.

④ 탑 다운(Top Down) 공법은 넓은 작업공간을 필요로 하지 않아 도심지 공사에 적절한 공법이다.

09 ③ 연속기초 : 조적조에 가장 적합한 기초형식으로 벽체나 1열의 기둥을 받칠 때 사용하는 기초구조이다.

10 ③ 연속기초는 건축물의 내력벽을 따라 그 밑을 기초구조로 한 것으로 조적조 등에서 적당하고 밑바닥 전부를 두꺼운 기초판으로 한 기초는 온통기초이다.

11 ㉠ 얕은기초 : 기초 폭에 비하여 근입 깊이가 얕고 상부 구조물의 하중을 분산시켜 기초하부 지반에 직접 전달하는 기초

ⓒ 직접기초 : 기둥이나 벽체의 밑면을 기초판으로 확대하여 상부구조의 하중을 지반에 직접 전달하는 기초

ⓒ 깊은기초 : 기초의 지반 근입 깊이가 깊고 상부구조물의 하중을 말뚝 등에 의해 깊은 지지층으로 전달하는 기초형식

12 ③ 사질지반의 경우 수직하중을 가하면 접지압은 중앙에서 최대이고 주변에서 최소가 되며, 점토지반은 그 반대이다.

13 ② 동일 건물에서는 지지말뚝과 마찰말뚝은 혼용해서 사용하지 않는다.

14 ⑤ 지정된 유효길이보다 더 긴 말뚝을 사용하여야 지내력이 확보되는 곳에서는 더 긴 말뚝을 설치한다. 반면에 지정된 유효길이보다 더 짧은 말뚝에 의해 규정된 지내력을 확보할 수 있는 경우 책임기술자의 검토 및 확인 후 담당원의 승인 하에 더 짧은 말뚝을 사용할 수 있다.

15 ⑤ 말뚝의 배열은 연직하중 작용점에 대하여 가능한 한 대칭을 이루며 각 말뚝의 하중 분담률이 큰 차이가 나지 않도록 한다.

16 ① 말뚝기초의 연직하중은 말뚝에 의해서만 지지되는 것으로 간주하며 기초푸팅의 지지효과는 무시한다.

17 ⑤ 아일랜드 공법 : 중앙부를 먼저 판 후 중앙부에 지하 구조물을 축조한 다음 주변부 흙을 파내어 나머지 지하 구조물을 완성하는 공법이다.

18 ③ 구조체의 건조 수축은 배합비율의 문제(물의 높은 배합비율), 시공불량의 문제(수분의 빠른 건조속도) 등에 의해 발생하는 문제이다.

🏠 **부동침하에 의한 건축물의 피해현상**
1. 상부 구조체의 균열
2. 지반의 침하
3. 구조체의 기울어짐
4. 구조체의 누수
5. 단열 및 방습효과의 저하
6. 마감재의 변형

19 ③ 상부구조의 강성, 특히 보의 강성을 높이는 것은 부동침하를 감소시키는 데 유효하다.

20 ⑤ 건물의 평면 길이를 되도록 짧게 한다.

21 ⑤ 동일지반시 이질 지정을 적용하지 않고 동일 형식의 지정을 사용한다.

22 ⑤ 동일 구조물에서는 타입말뚝, 매입말뚝 및 현장타설콘크리트말뚝과 혼용, 재종이 다른 말뚝의 사용은 가능한 한 피해야 한다.

23 ⑤ 건물의 평면형은 가능한 정방형에 가까운 것으로 한다.

03 철근콘크리트

Answer

01 ③	02 ⑤	03 ④	04 ④	05 ③	06 ①	07 ⑤	08 ②	09 ④	10 ⑤
11 ⑤	12 ⑤	13 ④	14 ⑤	15 ⑤	16 ③	17 ③	18 ③	19 ①	20 ④
21 ⑤	22 ④	23 ④	24 ①	25 ①	26 ⑤	27 ⑤	28 ⑤	29 ④	30 ④
31 ⑤	32 ①	33 ④	34 ③	35 ④					

01 ③ 전음도가 크다는 것은 구조체를 통한 소음이 잘 전달된다는 뜻으로 장점이 아닌 단점이다.

02 ⑤ 철근콘크리트는 철근이 열에 약하기 때문에 콘크리트로 피복하여 내화·내구적이 된다.

03 ④ 철근의 이음은 인장력이 큰 곳은 피한다. 따라서 경간이 연속인 보의 상부근을 중앙부에서, 하부근은 단부에서 잇는다.

04 ④ 동일단면적의 철근양이라면 굵은 철근을 적게 사용하는 것보다 가는 철근의 수를 증가시켜 사용하는 것이 유리하다.

05 ③ 주철근 표준갈고리의 각도는 180°와 90°로 분류된다.

06 ② 갈고리(Hook)는 철근의 부착력을 증가시키고 정착이 잘되게 한다.
③ 이형철근은 콘크리트와의 부착력을 높이기 위해 표면에 마디와 리브를 가공할 철근이다.
④ 스터럽(Stirrup)은 보의 전단보강 및 주근 위치고정을 목적으로 배치한다.
⑤ SD400에서 400은 항복강도가 400MPa 이상을 의미한다.

07 ⑤ 서로 다른 크기의 철근을 압축부에서 겹침이음하는 경우 D35 이하의 철근과 D35를 초과하는 철근은 겹침이음을 할 수 있다.

08 ① 스페이서(Spacer): 거푸집과 철근과의 간격을 유지하는 데 사용하는 거푸집 부속
③ 슬라이딩 폼(Sliding Form): 사일로, 전단벽 건물 등과 같이 수직적으로 연속된 구조물 등에서 거푸집의 해체 없이 시공할 수 있는 거푸집
④ 세퍼레이터(Separator): 격리재로 거푸집 상호간의 간격을 유지하도록 하는 거푸집 부속
⑤ 스티프너(Stiffener): 철골보에서 웨브의 전단 보강 및 좌굴을 방지하기 위한 보강재

09 ④ 거푸집널 존치기간 중 평균기온이 20℃ 이상인 경우는 콘크리트 재령이 보통 포틀란드 시멘트의 경우 4일 이상 경과하면 압축강도시험을 하지 않고도 해체할 수 있다.

10 ⑤ 거푸집의 콘크리트 측압은 슬럼프가 클수록, 온도가 낮을수록, 부배합일수록 크다.

11 ① SD400에서 400은 항복강도가 400MPa 이상을 의미한다
② 철근 조립시 철근의 간격은 철근의 공칭 지름 이상, 25mm 이상 중 큰 값을 사용한다.
③ 기둥의 철근 피복두께는 띠철근(Hoop) 외면에서 콘크리트 표면까지의 거리를 말한다.
④ 거푸집의 존치기간을 콘크리트 압축강도 기준으로 결정할 경우에 기둥, 보, 벽 등의 측면은 최소 5MPa 이상으로 한다.

12 ⑤ 거푸집의 콘크리트 측압은 슬럼프가 클수록, 온도가 낮을수록, 부배합일수록 크다.

13 ④ 균열발생 가능성이 증가한다.
🏠 **분말도가 크면**(입도가 작으면)
1. 시공연도 좋고 수밀한 콘크리트가 가능하다.
2. 비표면적이 크다.
3. 수화작용이 빠르다.
4. 발열량이 커지고, 초기 강도가 크다.
5. 균열발생이 크고 풍화가 쉽다.
6. 장기강도는 저하된다.

14 ⑤ 구조물 및 구조 부재는 모든 단면에서 소요강도 이상의 설계강도를 갖도록 설계하여야 한다.

15 ⑤ 단위수량이 많으면 컨시스턴시(Consistency)가 좋아 작업이 용이하지만 재료분리가 일어나기 쉽다.

16 ③ 재료분리의 원인으로는 큰 비중의 차이(굵은 골재가 클수록), 모르타르의 점성이 작을 때, 운반이나 다짐시 심한 진동, 부어넣기 높이가 높거나 철근간격이 비좁을 경우, 단위 수량이 너무 많은 경우 등에서 일어나기 쉽다. 표면이 거친 구형의 잔 골재를 사용하는 것은 원인에 해당되지 않는다.

17 ③ 공기연행제는 워커빌리티와 내구성을 좋게 하지만 강도를 좋게 하지 못한다.

18 ③ AE제는 완충작용에 의해 동결융해에 대한 저항성을 증가시킨다.

19 ① 구조물 또는 부재가 사용기간 중 충분한 기능과 성능을 유지하기 위하여 사용하중을 받을 때 사용성과 내구성을 검토하여야 한다.

20 ④ 보가 그 경간 중에서 작은 보와 교차할 경우에는 작은 보의 폭의 약 2배 거리만큼 떨어진 곳에 보의 시공이음을 설치하고, 시공이음을 통하는 인장철근을 배치하여 전단력에 대하여 보강하여야 한다.

21 ⑤ 보가 그 경간 중에서 작은 보와 교차할 경우에는 작은 보의 폭의 약 2배 거리만큼 떨어진 곳에 보의 시공이음을 설치하고, 시공이음을 통하는 인장철근을 배치하여 전단력에 대하여 보강하여야 한다.

22 ④ 상대습도가 낮을 때 크리프는 크게 일어난다.

23 ① 콘크리트의 워커빌리티를 양호하게 한다.
② 수량이 적어지므로 수밀성이 증가되고 동해에 대한 저항성이 증가한다.
③ 동일 물·시멘트비의 경우 강도가 떨어진다.
⑤ 콘크리트의 수화발열량이 낮아진다.

24 ① 서중콘크리트는 일평균기온이 25℃를 초과하는 경우에 타설되는 콘크리트이다.

25 ① 블리딩(Bleeding)현상: 아직 굳지 않은 콘크리트나 모르타르에 있어서 물이나 미세한 물질이 윗면으로 상승하는 현상을 말하며, 물을 많이 사용하는 것은 발생원인이 된다.

26 ① 전단철근이 배근된 보의 피복두께는 보 표면에서 스터럽 표면까지의 거리이다.
② SD400 철근은 항복강도 $400N/mm^2$인 이형철근이다.
③ 나선기둥의 주근은 최소 6개로 한다.
④ 1방향 슬래브의 주철근은 단변방향으로 배근한다.

27 ⑤ 거푸집의 변형은 시공적 요인에 의한 균열의 원인이다.

28 ⑤ 동결·융해의 반복은 외적·하중적 요인에 의한 균열이다.

29 ④ 물·시멘트비를 증가시키면 강도 저하 및 균열의 원인이 된다.

30 ④ 소성수축균열은 풍속이 클수록 증가한다.

31 ⑤ 온도균열은 콘크리트 내·외부의 온도차와 부재단면이 클수록 증가한다.

32 ① 늑근은 중앙부보다 단부에 많이 배근한다.

33 ④ 조절줄눈(Control Joint)이란 지반 등 안정된 위치에 있는 바닥판이 신축에 의하여 표면에 발생하는 균열을 특정한 곳으로 유발하도록 만든 줄눈이며, 콘크리트 구조체와 조적조가 접합되는 부위에 설치하는 줄눈은 슬립 조인트(Slip Joint)이다.

34 ③ 프리스트레스트 콘크리트는 AE제를 넣어서 만든 열 차단용이 아니라 프리스트레스를 주어 부재의 휨강성을 증가시킨 콘크리트이다.

35 ④ 전단키는 옹벽의 벽체의 전단파괴를 방지하기 위한 것이 아니라 토압에 의한 미끄러짐을 방지하기 위한 것이다.

04 철골구조

| Answer |

01 ①	02 ④	03 ③	04 ④	05 ④	06 ②	07 ④	08 ①	09 ④	10 ②
11 ④	12 ③	13 ②	14 ⑤	15 ⑤	16 ④	17 ③	18 ②	19 ④	20 ③
21 ④	22 ⑤	23 ①	24 ③						

01 ② 철거시 폐기물 발생량이 많고 재료의 재사용이 불가능한 것은 철근콘크리트이다.
③ 고열에 강도가 저하되고 변형하기 쉽고 진동이 잘 전달된다.
④ 강재는 재질이 균등하지만 연성이 커서 큰 변위가 발생하는 부재에 적당하다.
⑤ 철골은 콘크리트보다 강도가 커서 부재 단면을 작게 할 수 있고 건물 전체의 중량이 가볍다.

02 ④ 건축구조용 압연강재 : SN
🏠 SSC : 일반 구조용 경량 형강

03 ③ 스터드 볼트(Stud Bolt) : 전단연결재용 철물

04 ④ 고력볼트를 먼저 체결하는 경우 각각의 허용응력에 따라 응력을 분담시키지만 용접을 먼저 하는 경우는 전응력을 용접이 부담한다.

05 ④ 볼트의 끼움에서 본조임까지의 작업은 같은 날 이루어지는 것을 원칙으로 한다.

06 ② 약한 전류로 인해 생기는 용접 결함은 오버랩이며, 언더 컷은 용접전류의 과대에 의해 생기는 용접결함이다.

07 ④ 압축재 결합부에 볼트를 사용하는 경우 볼트 구멍의 단면결손은 무시할 수 있다.

08 ① 용접 중에 용접봉에서 튀어나오는 용접금속찌꺼기는 스패터이다.

09 ④ 시어커넥터(Shear Connector)란 2개의 구조부재를 접합하여 일체화할 때 그 접합부에 생기는 전단력에 저항하기 위하여 배치된 접합도구이다.

10 ② 약한 전류로 인해 생기는 용접 결함은 오버랩이며, 언더 컷은 용접 전류의 과대에 의해 생기는 용접 결함이다.

11 ④ 아크용접을 할 때 비드(Bead) 끝에 오목하게 패인 결함을 크레이터(Crater)라 한다.

12

크랙 (Crack)	용접부분에서 용착금속의 급냉, 과대전류 등에 의해 발생하는 갈라짐이다.
공기구멍 (Blow Hole)	용접층 안에 형성된 기포이다.
오버랩 (Over-lap)	용접금속이 모재에 완전히 붙지 않고 겹쳐 있는 것이다.
크레이터 (Crater)	용접길이의 끝부분에 과열에 의해 오목하게 파진 부분으로서, 이를 방지하기 위하여 모재 단부에 엔드탭을 설치하기도 한다.
언더 컷 (Under Cut)	용접금속이 그루브에 차지 않고 홈 가장자리가 남아 있는 것이다.

13 ② 웨브를 고장력볼트접합, 플랜지를 현장용접하는 등의 볼트와 용접을 혼용하는 혼용접합을 사용하는 경우에는 원칙적으로 고장력볼트를 먼저 체결한 후에 용접하도록 한다.

14 ⑤ 도료의 배합비율 및 시너의 희석비율은 질량비로 표시한다.

15 ⑤ 부재를 고장력볼트로 접합하는 연결판 부위는 볼트를 조임한 후 연결판 및 볼트를 표면처리한 다음 도장하여야 한다.

16 ④ 좌굴은 압축재에서 고려된다.

17 ③ 스티프너 : 보강재, 웨브 플레이트의 좌굴 방지를 위해 설치한다.

18 ② H형강 보에서 웨브의 국부좌굴 방지를 위해 스티프너를 사용한다.

19 ④ 전단 열결재(Shear Connector)가 사용되는 곳은 합성 보, 합성기둥, 데크 플레이트(바닥판) 등이다.

20 ③ 전단력에 의한 웨브의 좌굴을 방지하기 위하여 사용하는 것은 스티프너이고 커버 플레이트는 휨 모멘트에 대한 보강이다.

21 ④ 부재이음에는 용접과 볼트를 원칙적으로 병용해서는 안 되지만 불가피하게 병용할 경우에는 용접 후에 볼트를 조이는 것을 원칙으로 한다.

22 ⑤ 초음파 탐상법은 초음파를 투시하여 초음파 속도와 반사시간을 측정하여 내부의 결함을 검출하는 방법이다. 표면결함은 육안검사, 염색침투 탐상검사법이 있다.

23 ① 12/50[최고층수/최고높이(m)]를 초과하는 주거시설의 보·기둥은 3시간 이상의 내화구조 성능기준을 만족해야 한다.

24 ③ 뿜칠공법은 복잡한 형상에도 시공이 가능하며 균일한 피복두께의 확보가 용이하지 않다.

05 조적식구조

Answer

| 01 ① | 02 ② | 03 ③ | 04 ⑤ | 05 ② | 06 ③ | 07 ③ | 08 ③ | 09 ③ | 10 ⑤ |
| 11 ④ | 12 ② | 13 ⑤ | 14 ⑤ | 15 ② | 16 ① | 17 ④ | | | |

01 ① 내력벽으로 둘러싸인 바닥면적이 $60m^2$를 넘는 2층 건물인 경우에 1층 내력벽의 두께는 290mm 이상이어야 하고 2층 내력벽의 두께는 190mm 이상이어야 한다.

02 ② 벽돌쌓기 중 내력벽에서 통줄눈은 절대로 피하며 특별한 때 이외에는 영식쌓기나 화란식쌓기로 한다.

03 ③ 쌓기 직전에 시멘트 벽돌은 물축임을 하지 않고, 붉은 벽돌은 물축임을 한다.

04 ① 벽량이란 내력벽 길이의 합을 그 층의 바닥면적으로 나눈 값으로 150mm/m² 이상이어야 한다.
② 공간쌓기에서 주 벽체는 정한 바가 없을 경우 바깥쪽 벽으로 한다.
③ 점토 및 콘크리트 벽돌은 압축강도, 흡수율의 품질기준을 모두 만족하여야 한다.
④ 막만든 아치쌓기란 벽돌을 쐐기 모양으로 다듬어 만든 아치로 줄눈은 아치에 중심에 모이게 하여야 하며, 거친 아치쌓기란 보통 벽돌을 그대로 사용하여 줄눈을 쐐기 모양으로 쌓은 것이다.

05 ② 벽돌은 물축임을 충분히 하고 모르타르로 쌓는다.

06 ③ 창문의 너비가 1.8m 이상이면 인방보를 설치한다.

07 ③ 기초쌓기는 1/4B씩 1켜 또는 2켜 내어 쌓는다. 기초 벽돌의 맨 밑의 너비는 도면 또는 공사시 방서에서 정한 바가 없을 때에는 벽두께의 2배로 하고 맨 밑은 2켜 쌓기로 한다.

08 ③ 인방보는 양 끝을 벽체의 블록에 200mm 이상 걸치고, 또한 위에서 오는 하중을 전달할 충분한 길이로 한다.

09 ③ 연속되는 벽면의 일부를 트이게 하여 나중쌓기로 할 때에는 그 부분을 층단들여쌓기로 한다.

10 ⑤ 벽돌벽이 콘크리트 기둥(벽)과 슬래브 하부면과 만날 때는 그 사이에 모르타르를 충전한다.

11 ④ 벽 두께가 변하는 곳에 신축줄눈을 설치한다.

12 ② 분말도가 큰 시멘트를 사용하여 모르타르의 수밀성을 높인다.

13 ⑤ 보강블록조와 라멘구조가 접하는 부분은 보강블록조를 먼저 쌓고 라멘구조를 나중에 시공한다.

14 ⑤ 블록은 각 부분을 균등한 높이로 쌓아가며, 하루 쌓기 높이는 1.8m를 표준으로 하고, 최대 2.4m 이내로 한다.

15 ② 대리석 판재는 열에 약하여 내화재로 곤란하고 또한 산에 약하여 풍화되기 쉬우므로 외벽 마감재로는 적당하지 않다.

16 ① 화강암은 열에 약하다.

17 ④ 석재 하부의 것은 지지용, 상부의 것은 고정용으로 사용한다.

06 지붕공사

01 ④ 맨사드(Mansard)지붕 : 지붕의 위쪽 물매는 완만하게, 아래쪽은 급경사로 설계되어 급경사인 아래쪽 부분의 공간 활용도가 높다는 장점이 있지만, 다른 지붕 구조에 비해 설치가 비싸고 비용 대비 실용성이 낮아 일반 주택에서는 잘 활용하지 않는다.

02 ④ 수평거리와 수직거리가 같은 물매를 되물매라고 하고 그 이상의 물매를 된물매라 한다.

🗂 **지붕물매의 일반 원칙**

구 분	적설량 (강우량)	지붕 면적	지붕 재료	
			내수성	크기
되다(급경사)	大		小	
뜨다(완경사)	小		大	

된물매 > 45°,   되물매 = 45°,   뜬물매 < 45°

03 ① 지붕의 물매가 1/6 이하인 지붕을 평지붕이라고 한다.

> **지붕의 경사**(물매) : 지붕 구조에서 수평 방향에 대한 높이의 비
>
> 1. **평지붕** : 지붕의 경사가 1/6 이하인 지붕
> 2. **완경사 지붕** : 지붕의 경사가 1/6에서 1/4 미만인 지붕
> 3. **일반 경사 지붕** : 지붕의 경사가 1/4에서 3/4 미만인 지붕
> 4. **급경사 지붕** : 지붕의 경사가 3/4 이상인 지붕

② 평잇기 금속지붕의 물매는 1/2 이상이어야 한다.

③ 지붕 하부 데크의 처짐은 경사가 1/50 이하의 경우에 별도로 지정하지 않는 한 1/240 이내이어야 한다.

④ 처마홈통의 이음부는 겹침 부분이 최소 30mm 이상 겹치도록 제작하고 연결철물은 최대 50mm 이하의 간격으로 설치, 고정한다.

04 ② 금속기와 지붕의 물매는 1/4 이상이며, 평잇기 금속 지붕은 1/2 이상이다.

📖 물매의 구분

물매 종류	내 용
되물매	45° 경사의 물매
된물매	45° 경사보다 큰 물매
평물매	45° 경사보다 작을 때의 물매로 수평길이보다 높이가 작을 때의 물매
반물매	평물매의 1/2의 물매
귀물매	지붕틀 추녀의 물매로 일반 지붕면의 물매(평물매)를 a라 할 때 귀물매는 $a/\sqrt{a}$ ($= 0.7 \times a$)이다.

05 ③ 방형지붕 또는 모임지붕(때로는 모임지붕은 우진각지붕을 말함)이라고도 하며, 합각지붕은 팔작지붕이라고도 하며, 지붕의 상부는 박공지붕과 하부는 모임지붕(또는 우진각지붕의 형태)로 맞배지붕(박공지붕)과 함께 한옥에 가장 많이 쓰이는 지붕 형태이다.

06 ⑤ 금속기와가 지붕 전체에 균일한 모양이 되도록 처마에서 용마루 방향으로 맞물림 및 겹침방식으로 설치한다.

07 ① 처마홈통의 물매는 1/100~1/200로 한다.

🏠 **건축공사표준시방서** : 처마홈통의 경사는 선홈통 쪽으로 원활한 배수가 되도록 충분한 경사를 갖도록 제작한다.

08 ① 선홈통은 벽면과 30mm 이상 이격시켜 고정한다.

09 ④ 처마홈통의 외단부의 높이는 처마 쪽 처마홈통의 높이보다 최소 25mm 또는 처마홈통 최대 폭의 1/12 중 큰 치수 이상으로 높이가 낮게 제작한다.

10 ① 금속판지붕은 다른 재료에 비해 가볍고, 시공이 용이하다.

07 방수공사

Answer

01 ⑤	02 ④	03 ④	04 ④	05 ②	06 ③	07 ⑤	08 ②	09 ②	10 ④
11 ②	12 ①	13 ①	14 ③	15 ②	16 ③	17 ③	18 ①	19 ④	

01 ⑤ 오일 스테인(Oil Stain): 목재를 착색하는 데 사용하는 소지 착색제의 하나. 보일유, 기름 바니시 등에 염료를 용해하여 만든다. 판벽, 창틀, 마루, 징두리판벽 등에, 또 가구류, 악기류 등의 목공품의 착색에 사용된다.

02 ④ 결함부 발견이 용이하지 않다.

03 ④ 루핑은 원칙적으로 물흐름을 고려하여 물매의 아래쪽에서부터 위쪽을 향해 붙인다.

04 ④ 줄눈재 고정을 위해 빈배합(균열 방지)의 시멘트 모르타르를 사용한다.

05 ② 지붕방수에는 침입도가 크고, 연화점이 높은 것을 사용한다.

06 ③ 개량 아스팔트시트 붙이기는 토오치로 개량 아스팔트시트의 뒷면과 바탕을 균일하게 가열하여 개량아스팔트를 용융시키면서 잘 밀착시키는 방법을 표준으로 한다.

07 ⑤ 방수층 시공 전에 곰보, 콜드 조인트, 이음 타설부, 균열, 콘크리트 표면의 취약부 등은 실링재 또는 폴리머 모르타르 등으로 방수처리 하여 둔다.

08 ② 결함부의 발견이 용이하다.

09 ② 시멘트액체방수는 시공이 용이하며 경제적이지만 방수층 자체에 균열이 생기기 쉽기 때문에 건조수축이 심한 노출환경에서는 사용을 피한다.

10 ④ 시멘트액체방수는 모재 콘크리트의 균열 발생시 방수성능이 떨어진다.

11 ② 시트방수는 바탕균열에 대한 저항성이 크며, 1겹으로 시공한다.

12 ① 시멘트액체방수는 시공이 용이하며 경제적이지만 방수층 자체에 균열이 생기기 쉽기 때문에 건조수축이 심한 노출환경에서는 사용을 피한다.

13 ① 수압이 작고 얕은 지하실에 적합하다.

14 🏠 **실링방수의 시공관리 조건**
　　1. 강우, 강설이 예상될 경우 또는 강우 및 강설 후 피착제가 아직 건조되지 않은 경우에는 시공해서는 안 된다.
　　2. 피착체의 표면온도가 50℃ 이상, 기온 5℃ 이하 또는 30℃ 이상에는 시공을 중지한다.
　　3. 습도 85% 이상에는 시공을 중지한다.

15 ② 프라이머는 접착면과 실링재와의 접착성을 좋게 하기 위하여 도포하는 바탕 처리 재료이다.

16 ③ 시트방수는 바탕의 균열에 대한 저항성이 우수하다.

17 ③ 폴리머 시멘트 모르타르방수는 시멘트액체방수에 비해 공정이 단순하며 품질관리가 용이하다.

18 ① 신축성 시트계 방습재료이다.

구 분	방습공사 자재
1. 박판시트계 방습재료	종이 적층 방습재료
	적층된 플라스틱 또는 종이 방습재료
	펠트, 아스팔트 필름 방습층
	플라스틱 금속박 방습재료
	금속박과 종이로 된 방습재료
	금속박과 비닐직물로 된 방습재료
	금속과 크라프트지로 된 방습재료
	보강된 플라스틱 필름 형태의 방습재료
2. 아스팔트계 방습재료	
3. 시멘트 모르타르계 방습재료	
4. 신축성 시트계 방습재료	비닐 필름 방습지
	폴리에틸렌 방습층
	교착성이 있는 플라스틱 아스팔트 방습층
	방습층 테이프
5. 기타 재료	

19 ④ 워킹 조인트의 경우에는 줄눈바닥에 접착시키지 않는 2면 접착의 줄눈구조로, 논워킹 조인트의 경우 3면접착의 줄눈구조를 표현으로 한다.

08 창호 및 유리공사

01 ① 플로어 힌지(Floor Hinge)는 문을 자동으로 닫히게 하는 장치가 바닥에 매입되어 있으며 중량의 자재문에 사용한다. 피봇 힌지는 중량의 여닫이문에 사용하는 경첩의 한 종류이다.

02 ⑤ 강제창호에서 부품이나 제품에 모르타르 등이 부착된 경우는 녹막이 바탕이 손상되지 않도록 주의하여 제거·청소하되 알칼리성 용제나 연마제를 사용해서는 안 된다.

03 ① 크레센트는 미서기창호나 오르내리창호의 잠금철물이다.

04 ① 여닫이문에 사용하는 자동개폐장치로 도어 체크라고도 한다.

05 ⑤ 문지도리(피봇 힌지)는 중량의 여닫이문에 사용한다.
① 크레센트는 미세기창을 잠글 때 사용한다.
② 창문의 유리홈은 밑보다 윗틀을 깊게 판다.
③ 레버토리 힌지는 공중화장실 등의 문에 사용된다.
④ 도어 스톱은 중량의 철물로부터 벽을 보호하는 데 사용된다.

06 ① 피봇 힌지는 중량의 여닫이문을 고정하기 위하여 사용하는 철물이며, 문지도리라고도 한다.

07 ② 도어 스톱은 중량의 여닫이문이 벽과의 세게 부딪치지 않도록 벽 보호용 철물이다.

08 ⓛ 여닫이 창호철물에는 피벗 힌지, 도어 클로저, 도어 스톱 등이 있다. 플로어 힌지는 중량의 자재문에 도어행거는 접문 등에 사용된다.

09 ③ 구조가스켓(Gasket)은 클로로프렌 고무 등으로 압출성형에 의해 제조되어 유리의 보호 및 지지기능과 수밀기능을 지닌 가스켓이며, 그레이징 가스켓은 염화비닐 등으로 압출성형에 의해 제조된 유리끼움용 가스켓이다.

10 ③ 구조가스켓(Gasket)은 단면 형상이 일정한 정형 실링재이다.

11 ⑤ 열선흡수유리는 소량의 금속산화물을 첨가하여 적외선이 잘 투과되지 않는 성질을 갖는다.

12 ① 알루미늄 간봉은 단열성이 떨어진다.

🏠 **단열간봉** : 복층 유리의 간격을 유지하여 열 전달을 차단하는 자재로, 기존의 열전도율이 높은 알루미늄 간봉의 취약한 단열문제를 해결하기 위한 방법으로 Warm-edge Technology를 적용한 간봉이다. 고단열 및 창호에서의 결로방지를 위한 목적으로 적용된다.

② 로이유리는 열적외선을 반사하는 은(Silver) 소재로 코팅하여 열선반사유리에 비하여 가시광선 투과율을 높인 유리이다.

③ 동일한 두께일 때, 강화유리 강도는 판유리의 3~5배 정도이다.

④ 강화유리는 일반적으로 현장에서 절단하지 않는다.

13 ④ 접합유리 : 2장 이상의 판유리 사이에 접합 필름인 합성수지 막을 삽입하여 가열압착한 안전유리로 충격 흡수력이 강하고, 파손시 유리 파편의 비산을 방지하여 자동차유리, 방탄유리 등으로 사용된다.

14 ④ 핀홀(Pin Hole) : 바탕 유리까지 도달하는 윤곽이 뚜렷한 얇은 막의 구멍을 말한다. 유리 고정의 한 방법으로 유리 커튼월 시공시 프레임 없이 유리를 고정시키기 위해 구멍을 만들고 특수한 볼트로 고정시키는 방법으로 DPG(Dot Point Glazing System)공법이 있다.

15 ④ 복층 유리의 단부 클리어런스는 변위에 대응하기 위한 필요 치수 외에 표면장력에 의해 유리 접착부에 물이 접촉하지 않도록 크게 설정한다.

16 ④ 안전 유리의 종류에는 접합(겹친) 유리, 강화 유리, 배강도 유리 및 망입 유리 등이 있고, 형판유리는 한쪽 면 또는 양쪽 면에 여러 가지 모양의 작은 요철 무늬를 낸 판유리이다. 빛은 통과시키면서 적당히 확산시켜 투시를 방지한다.

17 ② 강화유리 : 일반 유리를 연화점 이상으로 재가열한 후 찬 공기로 급속히 냉각하여 제조하며 파편상태가 작은 팥알조각 모양으로 일반유리의 3~5배 정도의 강도를 가진 유리

③ 망입유리 : 성형시에 금속제의 망을 유리 내부에 삽입한 판유리

④ 접합유리 : 2장 이상의 판유리 사이에 접합 필름인 합성수지 막을 삽입하여 가열 압착한 안전유리

⑤ 로이유리 : 열적외선(Infrared)을 반사하는 은소재 도막으로 코팅하여 방사율과 열관류율을 낮추고 가시광선 투과율을 높인 유리

18 ② 배강도유리 : 플로트판유리를 연화점부근(약 700℃)까지 가열 후 양표면에 냉각공기를 흡착시켜 유리의 표면에 $200 \sim 600 kgf/cm^2$의 압축응력층을 갖도록 한 가공유리. 내풍압강도, 열깨짐강도 등은 동일한 두께의 플로트판유리의 2배 이상의 성능을 가진다. 그러나 제품의 절단은 불가능하다.

19 ① 강화유리는 일반유리에 비하여 3~5배 정도의 강도이며 고층부 사용시 파손으로 인한 비산낙하의 위험이 있으며, 출입문, 에스컬레이터 난간, 수족관 등 안전이 중시되는 곳에 사용한다.

🏠 **서냉유리** : 일반적인 플로트(Float)유리를 의미하며, 일반 맑은 유리를 강화, 접합, 코팅 등의 2차적인 가공공정을 하지 않은 맑은유리, 무늬유리 등의 원판유리와 구별된다.

20 ③ 망입유리는 유리 면을 유리칼로 자르고 꺾기를 반복하여 절단한다.

09 수장공사

Answer
01 ⑤   02 ③   03 ②   04 ③   05 ⑤   06 ③   07 ①

01 ⑤ 열전도율과 열전도저항은 역수 관계로 열전도율이 높을수록 열전도저항은 작아진다.

02 ③ 벽의 투과손실이 크면 클수록 차음량은 크다.

03 ② 흡음재를 사용하는 주목적은 내벽의 소음을 차단하는 목적이다.

04 ③ 창호지의 풀칠은 일정하게 평행방향으로 온통묽은 풀칠을 원칙으로 한다.

05 ① 익스팬션 볼트(Expansion Bolt) : 콘크리트에 창틀, 기타 실내 장식장을 볼트로 고정시키기 위한 준비로서 미리 볼트 결합을 위한 암나사나 절삭이 되어 있는 부품을 매립하는데 이것을 익스팬션 볼트라고 한다.

② 코펜하겐 리브(Copenhagen Rib) : 목재루버라고도 하며, 오림목을 특수한 단면 모양으로 가공하여 벽에 붙인 것으로서 음향효과와 장식용으로 많이 사용한다.

③ 드라이브 핀(Drive Pin) : 특수 강재 못을 화약 폭발로 발사하는 기구를 써서 콘크리트, 벽돌벽 등에 박는 못을 말한다.

④ 멀리온(Mullion) : 창 면적이 클 때 스틸바만으로는 약하므로 이것을 보강하기 위해 또는 외관을 꾸미기 위해 대는 중공형(中空形) 선대를 말한다.

06 ③ 징두리는 벽의 아랫부분을 말한다.

07 ① 계단 관련 용어로는 엄지기둥, 동자기둥, 난간두겁대, 챌판, 디딤판, 계단참, 논슬립 등이 있다.

10 미장 및 타일공사

Answer

01 ④	02 ⑤	03 ⑤	04 ⑤	05 ②	06 ②	07 ①	08 ⑤	09 ④	10 ④
11 ⑤	12 ⑤	13 ③	14 ②	15 ③	16 ④	17 ⑤	18 ⑤	19 ④	20 ②
21 ①	22 ②	23 ⑤	24 ⑤	25 ③	26 ③	27 ②	28 ③	29 ⑤	30 ⑤
31 ⑤	32 ①								

01 ④ 눈먹임이란 작업면의 종석이 빠져나간 자리를 메우기 위해 반죽한 것을 작업면에 발라 채우는 작업이며, 덧먹임이란 바르기의 접합부 또는 균열의 틈새, 구멍 등에 반죽된 재료를 밀어 넣어 때워주는 것이다.

02 ⑤ 통풍이 잘 안되는 지하실 또는 밀폐된 방의 미장 공사로서 부적당한 것은 회반죽 바름 같은 기경성 재료로 공기 중의 이산화탄소와 반응하여 경화되는 것으로 밀폐된 곳에서는 부적당하다.

03 ⑤ 균열을 방지하기 위해 조절 줄눈의 폭과 간격을 일정하게 유지하는 것이 좋다.

04 ⑤ 회반죽 바름 공사시 바름작업 중에는 될 수 있는 대로 통풍을 피하는 것이 좋으나 초벌바름, 고름질 후 특히 정벌바름 후 적당히 환기하여 바름면이 서서히 건조되도록 한다.

05 ② 마감두께: 바름층 전체의 두께를 말함. 라스 또는 졸대 바탕일 때는 바탕 먹임의 두께를 제외하며, 각 미장층별 발라 붙인 면적의 평균 바름두께는 미장두께이다.

06 ② 결합재와 골재 및 혼화재의 배합은 용적비로, 혼화제, 안료, 해초풀 및 짚 등의 사용량은 결합재에 대한 중량비로 표시하는 것을 원칙으로 한다.

07 ① 바탕에 가까운 바름층일수록 부배합, 정벌바름에 가까울수록 빈배합으로 한다.

08 ⑤ 압송뿜칠기계로 바름하는 두께가 20mm를 넘는 경우는 초벌, 재벌, 정벌 3회로 나누어 뿜칠바름을 하고, 바름두께 20mm 이하에서는 재벌뿜칠을 생략한 2회 뿜칠바름을 하며, 두께 10mm 정도의 부위는 정벌뿜칠만을 밑바름, 윗바름으로 나누어 계속해서 바른다.

09 ④ 손질바름: 콘크리트, 콘크리트 블록 바탕에서 초벌바름하기 전에 마감두께를 균등하게 할 목적으로 모르타르 등으로 미리 요철을 조정하는 것

10 ㉡ 시멘트 모르타르 바름에서 1회 비빔량은 2시간 이내 사용할 수 있는 양으로 한다.
㉣ 바탕면은 적당히 물축이기를 하고, 면을 거칠게 해둔다.

11 ㉠ 비빔은 기계비빔을 원칙으로 하고 1회 비빔량은 2시간 이내 사용할 수 있는 양으로 한다.
　　㉢ 초벌바름을 한 다음에는 쇠갈퀴 등으로 전면을 거칠게 긁어 놓은 후 초벌바름과 같은 방치기
　　　간을 둔다.

12 ⑤ 초벌바름은 10mm 이하의 두께로 천천히 압력을 주어 기포가 생기지 않도록 바른다. 지붕에
　　바탕단열층으로 바름할 경우는 신축줄눈을 설치한다.

13 ③ 바름 모르타르에 감수제의 혼입 사용은 건조수축을 줄여줘 박락 및 균열 원인이 아니라 방지
　　대책이 된다.

14 ② 클링커 타일은 석기질 무유 타일로 외부 바닥에 주로 사용된다.

15 ③ 도기질 타일은 흡수성이 크기 때문에 주로 내장용으로 사용되며, 자기질타일은 내수성, 내구
　　성이 커서 외장용, 내장용에 사용이 되며, 흡수율이 매우 작아 동해에 강하다.

16 ④ 드라이 아웃에 관한 설명이다.

17 ⑤ 타일을 붙이는 모르타르에 시멘트 가루를 뿌리면 시멘트의 수축이 크기 때문에 타일이 떨어
　　지기 쉽고 백화가 생기기 쉬우므로 뿌리지 않아야 한다.

18 ⑤ 모르타르로 부착하는 타일공법의 붙임시간(Open Time)은 붙임공법에 따라 다르다.

19 ④ 내장용 타일은 도기질 또는 석기질 또는 자기질로 하고, 한랭지 및 이와 준하는 장소의 노출
　　된 부위에는 자기질, 석기질로 한다.

20 ② 욕실바닥, 현관바닥, 세탁실 바닥, 발코니 바닥 등은 자기질 타일을 사용하며, 욕실벽, 주방벽
　　등은 유색시유 도기질 타일을 사용한다.

21 ① 밀착공법이란 동시줄눈공법이라 하며 붙임 모르타르 바탕면에 도포하여 모르타르가 부드러
　　운 경우에 타일 붙임용 진동공구를 이용하여 타일에 진동을 주어 매입에 의해 벽타일을 붙이
　　는 공법으로 솟아오르는 모르타르로 줄눈 부분을 시공하는 공법이다.

22 ② 일반적인 벽타일 붙임공법에는 다음과 같이 장소별로 구분이 되며, 온통사춤공법은 해당되지
　　않는다.

장소별 적용 타일 붙임공법

장 소	공법 구분
외 장	떠붙이기
	압착붙이기
	개량압착붙이기
	판형붙이기
	동시줄눈붙이기
내 장	떠붙이기
	낱장붙이기
	판형붙이기
	접착제붙이기

23 ⑤ 신축줄눈과 조절줄눈, 시공줄눈, 그리고 분리용 줄눈을 포함하여 실링재를 충전시켜 만든 줄눈위치를 나타내도록 하여야 한다.

24 ㉣ 벽타일 개량압착 붙이기에서 바탕면 붙임 모르타르의 1회 바름 면적은 $1.5m^2$ 이하로 하고, 붙임 시간은 모르타르 배합 후 30분 이내로 하며, 벽면이 위에서 아래로 향해 붙여 나간다.

25 ③ 흡수성이 큰 타일은 동해발생 가능성이 크다.

26 ③ 하루 작업이 끝난 후 비계발판의 높이로 보아 눈높이 이상 되는 부분과 무릎 이하 부분의 타일을 임의로 떼어 뒷면에 붙임 모르타르가 충분히 채워졌는지 확인하여야 한다.

27 ② 대형벽돌형(외부) : 9mm

줄눈 너비의 표준 (단위 : mm)

타일 구분	대형벽돌형(외부)	대형(내부일반)	소 형	모자이크
줄눈 너비	9	5~6	3	2

28 ㉢ 치장줄눈의 폭이 5 mm 이상일 때는 고무흙손으로 충분히 눌러 빈틈이 생기지 않게 시공한다.
㉣ 개량압착 붙이기는 바탕면 붙임 모르타르의 1회 바름 면적은 $1.5 m^2$ 이하로 하고, 붙임 시간은 모르타르 배합 후 30분 이내로 한다.

29 ⑤ 치장줄눈은 붙인 후 3시간 후 줄눈파기 하고, 24시간 경과 후 치장줄눈 실시한다.

30 ① 드라이 아웃이란 모르타르가 수화반응을 완료하기 위해 필요한 수분이 부족하여 완전 경화될 수 없는 상태를 말한다.

      ⌂ 드라이 아웃이란 모르타르가 수화반응을 완료하기 위해 필요한 수분이 부족하여 완전 경화될 수 없는 상태를 말한다. 시공시 바탕이 너무 건조하거나 타일의 흡수성이 너무 높으면 모르타르의 수화반응에 필요한 수분을 빼앗긴다.

    ② 오픈 타임이란 타일공사에서는 붙임재료를 바탕에 바르고 나서 타일을 붙일 때까지의 시간을 말한다.

        ⌂ 오픈 타임이란 본래는 모르타르나 접착제를 바르고 나서 어느 정도 시간을 두면 최고의 접착강도를 얻을 수 있는 시간을 말하는데, 타일공사에서는 붙임재료를 바탕에 바르고 나서 타일을 붙일 때까지의 시간을 말한다. 오픈 타임이 길어지면 타일의 접착강도는 급격히 저하된다.

    ③ 떠붙임공법은 벽면 하부에서 1단씩 타일을 붙여나가는 공법으로 바탕의 정도(精度)를 별로 필요로 하지 않는다.

    ④ 개량압착공법은 붙임모르타르를 바탕과 타일 양측에 바르고 벽면에 눌러붙이는 공법이다.

31 ⌂ **신축줄눈**

    1. 모르타르의 건조수축, 외기온도에 따른 골조와 모르타르의 신축으로 타일의 부착력 약화와 타일의 내부응력 발생으로 타일의 박리현상 발생 방지를 목적

    2. 바탕면 재료가 상이한 부분은 반드시 신축줄눈을 설치

    3. 두 벽이 만나는 오목모서리 부위는 반드시 신축줄눈을 설치한다.

    4. 골조의 설치된 줄눈과 타일의 신축줄눈은 가능한 일치되게 설치한다.

    5. 타일 신축줄눈과 시공이음(Construction Joint)의 위치가 다른 경우는 타일 신축을 하부에 설치한다. ⇨ 역으로 하면 줄눈을 타고 침입은 물이 실내측으로 누수될 우려가 있다.

32 ㉢ 치장줄눈의 폭이 5mm 이상일 때는 고무흙손으로 충분히 눌러 빈틈이 생기지 않게 시공한다.

    ㉣ 개량 압착붙이기는 압착공법에 비해 작업능률이 떨어지며, 바탕면 붙임 모르타르의 1회 바름 면적은 $1.5\,\mathrm{m}^2$ 이하로 하고, 붙임 시간은 모르타르 배합 후 30분 이내로 한다.

    ㉤ 동시 줄눈 붙이기는 압착공법에 비해 가사시간 영향이 작고, 외부 우수에 노출되는 부위에 사용시 백화발생의 예가 많다.

11 도장공사

Answer

01 ⑤	02 ④	03 ③	04 ①	05 ⑤	06 ①	07 ①	08 ⑤	09 ②	10 ②
11 ①	12 ⑤								

01 ⑤ 니트로셀룰로오스 계열 수지를 용제로 녹여서 만든 투명도료로 목재의 무늬결을 그대로 살릴 수 있는 도료는 클리어 래커로 여기에 안료를 가한 것을 에나멜 래커라 한다.

02 ④ 징크로메이트 도료는 경금속(알루미늄)의 녹막이용으로 내구연한을 증대시킨다.

03 ③ 지붕은 불연재료로 하고, 천장은 설치하지 않는다.

04 ① 처음 1회째의 녹막이도장은 가공장에서 조립 전에 도장함을 원칙으로 하고, 화학처리를 하지 않은 것은 녹제거 직후에 도장한다.

05 ⑤ 용제에 대한 설명으로 경화제는 도료가 빨리 굳을 수 있도록 하는 재료이다.

06 ① 에멀젼 페인트는 물에 유성 페인트·수지성 페인트 등을 현탁시킨 액상 페인트로서 바른 후 물은 발산되어 고화되는 것으로 물에 분산되어 있으므로 화기에 위험은 작다.

07 ㉡ 도료의 배합비율 및 희석제의 배합비율은 질량비로서 표시한다.
　㉣ 하도(프라이머) : 물체의 바탕에 직접 칠하는 것. 바탕의 빠른 흡수나 녹의 발생을 방지하고, 바탕에 대한 도막 층의 부착성을 증가시키기 위해서 사용하는 도료
　🏠 **상도** : 마무리로서 도장하는 작업 또는 그 작업에 의해 생긴 도장면

08 ⑤ 각 회의 스프레이 방향은 전회의 방향에 직각으로 한다.

09 ① 유성 페인트는 알칼리에 약하여 알칼리바탕인 콘크리트 등 바탕에 적합하지 않다.
　③ 기온이 5℃ 미만이거나 상대습도가 85%를 초과할 때는 도장작업을 피한다.
　④ 뿜칠 시공시 약 30cm 정도의 거리를 두고 뿜칠넓이의 1/3 정도가 겹치도록 한다.
　⑤ 롤러도장은 붓도장보다 도장속도가 빠르지만 붓도장과 달리 일정한 도막두께를 유지하기 어렵다.

10 ② 도막형성조요소란 도료를 구성하는 성분이지만 건조 중에 증발하여 형성된 도막에는 잔류하지 않는 것으로 용제와 희석제가 있다.

11 ① 녹막이 도장의 첫 번째 녹막이칠은 공장에서 조립 전에 도장함을 원칙으로 한다.

12 ⑤ 도장공사의 하자에는 은폐불량, 백화, 기포, 핀홀, 들뜸, 흘림, 오그라듬, 변색, 부풀어 오름, 균열 등이 있다. 피트는 용접불량의 한 종류이다.

12 적산(표준품셈)

01 ⑤ 적산은 공사에 필요한 재료 및 품을 구하는 기술 활동이며, 견적은 공사량에 단가를 곱하여 공사비를 구하는 기술활동이다.

02 ③ 직접공사비란 계약목적물의 시공에 직접적으로 소요되는 비용을 말한다.

03 ③ 다음에 열거하는 것의 체적과 면적은 구조물의 수량에서 공제하지 아니한다.
　　1. 콘크리트 구조물 중의 말뚝머리
　　2. 볼트의 구멍
　　3. 모따기 또는 물구멍(水切)
　　4. 이음줄눈의 간격
　　5. 포장 공종의 1개소당 0.1m^2 이하의 구조물 자리
　　6. 강(鋼) 구조물의 리벳 구멍
　　7. 철근콘크리트 중의 철근
　　8. 조약돌 중의 말뚝 체적 및 책동목(柵胴木)
　　9. 기타 전항에 준하는 것

04 ③ 콘크리트 체적 계산시 콘크리트에 배근된 철근의 체적은 제외하지 않는다.

05 ② 소모재료비, 소모공구, 기구, 비품비는 간접재료비에 속한다.

06 ⑤ 명세견적은 입찰가격을 결정하는 데 기초가 되는 정밀견적으로 입찰견적이라고도 한다.

07 ④ 노무비에는 직접노무비와 간접노무비로 구성되어 있으며 현장감독자의 임금 등은 간접노무비에 포함된다.

08 ③ 목재로서 판재의 할증률은 10%이다.

09 ② 보통 콘크리트 : $2,300\text{kg/m}^3$

10 ② 본사의 여비, 교통비, 통신비는 일반관리비에 포함되지만 현장의 비용은 현장경비에 포함된다.
③ 이윤은 영업이익을 말하며 공사원가중 노무비, 경비와 일반관리비의 합계액(이 경우에 기술료 및 외주가공비는 제외한다)의 15%를 초과하여 계상할 수 없다.

11 ① 재료의 구입과정에서 해당재료에 직접 관련되어 발생하는 운임, 보험료, 보관비 등의 부대비용은 재료비에 계상한다. 다만, 재료구입 후 발생되는 부대비용은 경비의 각 비목으로 계상한다.

12 ① 자기타일의 할증률은 3%이다.

13 ② 시멘트벽돌 : 5%
③ 목재(각재) : 5%
④ 고장력볼트 : 3%
⑤ 유리 : 1%

14 ② 5% 할증률에 해당하는 재료에는 일반볼트, 리벳, 강관, 목재, 시멘트 벽돌, 아스팔트 타일, 기와 등이 있다.

15 ⑤ 타일 정미량(m^2당 수량) $= \dfrac{1\text{m}^2}{\text{타일 1장 면적(줄눈크기 고려)}} = \dfrac{1\text{m}^2}{0.3 \times 0.3} = 11.11$장

16 ④ 타일 정미수량 $= \dfrac{\text{바닥면적}}{\text{타일 1장의 크기(줄눈두께 포함)}} = \dfrac{11.2 \times 6.4}{(0.15 + 0.01) \times (0.15 + 0.01)} \times 2$
$= 5,600$매

17 ⑤ 기와는 할증률이 일반볼트, 시멘트 벽돌 등과 같이 5%이고 나머지는 3%이다.

18 ③ 표준형 벽돌($190 \times 90 \times 57\text{mm}$)의 벽 두께 1.0B에서 단위면적($\text{m}^2$)당 매수는 149매이므로
∴ 정미량 $= 150\text{m}^2 \times 149(\text{매/m}^2) = 22,350$매

19 1. $1m^2$에 소요되는 벽돌량(정미량)은

　　　$0.5B = 75$매, $1.0B = 149$매, $1.5B = 224$매, $2.0B = 298$매

　　2. 표준형 벽돌($190 \times 90 \times 57mm$)

　　∴ 149장

20 1. 정미소요량 $1.5B = 224$매/m^2

　　2. 정미소요량 $= 224 \times 20 = 4,480$매

　　3. 할증이 3%이므로

　　∴ $4,480 \times 1.03 = 4614.4$매

21 벽면적 : $12 \times 1 = 12m^2$

　　1. 콘크리트(시멘트) 벽돌 $1.0B$ 소요량 : $12m^2 \times 149$(매/m^2) $\times 1.05 ≒ 1,878$매(할증률 5%)

　　2. 붉은 벽돌 $0.5B$ 소요량 : $12m^2 \times 75$(매/m^2) $\times 1.03 ≒ 927$매(할증률 3%)

22 할증률

　　1. 붉은 벽돌 : 3%

　　2. 콘크리트(시멘트) 벽돌 : 5%

　　　🗄 m^2당 정미량

벽체 두께	0.5B	1.0B	1.5B
표준형 벽돌	75	149	224

　　3. 벽돌소요량 $=$ 단위면적당 정미량 $\times$ 벽면적 $\times (1 +$ 할증률/100$)$

　　　　　　　　$= 75 \times 100 \times 1.05$

　　　　　　　　$= 7,875$매

23 1. 바닥타일면적 $= (2 - 0.09) \times (1.5 - 0.09) = 1.91 \times 1.41 = 2.69(m^2)$

　　　　　　　※ $0.09/2 + 0.09/2 = 0.045 + 0.045 = 0.09(m)$

　　2. 바닥타일 정미수량 $= 2.69/(0.078 \times 0.078) = 443($매$)$

　　∴ 소요수량 $= 443($매$) \times 1.03 = 457($매$)$

24 ③ 중량은 단위중량 $\times$ 체적이므로 $2.4t/m^3 \times (0.4 \times 0.5 \times 5) \times 20$개 $= 48ton$이다.

25 1. 옥상바닥 방수면적 $= 30 \times 20 = 600m^2$

　　2. 파라펫트 방수면적 $= 2(30 + 20) \times 0.5 = 50m^2$

　　∴ 1. + 2. $= 650m^2$

2024 제27회 시험대비 전면개정판
박문각 **주택관리사** 합격예상문제 1차 공동주택시설개론

초판인쇄 | 2024. 2. 15.　**초판발행** | 2024. 2. 20.　**편저** | 김용규 외 박문각 주택관리연구소
발행인 | 박 용　**발행처** | (주)박문각출판　**등록** | 2015년 4월 29일 제2015-000104호
주소 | 06654 서울시 서초구 효령로 283 서경 B/D 4층　**팩스** | (02)584-2927
전화 | 교재 주문 (02)6466-7202, 동영상문의 (02)6466-7201

판 권
본 사
소 유

정가 29,000원

ISBN 979-11-6987-821-0 | ISBN 979-11-6987-819-7(1차 세트)